アリム・トヘティ

現代中国における宗教学術史

イスラーム篇

明石書店

母親に捧げる

まえがき

筆者の研究の特徴は、大きな枠組みでいえば、中国思想・文化を核に据えつつも、それだけに完結するのではなく、広くその周縁の思想や文化との交流・対立・融合、特にイスラーム思想・文化や日本思想・文化との対峙・混淆の歴史的なプロセスを、スケールの大きな構想で描き出してきたところにある。

博士課程研究では、宋明性理学の基本概念を踏まえつつ、それが中国のイスラーム思想史との関係においてどのように相互浸透してきたかを、個々のイスラーム学者の文献に基づいて導き出そうと試みた。それは、イスラームと儒学思想という一見全く異質な文化が、どう折り合いをつけて共存するのかという中国学界でも論争となってきた問題に、果敢にしかも極力実証的に挑むものであった。

こうした比較思想の学術成果を土台にして、江戸時代の朱子学さらには古学派にも研究の射程を広げ、日本における江戸期儒学研究の成果を吸収するのみならず、日本の代表的な朱子学者の典籍を解析するまでに至り、その成果は博士学位論文「日本儒学における古学派の朱子学に対する批判及び再建」に結実した。

現在取り組んでいる具体的研究課題は、「周縁文化の独自性と文化変容の理論研究―東アジアとイスラーム文明圏間の関係及びその学際的研究をめぐって―」（A theoretical study about the uniqueness of the marginal culture and cultural change: On the relationship between East Asia and the Islamic civilization zone and its interdisciplinary research）である。

東アジア文明圏の中で儒教は二千年以上にわたって強い影響力を持ち、その学問的側面から儒学ともいい、思想の道統を持つ世界観であり、社会観・人間観・自然観でもある。日本では、儒教（儒学）は近世に入って国家統治の経世済民思想として受容され、政治や社会に影響を与えてきた。一方世界的文化圏の中でイスラームとは、単なる宗教の枠組みに留まらず、ムスリムの信仰と社会生活のすべての側面の規範となる文明の体系である。本研究は、学術的・社会的に重要な意義を有する東アジアとイスラーム文明圏（特に儒学とイスラーム学問）の宗教、哲学、社会、政治、環境等の分野について学際的に研究を進め、この地域を総合的に把握するとともに、重要課題について多角的視野から解明を目指すことが目的である。

本研究視座は、日中儒学の相互関係だけでなく、イスラーム思想・文化の東アジア文化圏での展開にも及ぶユニークなものである。そして複数の文化圏において支配的な文化が、周辺の文化圏において、どのように個性的な文化発展を遂げるか。つまり中心に位置する「中華文明」が全漢字文明の源泉であるかのような文明理解を相対化し、周縁文化の独自性を明らかにしている。

人間・社会研究領域では、資料の収集・利用という段階は極めて重要であり、筆者が取り組んできた研究課題の一つが「イスラーム地域研究史資料の収集・利用の促進と資料学の開拓」（Constructing a System of Collecting and Studying Source Material for Islamic Area Studies）である。

これは「日本におけるイスラーム地域研究資料の収集・利用の促進と資料学の開拓」・「中国におけるイスラーム地域研究資料の収集・利用の促進と資料学の開拓」・「ヨーロッパにおけるイスラーム地域研究資料の収集・利用の促進と資料学の開拓」・「アメリカにおけるイスラーム地域研究資料の収集・利用の促進と資料学の開拓」等いくつかのサブテーマに分かれていて、今までの研究成果として『日本におけるイスラーム研究史――中国篇』（春風社、二〇一九年二月、三一〇頁）を出版してきた。世界的にはムスリムについての諸問題が相互不信無理解も絡み、様々な事件を招来し、人権問題としても深刻な国際問題になっている。日本においてもこうしたイスラームをめぐる情報や理解不足の中で、筆者は多角的かつ学際的なアプローチにより、これまで重要資料の収集と保存、紹介を行なってきた。

この度「中国におけるイスラーム地域研究資料の収集・利用の促進と資料学の開拓」という研究課題の成果として、『現代中国における宗教学術史――イスラーム篇』を上梓することができた。本著作は学術史の角度から中国現代イスラーム及びムスリム分野の研究歴程及び成果に対する帰納と纏めを行なっている。まず最大限の成果を得るためにイスラームなど関係する分野の研究員が提供している総括経験を起点とし、二つ目としてその後に学者が提供しているこの時期のイスラーム研究の文献資料を参照している。また、すでに得ている学術の成果に整理と纏めが加えられることにより、研究過程に欠かせない部分として学術研究の意識を強め、その規範を設立することを目的としている。

筆者はウイグル語、中国語、日本語、英語、トルコ語に通じ、イスラーム哲学・文化、中国の哲学・宗教、日本の思想・文化、西洋政治思想などに幅広い知的探求心と柔軟な思考、理論構成力を兼ね備えた若手研究者である。米国の国際政治学者S・ハンティントンは、日本でもベストセラーになった『文明の衝突』（一九九三年）で、未来における一つの可能性としてイスラーム・儒学コネクションという図式を提起したように、筆者も特に儒学とイスラーム文化・思想関係の研究においては、精緻で独創的な研究成果を挙げている。

筆者の研究者としての根本的な視座は、複数の異なる文化がどのような形でよりよく共生し、また新たな文化を生み出すことができるのかという点にあり、加えてその研究は日本と中国関係の研究にも及んでいる。こうした研究姿勢は、イスラームと東アジアとの間の建設的な対話や理解に繋がり世界平和のためであることと、筆者の強く信じるものである。

現代中国における宗教学術史——イスラーム篇

目次

序章

第一節　課題の意義、前期研究及び構想

一　課題の意義

「学術史」の研究分野には特殊な価値と意義が含まれる。それが強調したのは、学術的な角度から、研究歴史に対する総括的に述べると批判・再考、すなわち「研究」対する研究といえよう。

中国のイスラーム及びムスリムに関係する研究についていえば、近年半世紀の間で大量の学術的な成果が蓄積され、一定の学問系統が設立された。この学術は中国イスラーム研究に新しい風を吹き込み、以前にはなかった新しい研究側面を切り開くことを決意しているということもできる。しかし、学界では残念なことに長い間中国のイスラーム研究学術史に対する個々の研究やシステム整理を行なってきた学者は少ないといえる。例えば、中国の国外イスラーム研究学術に対する態度は、八〇年代の白寿彝氏と馬通氏がそれぞれ発表した『关于回族史工作的几点意见』（回族史作業に関する幾つかの意見）[1]、『対西北五省（区）伊斯兰教研究的回顾与展望』（西北五省（区）イスラーム教研究の回顧と展望）[2]などの論文に表れている。私たちは国外の状況は知らないが、国外学者の中国イスラーム教の研究に対する成果はどのようなものか。こ

の情報の限られた問題に疑問を投げかけたいと思う。当然中国のイスラーム研究学術も例外ではない。中国のイスラーム教学術の研究の意義と重要性を無視することはできない。そこで得られた学術成果は各学界において信頼に足る参考資料となるはずだ。我々が既に実証された参考資料を適用して、先人の成果の上で問題を見るならば、物事を見通すことができるし、日本の関係する研究の質を必ず高めることができる。

二　前期研究

近年、上述の問題が中国の学者の間で注目されるようになり、整理と再考により中国のイスラーム学術研究に関する成果が表れてきたといえる。その中でも中国社会科学研究院の取得した成績は突出している。例えば、二〇〇八年に卓新平が編集した『中国宗教学三〇年（一九七八〜二〇〇八）』（中国社会科学出版社、二〇〇八年、四一九頁）と、二〇一一年にやはり卓新平が編集した『当代中国宗教学研究（一九四九〜二〇〇九）』（中国社会科学出版社、二〇一一年、四一五頁）が挙げられる。前者の一冊の中に含まれている『イスラーム教研究』の一部は周燮藩と李林共により書かれた。そこで彼らは「改革开发三〇年、也是中国伊斯兰教学术研究的新阶段。我们以这三〇年为主线，回顾过去，展望未来。从近三〇年来走过的风雨历程中检点功过得失，以便梳理中国伊斯兰教研究的发展阶段和逻辑脉络。不仅展示现有成果，也反思存在问题。」（この改革開発三〇年は、中国イスラーム教学術研究の新しい段階ともいえる。我々はこの三〇年間、歴史回想、未来の展望を大筋としてきた）[3]と述べている。一〇〇年のイスラーム研究、学術研究討論会、中国イスラーム教研究、世界イスラーム教研究、参考書・資料整理と学術刊行物、当代イスラーム教研究、近年の重大問題研究、学科建設などのいくつかの角度から、三〇年かけて研究を行ない中国イスラーム及びムスリム方面の研究において学術的な発展がなされてきた。その後に出版された本では、各宗教に対する簡単な説明が書かれている。「旨在总结、梳理当代中国学人在宗教研究上的所思所想、借此奠定一个坚实的基础、使宗教学这一学科在未来更加繁荣、更有作为。」（結びとして、現代中国人学者の宗教研究に関するの考えと思いを整理すると、一つの堅固な基礎で、宗教学の未来は更に繁栄していくと考えられる）[4]と述べている。

これ以外にも、李林研究員が前後して発表した『中国伊斯兰教研究：学术史梳理与前瞻』（中国イスラーム教研究——学術史整理と展望）（『中国社会科学報』、二〇一三年二月、第四二〇期、二頁）、『当代中国伊斯兰教义学研究的问题与反思』（当代中国イスラーム教義学研究の問題と再考）（『中国穆斯林（ムスリム）』二〇一一年第三期、一八～二二頁）、『当代中国伊斯兰教法研究的问题与反思：兼议伊斯兰教法研究的两大学术传统』（当代中国イスラーム教法研究の問題と再考——兼議イスラーム教法研究の二大学術伝統）（『世界宗教文化』二〇一三年第五期、一二～一七頁）、『试析当代中国伊斯兰哲学：思想研究的问题与主线』（当代中国イスラーム哲学分析——思想研究の問題と大筋）（『世界宗教研究』二〇一一年第五期、一四二～一四八頁）などの論文で、より専門的に論じている。彼は『中国イスラーム教学術史』に対して定義を設定し、学術史が進展変化している時期であると分析した。中国学者のイスラーム教に対する学術研究と総和を「中国人のイスラーム研究」と呼んでおり、「中国のイスラーム教に対する研究」にとどまらないとしている。現実的意義について中国のイスラーム教の研究は二〇世紀の初めに開始し、半世紀続いてきた。この時期にヨーロッパの影響を受けた時代背景もあり、現代の学術研究の研究方法が中国イスラーム教研究分野に導入された。

二〇世紀後半には中国当代イスラーム教研究学科は最終段階に入った。この時期に新しい中華人民共和国が建国され、様々な政治運動などの影響により、長い期間研究が停止していたが、改革開発後に大幅な進歩を遂げてきた。一九七八年から二〇〇〇年までの期間、「宗教文化論」などの各種総論が中国イスラーム教研究に一定の影響を与えてきた。イスラーム教研究は局地的なイスラーム教の歴史に対する研究だけでなく、一つの非常に大きなシステム、内容の豊富な文化現象と見なすことにより、思想、制度、物質などの多面的な角度で分析研究が行なわれるようになった。二一世紀から今に至るまで、当代中国イスラーム教学術研究は徐々に成熟してきている。この時期に学問意識の明確化と研究理論の多様性が進んだ。宗教学、民族学、人類学、社会学、歴史学、哲学、言語学、文化学、政治学などの各学科理論と方法により、イスラーム教の古代の書籍、思想、歴史現象と現実問題に対する解読と分析が行なわれた[5]。李氏は比較的高い学術レベルで中国のイスラーム研究学術史のいくつかの分野に論述を加えた。しかし筆者は、彼の研究の大部分は回族ムスリム及び彼らが生活している地区を対象としているので、ウイグル地区に関係する研究学術史をなおざりにしていると考えている。イスラーム教は七世紀に中東で始まり、アラブ、中央アジアを経て中国に入った。各民族地区の時間経過及び社会歴史環境と文化背景が異なるため、伝達、発展、変化の過程で、中国系民族（回族など）と突厥（テュルク）語系民族（ウイグル族など）のイスラーム教及び他の文化などの二大体系が形成され、民俗的な特色のあるイスラーム及び文化が生じることになった。筆者はこの過程の中で、中国のイスラーム学術史方面のこれらの民族性、地域性の特徴を特に重視することにした。

　これ以外にも肖憲、高占福の『中国二〇世紀伊斯兰教研究综述』（中国二〇世紀イスラーム教研究総述）（『西新北民族研究』、二〇〇〇年第二期、二六～三二頁）、宛耀賓などによる『対新世紀中国伊斯兰教研究的思考』（新世紀中国イスラーム教に対する研究思考）（『世界宗教研究』二〇〇〇年第一期、一～五頁）、張巨齢の『二〇世紀初中国回族伊斯兰研究述补及评（上・下）』（二〇世紀初めの中国回族イスラーム研究論述の補足と批評〈上　下〉）（『回族研究』、二〇〇〇年第一期、二三～二九頁と二〇〇〇年第二期、二六～三二頁）、高占福『中国伊斯兰教西道堂研究的回顾与评述』（中国イスラーム教西道堂研究の回顧と論評）（『世界宗教研究』二〇〇二年第四期、一三二～一四二頁）、哈宝玉の『中国伊斯兰教法的学术研究及其特点』（中国イスラーム教法の学術研究及びその特色）（『回族研究』二〇〇七年第四期、一一三～一二〇頁）、『中国的伊斯兰研究』（中国のイスラーム研究）（『西亚非洲（西アジア、アフリカ）』二〇一〇年第四期、五〇～五二頁）などの論文は異なる分野の学者が異なる角度、方法において中国のイスラーム教研究学術史に関係する諸問題に対する論述を展開している。

まとめると、以上の研究成果は中国イスラームとムスリム問題の研究を宗教学研究史分野の中の一つのテーマとしており、全面的な展開には至っていないといえる。筆者の研究の主要な目的は、専門的な形式で中国のイスラームとムスリムの問題分野に関する研究史の変化全体の体系的な整理を行ない、それとともに分類と分析を行なっていくことである。

三　研究構想及び方法

本研究の主要な目的は、学術史の角度から中国現代イスラーム及びムスリム分野の研究過程及び成果に対する総括、または集約を行なうことである。まず最大限の成果を得るためにイスラームなど関係する分野の研究員が提供している総括経験を起点としている。二つ目として、その後に学者が提供しているこの時期のイスラーム研究の文献資料を参照している。また、その奥深い意義が学者たちに理解され、既に得ている学術の成果を集約することにより、研究過程に欠かせない部分として学術研究の意識を強め、学術研究の規範を設定することを目的としている。

㈠ 本課題テーマは「イスラーム篇」として定義されているので、イスラームの宗教分野の研究だけでなく、イスラームの歴史、哲学、政治、文化分野の研究も含まれている。中国のイスラーム及びムスリム分野の研究は、基本的に二〇〇〇年前後の二つの時期に分けることができる。注目に値する点として、各時期の中国系回族などのムスリムと突厥（テュルク）語系のムスリムの研究方法は全く違う。そのため筆者は課題の中でできるだけ柔軟な方法に基づいて、各時期、各段階の研究動向に対して体系的な分析を行なっている。本文は主要な専門的文献、学術文献、調査研究報告などにも影響を与えている。

㈡ 中国はイスラーム及びムスリム問題の研究過程において大きな成果をあげている。これには野外調査報告、文献研究、翻訳研究、民間の研究などが挙げられている。筆者はでき得る限り、研究対象の全ての著作及び関係する資料を集め、分類し、略述し、一字一句を読み進み、理解を図り、分析、統合を進め、彼らの思いと考えを説明するように努めた。これが筆者の課題における重要なテーマであり、本課題を進めていく上での第一ルールとなっている。学界についていえば、これらの著作と思想の大部分を理解していないので、誤解を避けるために意識的に多くの引用を図った。可能な限り第一人者による資料を使用し、全ての引用は自分の理解に基づいて分類して、未熟ではあるが、清新なものであると自負している。

㈢ 中国のイスラーム及びムスリム問題の研究には、中国の複雑な歴史の変化過程が大きく関係している。そしてイスラーム研究及びその成果の大小には、異なる時代背景の複雑な要素が深く関係しているともいえる。筆者はこの分野の研究において政治的な背景を無視することはできないと感じてはいるが、これらの研究において学術研究には政治背景が大きく影響を与えないという特色を生かし、学問的角度から分析と批評を行なっている。筆者は文中において、政治関連の研究及び学問的角度により行なった研究及び成果などの問題を分けて分析し、歴史的意義を論評している。当然、本課題は資料に対する批評を行なっていて、まずその思想自体が論理的か、歴史的事実に適合しているかを批評している。

㈣ 収集、整理、分析を通して体系的、全面的に深く研究している。筆者の現在の状況についていえば、学界公認の新しい観点を作り出すことはできない。しかし、資料の全面的な収集と整理及び分析により、中国イスラーム研究の全体的特色の研究を試みている。

最後にこの課題の将来の発展に関して述べたいと思う。周知の事実であるが、現在は英語覇権の時代だ。英語の著作は世界学術界において特殊な地位を占めるとともに、世界の中国イスラームの意識と理解に大きな影響を与えている[6]。英米を含むフランス・ロシア・ドイツなどの西洋学界と日本の中国イスラーム教とムスリム問題の研究は、中国イスラーム研究において最重要な部分であるため、中国の学者は注目せざるを得ないといえる。しかし残念なことに、この分野においてはいくつかの論文以外に、西洋学者が研究した文献を集めることができなかった。当然体系的な探求がなされていることだろう。筆者はこの課題研究を通して、研究分野の空白部分を埋められるように努力を払いたいと考えている。

第二節　時代背景

イスラーム教が中国に伝わったのは、唐の時代である。宋、元、明、清の時代を経て現在に至り、様々な発展を遂げてきた。唐から現在まで約千年余の歴史がある。唐はイスラーム教が中国に伝わった最初の王朝である。この時期の中国イスラーム教徒は個々に活動しており、線ではなく点であり、伝播の経緯も不明瞭である。元時代の中国西北部辺境は事実上開放状態にあったため、イスラーム教が中国に伝播し発展するのに有利な状態であったといえる。唐の時期とは違い、ムスリムは中国各地に分布し「元时、回回遍天下、及是居甘肃者尚多」（元の時代、回族は全地に広がり、特に甘粛省には多く見られる）（『明史・列伝・巻二百二十（西域四）』）といわれるようになった。イスラーム教の社会細胞は急激に広がり、明の時代になると、「伊斯兰教终于有了比较固定的称呼――〝回回教〟、〝回回教门〟、〝回教〟等。到了明代。伊斯兰教在内地终于有了坚实的社会性载体――〝回回民〟。这是中国伊斯兰教发展史上的里程碑式的重大事件。元明鼎革、明代元兴。明代伊斯兰教是沿着唐宋路线前进的。」（イスラーム教についに固有の名称がつくようになった。――（回回教）、（回回教徒）、（回教）などが挙げられる。イスラーム教は堅固で社会的な形態を持つ――（回回民）として知られるようになった。これは中国イスラーム教発展史上里程標となる重大な出来事であるといえる。元の時代の古いものが取り除かれ、新しく明が建国された。明の時代のイスラーム教は唐宋から続く道筋となった[7]。明の時代のイスラームは共同体を形成していたので、イスラーム教の中国への伝達段階は終了したと考えられる。この分野に関して沙宗平は「元末明初、基于共同信仰和共同的生活习俗、以伊斯兰教为纽带形成了回回民族、即今天的回族。回回民族的形成、即得伊斯兰教在中国西北以来地区如同在新疆地区一样、有了坚实的民族基础……。」（元が終わり明が始まる頃、共同信仰と共同生活の習慣に基づき、イスラーム教は回回民族と結びつき、今日の回族へと続くことになった。回回民族の形成により、イスラーム教は中国西北地区、例えばウイグル地区と同様に、堅固な民族基盤が現れるようになった……）[8]と述べている。最終的にムスリムが出現するようになる。伝播時期（唐宋元）のイスラーム教の形態は個人的なものだったが、明の時代のイスラーム教の形態は社会性のある共同体であった。清の時代になると中国イスラーム教は十分に発展し、重要な立場を得ていたことが分かる。中国のイスラーム教についていえば「如果认为元代是其数量的增加、因而覆盖程度更为广泛；那么、清代则是其质量的提高、因而对社会浸润度更为深刻。大约在清初、应该说、中国伊斯兰教本地化、境域化的早期历史基本结束。」（元の時代に人数が増加し、広範な地区に広がったといえる。そうであれば、清の時代はその質が向上し、社会に深く浸透していったといえる。清の時代の初めごろに、中国イスラーム教の現地化、地域化の歴史は基本的に終了したと考えられる）[9]。

明清の時代において、中国イスラーム教史上に一群のイスラーム教学者が出現した。彼らはコツコツとイスラーム教の教義と文化思想の漢文著作活動に励んだ。「以儒詮経」、「援儒入回」、「附儒以行」、「以儒解回」など豊富な著作物が広範囲にわたって大きな影響を与えてきた。明と清の時代の中国イスラーム学者が行なったこの活動は、白寿彝によると二つの段階に分けることができる。「王岱輿至刘智、是一个阶段。訳徳新、马联元是一个阶段。第一阶段、译述和表达的地域以金陵为主、内容或专译一经或专述一理论体系、其兴趣几全限于宗教哲学和宗教典制的方面」（王岱輿から劉智までが第一段階、馬得新、馬連元がもう一つの段階。第一段階は、訳述と金陵地区を伝えることに重きが置かれている。内容は専門的で理論的な形をとっており、宗教哲学と宗教典制にまで広がっている）[10]。王岱輿、劉智はイスラーム教と儒学伝統文化に精通しており、漢文でイスラーム経典を説明するとともに、イスラーム教の伝統思想をさらに詳しく説明することができた。これにより、漢文のイスラーム経典が作り出された。以下に例を挙げる[11]。

作者	訳述著作	著作略述
王岱輿（約一五八〇〜一六六〇年、即明隆慶四年から清順治十七年）南京人	『正教真詮』	上下二巻。上巻は主を認める点について論述されている。下巻は主に理論意義から宗教授業と個人の修練について論述されている。本書は系統だって「三位一体」の理論、すなわち「真一、数一、体一」を説いている。また、本書は系統だって儒教思想をイスラーム教義へと導いており、「以儒解回」の先駆けとなっている。
	『清真大学』	一部が宗教哲学の著作であり、『提綱』、『真一』、『数一』、『体一』、『総論』などの五つの部分に分かれている。『正教真詮』の中で挙げられている「三位一体」の理論を深く掘り下げており、本体論、認識論など多方面に影響を与えている。論理的で論証はしっかりしており、内容も深い。作者は『四書』の影響を受けており、主要な意図は儒教思想をイスラーム教に導くものであり、「以儒解回」と呼ばれている。
	『希真正答』	王岱輿の弟子である伍連誠が同学年の記した先師の言論に基づき、整理編集を王氏の名のもとに行なった作品である。本書の内容は「天人生命」などの問題にも踏み込んでおり、『正教真詮』に対する通俗的な解説を含んでいる。
張中（約一五八四〜一六七〇年、明万暦十二年から清康熙九年）蘇州人	『四編要道』	張中が門人沙維崇などに説いた外文典籍である。弟子が少しずつ記録し本にした。合計四巻あり、信仰、真の主とイスラーム教、礼拝及びその定義、大小の清めとその定義という四つの部分から成っている。本書の出版は比較的早く、清の時代にイスラーム教漢文訳の先駆け的な地位を占めている。
	『帰真総義』	インドの阿世格に師事した内容であり、他の経典を参照して訳注補填して完成させた本である。内容は真の主を理解する方法などを説いており、簡素、苦行、禁欲を特徴とするスーフィズム哲学の観点を反映している。

伍遵契（約一五九八～一六八九年、明万暦二十六年から清康熙三十七年）南京人	『帰真要道』	『Mirsad』（米尔萨德）（ミルサド）（作者はペルシャ人 Abdullah Abu Bakr〈阿卜杜拉艾布・伯克尔〉、〈アルボドラオシー・エーブー・バイカーアル〉であり、出版は一三世紀中旬、中世紀の宗教哲学と宗教修練を論述している著名な作品。スーフィズム理論の色彩が濃い）。伍遵契は中国の口語及び中国学者の熟知している概念（儒学）を採用しつつ、訳注を加え、白話も直接訳しながら、自分の学識見解を基に発展させているので、一般の訳注の範囲を超えている作品といえる。（伍遵契には『修真蒙引』が含まれており、この部分がよく知られている）。
馬注（約一六四〇～一七一一年、明崇禎十三年から清康熙五十年）雲南金歯（保山）人	『清真指南』	十巻、約二十万字。内容は豊富で、イスラーム教の歴史、教義、哲学、教律、天文、言い伝えなどの各方面に及ぶ。見解はアラブの経典を基にしている。本書はイスラーム教と儒家の関係を論述しながら一歩踏み込み、両者が社会でほぼ同じ作用を発揮していることを認めている。漢文で伝統思想を訳して説明し、イスラーム教義思想の早期著述の一つとして、王岱與・劉智などの著述とも共通点があり、中国イスラーム教義学におけるしるしの一つとなっている。
劉智（約一六六二～一七三〇年、清順治十七年から雍正八年）南京人	『天方性理』	哲学的な角度からイスラームに関係する天人生命学説を研究している。劉智の言葉で言うならば「言理之書」、「明道之書」である。この本は『本経』、『図伝』の二つの部分に分かれている。『本経』は後の附録には図が用いられ系図が記されている。類似するものとして周敦頤の『太極図説』がある。宋と明の儒学は彼の思想を全面的に反映している。他の中国のイスラーム教著述と同じように儒家思想をイスラーム教義に導く「回儒学」の「漢文経典」である。
	『天方典礼』	全二十巻、合計二十八編。劉智がアラビア語、ペルシャ語経典を参考にした。同時に中国古典経典（特に儒家経典）を参考にしている。それらを参考にし自分のスタイルと言語を用いて編集作成した。一部はイスラーム教原理と儒家学説を詳しく論じている。この書は「天の考えが収められており、儒者の書とは異なる」ため、『四庫全書総目』として扱われている。

	『天方至聖実録』	この書の正文は全二十巻であり、全書は約二〇巻、約三〇万字。詳細記述はムハンマドの人生と業績である。本書の一七巻は劉智と馬注が注釈を加えた作品である。劉智は本書と『性理』、『典礼』は合わせて一つであり、「その道全体で天が示される」ことになるとしている。非常に重要な『漢文経典』である。
	『真境昭微』、『五功釈義』、『真功発微』、『天方礼経』、『礼書五功義』、『天方字母解義』、『天方三時経注解』、『継天方三字経』、『天方三字幼義』、『経典釈難』、『五更月偈』、『イスラーム教の宇宙観と人生観』、『醒世帰真』、『イスラーム聖儀行録及び遺言』など詩文と小冊子。	
馬得新（一七九四～一八七四年）	『四典要会』	本書は合計四巻、正文は五万字ほど。一巻『信源』、二巻『礼功』、三巻『幽明』、四巻『正異』など。「四典」とはこの四つの部分を指す。「要会」は「道に入り悔い改める」という点をキーワードにしている。馬徳新は王岱輿、馬注、劉智などと同じように、中国イスラームの「回儒学」思想体系の設立に貢献し、精力を傾けた。
	『大化総帰』	本書は馬徳新、馬開科の書である。本書の一部は教義理論を説いている。全書は上下二巻。儒家の観点を結びつけて議論を進めている。馬開科の本書に対する評価は高く、イスラーム、儒教の思想立場から本書を語ることに意義がある。
	『宝命真経（コーラン）直解』『回帰要語』『天理運命説』『生命趣旨』『天方信源蒙引歌』、『祝天大讃』など。その内容は主認学、生命学、教義学、言語学、歴史学などの分野に及ぶ。近代中国イスラーム教及び学説に大きな影響を与えている。	
藍煦（道光の時代に生活、八・一豊、同治の年代）	『天方正学』	本書は教義理論と宗教哲学を展開している著作である。全七巻、約八万字。本書は王岱輿、馬注、劉智と同じく「物事はまずこの書の道理を理解すれば、解説に相違ない」という考えである。その趣旨は「回」、「儒」の二つで並び立ち、相互補完できるというものである。

これらの著作には、一種の思想体系と理論体系が現れている。ロジック的思考、理論的な言葉、価値傾向などすべては儒学の思想を引用してからイスラーム教義を説明しているという点である。「在这一三五〇余年的歴史中、可以说、包括中国穆斯林学者在内的中国学人对伊斯兰教的认识和研究实际上囊括了由〝外在描述〟与〝内部诠释〟、〝客观超然〟与〝主观介入〟等多视角、多维度的研究过程、它们构成现

代研究先声。」（一三五〇年あまりの歴史において、中国ムスリム学者の考えには中国学者のイスラーム教の認識と研究した上での実際の「外部描写」と「内部解釈」、「客観超絶」と「主観介入」などの多角的、多次元的な研究過程が含まれており、現代の研究者の先駆けとなっている）[12]。

二〇世紀に入り、一九一一年になると、辛亥革命により清朝統治が覆され、中国の新しい時代――民国の時代に突入する。この四十年余りの決して長くはない時間において、中国の社会、政治、経済、文化は大きな変化を遂げた。専制君主が倒されるとともに、それに付随する官僚体制、礼儀軌、登用制度も廃止されることにより、中国は半封建、半植民地社会から現代の新社会制度へと向かっていくことになる。この激動の内外不安定な時代に、革命運動は最高潮を迎える。中国ムスリムは清の高圧政策から逃れ、革命思考の影響を受けることにより、徐々に閉ざされた状態から解き放たれ、民族意識も高まっていった。そして、自分達の政治的地位の平等を求め、経済生活の改善、文化教育の発展と宗教信仰の自由も求めるようになった。この時期の中国イスラーム教は、社会の矛盾と教派の矛盾の上に発展していく。宗教宣教師が分かれてワッハーブ派の宗教主張と経典を伝道したことにより、西北の甘粛、青海、寧夏地区にイスラームワッハーブ派が起こる。その後河南、山東、華北、ウイグル地区にも伝えられていく。この中国イスラーム教は、明の末から清の初めにかけてスーフィズムが伝えたものとは別のものとして発展していく。これにより、近代中国イスラーム教は二極化を形成する。一九四九年になると、中国イスラーム教内部にはガディム、スーフィズム主義の閥族（包括虎非耶―Hu Feiye、戛迪林耶―Judi Linye、哲赫林耶―Zhehlinye、庫布林耶―Kubrinye）、西道堂、伊赫瓦尼派（イスラームワッハーブ派）、賽莱菲耶派（セラフィー派）、依禅派（イシャン派）が誕生し、中国ムスリムの大部分は遜尼派――スンナ派の哈乃斐教法学派ハナフィ――教法学派に属していく。各派の基本信仰、教義は共通しているが、いくつかの教律と修行礼儀が細かく異なっている。中国民族資産階級の影響を受けることにより、あるムスリム学者たちが宗教教育の改革と「経書二通」の実行を提唱し、新しい学堂を設立し、中国ムスリム寺院経堂教育の現代教育への転換を進めていく。

イスラーム教が中国へと伝達され、各民族地区の時間や社会歴史環境と文化背景の違いにより発展変化し、漢文系回回民（回族など）と突厥語系民（ウイグル人々など）のイスラーム教及びその文化は二つの大きな体系を形成し、民族特色のあるイスラーム教となっていった。当初、中国のイスラーム教は外来宗教、民族性宗教と見なされていたが、中国五大宗教の一つとなり、歴史に一定の影響を与えるとともに、民族スタイルを形成してきた。

注●

〔1〕白寿彝『关于回族史工作的几点意见』（回族史作業に関する幾つかの意見）『寧夏社会科学』一九八四年、第一号、八～一四頁。

〔2〕馬通『対西北五省（区）伊斯兰教研究的回顾与展望』（西北五省（区）に対するイスラーム教研究の回顧と展望）『甘粛民族研究』一九八七年、第二号、一〇～一五頁。

〔3〕周燮藩・李林『伊斯兰教研究』（イスラーム教研究）記載 卓新平編集『中国宗教学三〇年（一九七八～二〇〇八）』中国社会科学出版社、二〇〇八年一〇月版、三三三頁。（四一九頁）

〔4〕卓新平 編集『当代中国宗教学研究』中国社会科学出版社、二〇一一年一二月版、内容簡介頁。（四一五頁）

〔5〕李林「中国伊斯兰教研究：学术史梳理与前瞻」（中国イスラーム教研究——学術史整理と展望）『中国社会科学報』、二〇一三年二月、第四二〇期、二頁。

〔6〕参考 周伝斌『他山之石：西方学界对中国回族伊斯兰教的研究述评』（他山の石——西洋学界の中国回族イスラーム教の研究術批評）、『西北民族研究』、二〇〇五年第一期、九七～一一八頁。

〔7〕秦恵彬 編集『中国伊斯兰教基础知识』（中国イスラーム教基礎知識）、宗教文化出版社、二〇〇五年、三二一頁。（三八三頁）
〔8〕沙宗平『中国的天方学』（中国の天方学）、北京大学出版社、二〇〇四年、四九頁。（三〇四頁）
〔9〕秦恵彬 編集『中国伊斯兰教基础知识』（中国イスラーム教基礎知識）、宗教文化出版社、二〇〇五年、三二一頁。（三八三頁）
〔10〕白寿彝『中国回教小史』、寧夏人民出版社、二〇〇〇年、七五頁。（一四一頁）
〔11〕阿里木托和提「「回儒学」何为可能？」（「回儒学」とその可能性）『寧夏社会科学』第一期、二〇一三年、七九～八五頁。
〔12〕周燮藩・李林『伊斯兰教研究』（イスラーム教研究）記載 卓新平編集『中国宗教学三〇年（一九七八～二〇〇八）』中国社会科学出版社、二〇〇八年一〇月版、三三五頁。（四一九頁）

第一章　人物、機構及び学術刊行物

本章から中国のイスラーム及びムスリム問題方面の研究学術史の整理と分析をする。研究対象とする時間帯が長いと考えられるが、中国国内外のイスラーム及びムスリム方面の研究に関して学術標準の観点から考えると、二〇世紀八〇年代後半から始まった。八〇年代以前にも学術界には一定の成果があり、あるものの学術的価値は高く参考に値する。しかし、厳しく見ると、学問体系がまだ形成されておらず、他の学問と同じように文革時期に長期停滞していたという状況がある。そのため真に意義がある学術研究を求めて改革を始めてからは、まだ四十年[1]ほどの時間しかこの分野に関する研究は進んでいないといえる。

第一節　学術の基礎を築いた人物

中国のイスラーム研究学術史の整理にはイスラーム教事業に大きく貢献した四大アホン（阿訇）から始める必要がある。これらのアホンはアラブ語、ペルシャ語のイスラーム教書籍に通じていた。またある者は英語にも通じており、教法、教義、暦法及びイスラーム教翻訳書に対して独自の見解を持っていた。彼らが訳したものは多く、中国で尊敬を集めているムスリムとしての社会的な地位を確立している。当時の中国ムスリム群衆はアラブ語に通じていなかったので、読んで理解することに大きな障害を感じていた。教法礼儀に対する理解も限られていたため、アホンによる教育、説明、導きが必要だった。これらのアホンがムスリムの宗教活動を率いていったといえる。下記は四大ムスリム学者である。[2]

哈徳成（一八八八～一九四三）

中国現代学者、教育者。

経名希拉倫丁（Hilal al-Din、ラルディン、宗教の新月の意味）。原籍は陝西省の南鄭であり、早くから父哈希齢（ハシュリン）と共に上海に移住した。幼年は儒書を学び、父の影響でアラビア語も学ぶ。一六歳の時に江蘇の鎮江と河南でイスラーム教を師事して造詣を深める。その後上海浙路清真寺（俗称外国寺）で教長となり教義の理解を更に深めながら、アラビア語、英語、ペルシャ語、ウルドゥー語を学ぶ。一九一三年にメッカに赴き、翌年帰国して仲間と資金を工面し、学校を起こし、共興会社を設立して海外貿易を始め、豊富な人材を獲得する。一九一九年のセイロン（現在のスリランカ）、エジプトに駐在し、経理を担当する。その博学と海外に対する幅広い知識によりムスリムから尊敬を集める。一九二四年に上海に戻り、馬剛侯などと共に「中国伊斯兰教学会」（中国イスラーム教学会）を組織し、『月刊』で『コーラン』を翻訳して出版する。継続して一～三巻まで訳した。一九二八年に達浦生などと共にイスラーム師範学校を設立し、優秀な生徒たちをエジプトに留学させる。一九三七年に抗日戦争が勃発すると、上海にて慈善事業を起こす。一九四一年に日本侵略者からの誘惑を拒絶し、馬国成と名前を変えて転々としながら重慶に逃げる。その後国民党政府からの招待を断り、雲南辺境のムスリムの村沙甸で馬堅の『コーラン』翻訳を助けながら、アラビア語専門学校の上級クラスを担当する。一九四三年一〇月二五日に沙甸で病気になり、五六歳で亡くなる。

王静斎（一八八〇～一九四九）

現代中国イスラーム学者、翻訳家。

経名は耶爾古伯（Yakub、ヤクブ）として知られている。天津人。八歳の時父王蘭庭アホンからアラビア語を学ぶ。その後清真寺で教育を受け、後に有名になる李長貴、馬玉麟、於志誠、金連栄、劉緒魁、海思福などの門下生に教義を教えていく。二六歳の時に「挂幛」卒業する。彼の知識はとても広く、『コーラン』の注釈学、聖訓学、教義学、教法学、カリウム学、イスラーム教歴史にまで及ぶ。アラビア語、ペルシャ語、古代漢文、英語に対する一定の造詣がある。河北、北京、遼寧、黒竜江、天津、山東、台北など一〇余りの清真寺で教長を務め、多くの生徒を教えた。一九二二～一九二三年には弟子の馬宏と共にエジプトのアズハル大学で学ぶ。そこで中国学生部部長を務め、メッカ、エジプト、サウジアラビア、トルコなどを訪れ、イスラーム教の現状を観察し近代イスラーム教の改良主義思潮の影響を受ける。そしてアラビア語の経典を六〇〇余り複写し、すべてを持って帰国する。一九二七年に『伊光』（イスラームの光）という月報を発行し、イスラーム学術文化、中国ムスリム生活の「尊経革俗」の主張を行なった。同年に楊敬修などと天津にて新式中アラビア語大学を設立し、自ら教壇に立つ。一九三六年に北京で中国イスラーム教書籍編集翻訳会社を組織し、ムスリム学者の著述、翻訳を組織し、イスラーム書籍を出版していく。一九三八年、河南で時子周などと共同で「中国イスラーム教抗日救国教会」を設立する。後はイスラーム教文化事業、経堂教育の改革、新式教学の実行、漢文とアラビア語に精通する人材育成に力を注いだ。教育分野、学問にも造詣が深く、漢文、アラビア語、英語にも通じていたので訳本は多数ある。主要なものとして『古兰经译解』（コーランの訳解）、『中亜字典』『中阿新字典』（アラビア語漢文辞典）、『偉嗄業』『中波（斯）字汇』（中ペルシャ字句）、『真境花園』、『回耶辩真』などが挙げられる。

達浦生（一八七四〜一九六五）

経名は努爾・穆罕默徳（Noor Mohammed、ヌル・ムハンマド）。著名学者、教育家、社会活動家。

　彼は辛亥革命以降の中国国内回族ムスリムにおける四大アホンの一人。江蘇の六合人である。一九〇七年に王寛などと北京牛街清真寺において回教師範学堂を設立する。一九二一年から一九二七年まで、東南アジアとインドなどを訪れ、イスラーム教の現状を観察した。一九二八年に上海イスラーム師範学校の校長になる。一九五二年に「中国伊斯兰教协会」（中国イスラーム教協会）を起こしその副主任となる。一九五六年に八二歳となった達浦生氏は周恩来首相の顧問になり、インドネシア・バンドン会議に出席した。一九六五年に北京でその生涯を終える。『伊斯兰六书』（イスラーム六書）などが有名である。

馬松亭（一八九五〜一九九二）

経名は阿卜杜・莱希姆（Abdul Lesheim、アブド・ライシム）。中国イスラーム教学者、教育者。北京人。イスラーム教の名門の出。

　幼いころにアラビア語、ペルシャ語、イスラーム経典を学んだ。二六歳以降は北京、河北、済南、重慶、香港、台北などで清真寺の教長を務める。北平（今の北京）で成達師範と北平イスラーム教学院を創設して指摘した。「月華出版部」を創設して『月華』雑誌とイスラーム教書籍などを出版した。三〇年代にはエジプト、サウジアラビアなどを訪問する。帰国後、北平に「中国埃及文化协进会」（中国エジプト文化協進会）、福徳図書館を設立し、学生たちがエジプト及びアル＝アズハル大学で学べるように支援する。建国後、中国回民文化協会副主任、「中国伊斯兰教经学院」（中国イスラーム教学院）副院長及び名誉院長、「中国伊斯兰教协会」（中国イスラーム教協会）副主任、副会長などの職を務め、第二回、五回、七回中国人民政治協商会議において委員を務める。『回教与人生』（回教と人生）などの著作がある。

　ムスリム（回族）学者の中ではこれらの宗教活動者以外にも、高等学校及び研究機構でイスラーム関連の研究を行なった研究者がいる。[3]

金吉堂（一九〇八～一九七八）

回族、中国イスラーム教史学者、教育学者。

北京の通県人。北京の織補学堂を卒業している。イスラーム経典に通じており、中国イスラーム教歴史に対する独特な研究を行なってきた。一九三五年に馬松亭アホンの招きに応じ、北平成達師範学校で「中国回教歴史問題」の授業を行なうようになる。一九三八年に通県で「穆光小学」（ムスリム小学校）を創設して校長を務めながら、易県師範学校でも教えている。主要な論著は『中国回教歴史問題』、『教門雑識』、『回教民族説』、『頼賜清真寺的五百年』（頼賜清真寺の五〇〇年）など一〇余りある。

白寿彝（一九〇九～二〇〇〇年）

回族、史学者、教育者、社会活動家。

北平燕京大学国学研究所で中国哲学史を専攻した。白寿彝は政治分野で働いただけでなく。北京師範大学学術委員会の主任、校長委員会顧問、歴史系教授、『北京師範大学学報』の編集、『史学史研究』の編集も務めた。また北京師範大学史学研究所と古籍研究所を設立した。卒業の研究は主に史学分野であり、中国交通史、中国イスラーム教史、回族史、中国民族関係史、中国思想史、中国史学史、中国通史、史学理論分野において大きな功績を残しました。彼の著作は豊富であり、有名なものとして『中国通史概要』、『史学概論』、『中国史学史』、『中国交通史』『回族人物志』など多岐に及ぶ。彼が総編集した『中国通史』（二二巻二二冊）もある。

馬堅（一九〇六～一九七八）

回族。中国現代イスラーム学者。

北京大学東方言語文学系教授。著作として『阿拉伯哲学史』（アラブ哲学史）、『阿拉伯通史』（アラブの歴史）、『中国伊斯兰教概观』（中国イスラーム教概観）、『回教先贤的学术运动』（回族先賢の学術運動）、『阿拉伯文在国际政治上的地位』（アラブの国際政治上の立場）、『穆罕默德的宝剑』（ムハンマドの宝剣）、『之圣穆罕默德略传』（ムハンマド伝記）、『阿拉伯汉语词典』（アラブ語漢文辞典）などがある。また個人として翻訳した『コーラン』の漢文版がある。

傅統先

回族、中国教育学者。

哈徳成アホンからアラビア語とイスラーム教典を学んだ。一九二九年「上海回教青年研究社」を創立し、『回教青年月刊』を刊行した。一九三二年セント・ジョーンズ大学（St. John's University）哲学系を卒業した。一九三三年『改造』雑誌を刊行した。「中国回族文化教会」を組織された、『中国回教総称』を編集した。上海イスラーム師範学校で講義を担当した。一九五〇年コロンビア大学で哲学博士を獲得した。帰国後、山東師範大学教授となった。

主な著作は『知識綱要』、『現代哲学之科学』、『教育哲学講話』、『中国回教史』（商務印書館、一九四〇年、一五六頁）等。

二〇世紀初頭になると中国ムスリム学者は多数存在するようになる。しかし、陳坦（著作『回回教入中国史略』（回回教の中国伝達史）初版『北京大学研究所国学門月刊』一九二七年第二五巻第一号題『回回教の中国への伝達の源』、後刊『東方雑誌』一九二八年第二五巻第号、改名して今に至る）、陳漢章（著作『中国回教史』、『史学と地学』、一九二六年第一期、一六六〜二二二頁）など非ムスリム学者も存在する。その中の陳坦は中国歴史学者、教育者である。宗教史、元史、考証学、校勘学などの分野で有名であり、成績は優秀でその著作も国内外で高い評価を受けている。彼は国立北京大学、北京師範大学、輔仁大学の教授でもあった。著作に『火祆教入中国考』（ゾロアスター教の中国への伝達考察）（一九二二）、『摩尼教入中国考』（マニ教の中国伝達考察）（一九二三）などが挙げられる。このことから彼の研究の重点はイスラーム教研究分野ではなく、宗教史の一部として研究していたことが分かる。彼は元史、考古学などの分野に注意を傾けている。

これらイスラーム教内外の学者が取得した研究成果は学界でも認められている。彼らの研究は中国イスラーム教の歴史、経典などの範囲に含まれるため、研究中やその後も考証学史学、マルクス主義の史学、西洋実証主義史学などの当時西洋学を取り入れようとしていた分野に大きな影響を与えた。また、新しい方法により国外のイスラーム及びムスリムの歴史、教義、教法学に対する研究が行なわれることにより、イスラーム及びムスリム問題の様々な分野に影響を与えた。彼らのたゆまぬ努力により、改革開放後に研究機構が設立され、優秀な学者が多く育ち、理論を固め実践していく上での基礎が据えられたといえる。

第二節　機構及び学術刊行物

一　研究機構

一九六四年、中国社会科学院世界宗教研究所が設立され、国家級の宗教学術研究専門機構として認められた。そこには仏教、キリスト教、イスラーム教、道教などの八つの研究室と宗教研究雑誌及び科学研究所などの部門が設けられた。その中の「伊斯兰教研究室」（イスラーム教研究室）は全国で唯一イスラーム教及びそれに関係する専門研究学術機構であったため、新しい時代の幕が開けたといえる。しかし残念なことに、この後の十数年間の中国のイスラーム教研究についていえば、多くの学術研究機構は挫折を経験することになるが、改革開放後にようやく新型の研究機構が現れた。

研究機構の上級設立部門及び資金の源は、以下の種類に分類することができる。

政府機関	中国社会科学院世界宗教研究所伊斯兰教研究室（中国社会科学院世界宗教研究所イスラーム教研究室） 国家宗教事務局伊斯兰教相关研究（国家宗教事務局イスラーム教関係研究）

社会科学研究機構	宁夏社会科学院回族伊斯兰教研究所和中东伊斯兰国家研究所（寧夏社会科学院回族イスラーム教研究所と中東イスラーム国家研究所） 甘肃民族研究所（甘粛民族研究所） 新疆维吾尔自治区社会科学院宗教研究所（新疆ウイグル自治区社会科学院宗教研究所）、ほか
大学等研究機構	中央民族大学哲学と宗教学院宗教研究室、民俗と社会学院関係研究部門 西北民族大学、西南民族大学、中南民族学院、青海民族学院諸民族高校における関係研究部門 北京大学哲学系、上海外国語学院、西北大学中東研究所、雲南大学、新疆ウイグル自治区大学、新疆ウイグル自治区師範大学など高校の関係研究部門
イスラーム協会学院	中国伊斯兰教协会（中国イスラーム教協会） 上海伊斯兰教协会（上海イスラーム教協会） 陕西伊斯兰教协会（陝西イスラーム教協会） 甘肃伊斯兰教协会（甘粛イスラーム教協会） 青海伊斯兰教协会（青海イスラーム教協会） 湖南伊斯兰教协会（湖南イスラーム教協会） 新疆维吾尔自治区伊斯兰教协会（新疆ウイグル自治区イスラーム教協会）などムスリム宗教信仰を中心とする諸学術活動 中国伊斯兰教经学院（中国イスラーム教経学院） 昆明伊斯兰教经学院（昆明イスラーム教経学院）などの教経学院
民間	西安市伊斯兰文化研究会（西安市イスラーム文化研究会）など諸民族間の社会及び文化研究学術活動、ほか

この中で、中国社会科学院伊斯兰教研究室（中国社会科学院イスラーム教研究室）は最も早く建設されたものであり、イスラーム教及び関係する専門研究の学術研究機構であるといえる。常に学問建設に重点を置き、積極的に学問の最先端研究と社会対策の応用研究に力を入れている。当該研究室の金宜久、李興華、

秦恵彬、周国黎、沙秋真、周燮藩、呉雲貴、王俊栄などの退職した学者、現在の学者である李林、李維健、馬景、王希などがイスラーム方面の研究の先駆けとなっている。当該研究室はイスラーム教史、イスラーム教法、スーフィー主義、中国イスラーム教、イスラームと国際問題、民族問題などの分野、国内のイスラーム教研究分野で先進的な立場を占めており、国際的にも大きな影響力を持っている。

寧夏の寧夏社会科学関係研究所も代表的なものである。一九六二年に寧夏回族自治区において寧夏民族研究室（一九六四年に寧夏哲学社会科学研究所）が設立され、一九七九年に寧夏哲学社会科学研究所が復活し、民族宗教研究室が設立された。一九八一年に寧夏哲学社会科学研究所寧夏社会科学院になり、民族宗教研究室は民族宗教研究所になった。一九九〇年に回族伊斯兰教研究所（回族イスラーム教研究所）と名前が変わった。これ以外に、寧夏少数民族が古い書物の整理出版をするために事務所を設立し（宁夏少数民族古籍整理出版规划领导小组办公室）（寧夏少数民族古籍整理出版計画指導班事務室）、二〇〇七年に独立した。一九九〇年に国家新聞の出版が認可され、一九九一年に正式に『回族研究』が季刊誌として発行されることになり、回族伊斯兰教研究所（回族イスラーム教研究所）が発行元となった。二〇〇一年には寧夏社会科学院が発行元となり、編集部が独立した。二〇〇三年には中国回族イスラーム研究センターが設立され、二〇〇五年には『中国回族百科全書』編集部が設置された。以下の四室が管理されている（回族史、イスラーム教、中東イスラーム教と中央アジア回族、民族理論研究室）。退職した学者と現任の学者には楊懐仲、馬平、丁克家、孫俊萍、劉偉、王伏平、馬燕、金貴、馬敏などが含まれる。

甘粛地区には省民族研究室甘粛省民族研究所が一九五九年に設立されており、甘粛及び西北地区の民族宗教問題の専門科学研究機構となっている。民族研究所が設立されてから、組織的に甘粛少数民族に対する系統だった調査が行なわれ、非常に重要な第一線の資料が集められ、初歩の研究作業が展開していった。六〇年代後期になると、民族研究所の活動は停止するが、一九八一年には復活する。復活後の民族研究所は三〇人で組織され、民族歴史宗教、民族学、民族経済教育の三つの研究室と『甘粛民族研究』（甘粛民族研究、一九八二年）編集部及び事務室が設立された。これらは甘粛省民族事務委員会に所属している。ここ数十年来、甘粛省の民族研究所ではチームを形成し、研究分野の開拓に積極的に力を注いでいるため、甘粛民族研究事業に大きな成果が表れている。国家民族委員会下達の『中国少数民族問題五種叢書』[4]は甘粛部分の一三冊の査定と発行任務が完成した。また『中国少数民族地区画集叢書』（民族出版社、一九八六年）甘粛冊子の編集、出版任務も完成した。『西北穆斯林社会问题研究』（西北ムスリム社会問題研究）（高占福、甘粛民族出版社、一九九一年）『東郷族経済社会発展研究』、『伊斯兰教与社会主义社会相适应问题研究』（イスラーム教と社会主義者社会の適応問題研究）など他項目の国家及び甘粛省社会科学重点課題任務も完成し、『中国伊斯兰教派与门宦制度史略』（中国イスラーム教教派と門宦制度の史略）『中国伊斯兰教教派门宦溯源』（中国イスラーム教教派門宦源を追う）『感銘民族研究論叢』（第一、第二編）などの専門著書、論集が先駆けとして出版された。

ウイグル自治区では、新疆ウイグル自治区大学の民俗文化研究中心（民族文化研究センター）、新疆ウイグル自治区師範大学に設立されたウイグル・イスラーム教センターなどの部門が代表的である。その民族文化研究センターは二〇〇七年に人文学院民族学教研究室の基礎として設立された。当該センターの特色は国外の最新の民族学理論を利用して、突厥（テュルク）語系の諸民のイスラーム教及び文化関係の研究を専門的に行なっていることである。

二　学術刊行物

多年にわたる研究歴史において、中国のイスラーム及びムスリム分野の研究と学術機構は自己刊行物に力を入れ、最新の研究成果と学術動態と関係する情報資料を紹介してきた。学術刊行物の種類と主要な部門の種類を以下に記す。

政府機関	中国社会科学院世界宗教研究所『世界宗教研究』と『世界宗教文化』 国家宗教事務局『中国宗教』
社会研究機構	寧夏社会科学院『寧夏社会科学』と『回族研究』 甘粛民族研究所『甘粛民族研究』 新彊ウイグル自治区社会科学院『新彊（ウイグル自治区）社会科学』
大学等研究機構	上海外国語学院主催『阿拉伯世界』（アラブ世界） 西北民族大学『西北民族研究』と『中国回族研究』 青海民族大学『青海民族研究』 西北大学中東研究所『中東研究』 『中央民族大学学報』、『西北民族大学学報』、『西北第二民族学院学報』、『雲南民族大学学報』、『新彊（ウイグル自治区）大学学報（文哲史版）』、ほか
イスラーム協会	中国伊斯兰教协会『中国穆斯林』（中国イスラーム教協会『中国ムスリム』） 上海伊斯兰教协会『上海穆斯林』（上海イスラーム教協会『上海ムスリム』）、 陝西伊斯兰教协会『陝西穆斯林』（陝西イスラーム教協会『陝西ムスリム』） 甘肃伊斯兰教协会『甘肃穆斯林』（甘粛イスラーム教協会『甘粛ムスリム』） 青海伊斯兰教协会『青海穆斯林』（青海イスラーム教協会『青海ムスリム』） 湖南伊斯兰教协会『湖南省回維族穆斯林』（湖南イスラーム教協会『湖南省回維族ムスリム』）

民間	新疆维吾尔自治区伊斯兰教协会『新疆穆斯林』（维吾尔语版、哈萨克语版）（新疆ウイグル自治区イスラーム教協会『新疆（ウイグル自治区）ムスリム』（ウイグル語版、カザフ語版））などムスリム宗教信仰を中心とする諸学術活動 西安市伊斯兰文化研究会主办『伊斯兰文化研究』（西安市イスラーム文化研究会『イスラーム文化研究』）

これらの定期刊行物はイスラームとムスリムの名のもと、イスラームとムスリム分野研究及びその他の文章として専門的に発表しているものである。しかし、宗教類、大学学報などの定期刊行物、他のイスラームに関係する論文の発表も含まれている。その中で世界宗教研究編集部は一九七九年に設立され、一九九七年に世界研究雑誌社と名前が変わった。二〇〇一年までに当該雑誌社の成員は九人、副編集審査は三人になり、『世界宗教研究』（季刊誌）、『世界宗教文化』（季刊誌）、『中国宗教研究年鑑』の編集出版責任を担った。『世界宗教研究』は一九七九年に創刊となり、卓新平によって編集された。国内学者の学術論文が掲載されており、国内概宗教学研究動態と重要な資料を紹介しており、国内宗教学分野において最も権威のある学術刊行物となっている。『世界宗教文化』（以前の『世界宗教資料』、一九九四年に改名）は黄夏年が編集した。当該刊行物は各種宗教文化知識を紹介し、各種宗教重要な事柄を分析している。また、宗教理論教義の発展と国家、社会、人生へのサービスについて論じている。一般大衆と各種宗教信仰者への普及性、知識性のある文化的な宗教刊行物といえる。この種類の学術定期刊行物の中で代表的な位置にあるのは『回族研究』である。一九九〇年の国家新聞の許可を得て、一九九一年に正式に『回族研究』季刊誌を創刊した。回族伊斯兰教研究所（回族イスラーム教研究所）により執り行なわれていたが、二〇〇一年に寧夏社会科学院が執り行なうようになり、編集部が設置された。この定期刊行物は大量の学

術論文とそれに関係する文章を発表している。国内のイスラーム教研究の開拓と発展に関して重要な推進力となっている。

注●

〔1〕一九七九年から二〇一九年まで。

〔2〕参考引用 金宜久 編集『伊斯兰教辞典』（イスラーム教辞典）上海辞書出版社、一九九七年、四九三・四九四・四九七・五〇二頁（七七一頁）。

〔3〕参考引用 金宜久 編集『伊斯兰教辞典』（イスラーム教辞典）上海辞書出版社、一九九七年、四九九・五〇〇頁（七七一頁）。

〔4〕『中国少数民族』、『中国少数民族簡史叢書』、『中国少数民族語言簡志叢書』『中国少数民族自治地方叢書』『中国少数民族社会歴史調査資料叢書』等総称。中国国家民族事務委員会は一九五八年から組織編集開始、一九九一年。原版四〇一本、全国三〇多出版社が出版された。

第二章　学術会議

第一節　二〇〇〇年以前

改革開放以前の中国において、イスラーム教及びムスリム方面に関する学術会議はほぼ開催されていなかったといえる。

一九七二年二月に世界宗教研究所は昆明にて全国宗教研究計画会議を招集した。この会議により、学術会議は新しい段階へと入っていく。この会議の精神に基づき一九七九年にウルムチで西北五省地区のイスラーム教研究座談会義が開催され、世界宗教研究所と西北五省の関係機構において毎年一回イスラーム教学術研究討論会を開催する規定が結ばれた。

五期「西北五省区伊斯兰教学术讨论会」（西北五省地区イスラーム教学術討論会）

時間／場所	主題	開催者	人数	討論資料数	会議後の編集出版
一九八〇年一一月一〇日から二〇日／銀川	一八世紀の中国イスラーム問題	寧夏社会科学研究所	八〇余名	四七編	『清代中国伊斯兰教论集』（清代中国イスラーム教論集）
一九八一年一〇月一三日から二一日／蘭州	イスラーム教の中国伝達後の中国文化思想の相互影響	甘粛省民族研究所	一五〇名	六五編	『伊斯兰教在中国』（中国のイスラーム教）

一九八二年八月一八日から二六日／西寧	西北地区のイスラーム教派、門宦アホン及びその根源問題	青海省宗教局	一四〇余名	七七余編	『中国伊斯兰教研究』（中国のイスラーム教研究）
一九八三年一一月二二日から二六日／西安	イスラーム教と中国の回、ウイグル、カザフ、トンシャン、サラなど一〇の少数民族に関係する問題	陝西社会科学院	八八名	八〇余編	『中国伊斯兰教研究论集』（中国イスラーム教研究論集）
一九八六年八月二二日から二七日／ウルムチ	イスラーム教の中国における広がりと発展史		一一二名	七九編	未刊

会議では、国家改革開放、経済、文化建設など諸分野の必要な適用されるために、イスラーム学術研究を促進し、各研究成果の交流を持たせるために、各地の専門家、学者、各地統一戦線の民族、宗教などの関係者を招待し、中国イスラーム教の歴史、現状、哲学思想、教派、アホン及び文化教育、訳術著術活動などに対する全体的な体系と事実研究が行なわれた。西北各省地区で主催開催されるものの、全国規模の会議であるため、一定の規模と水準が保たれており、内容も豊富であるとともに深く掘り下げた考察も含まれるため、国内外の学術界からも注目されていた。討論会では清代中国イスラーム教の討論と研究、イスラーム教の中国への伝達、発展特色及びその歴史的作用、イスラーム教教派、門宦の変化、分化及びその社会的影響、歴史上の民族教育、イスラーム教と民族関係、イスラーム教の中国伝達と発展史問題が、中心テーマとして扱われた。これにより中国イスラーム学術研究が促進され、文献資料の発掘、整理に拍車がかかった。それ以降、第二回西北五省地区イスラーム教学術討論会はまだ実現できていない。

この後、一九八三年に『东南沿海伊斯兰文史工作座谈会』（東南沿海イスラーム文史工作座談会）が開催された。同年から今に至るまで『全国回族史学術討論会』が一、二年に一度開催されている。

中国社会科学院世界研究所伊斯兰教研究室（中国社会科学院世界研究所イスラーム教研究室）は学術の発展趨勢とイスラーム研究の発展のために一九八七年から一九九〇年まで、北京にて全国イスラーム学術研究討論会を連続して三回開催した。

時間	テーマ	会議人数
一九八七年八月二一日から二六日	中国イスラーム教史研究の学科化、中国イスラーム教の教派、第二次世界大戦後のイスラーム教の発展趨勢。	六〇余名
一九九〇年九月一二日	イスラーム教が中国人に伝えられた後、どのように民族文化が発展し、中国各地の民族伝統文化の影響がどのように受け入れられたか。	四〇余名
一九九〇年一〇月一九日から二一日	戦後のイスラーム教形態、趨勢、特色。戦後のイスラーム教の段階区分問題、中国イスラーム教研究に関係する問題。	八〇余名

これと同時に二〇〇〇年に至るまで、イスラームの学術研究が深まり、幅が広がっていったので、一連の専門テーマ研究討論会が開催された。

会議名称	時間・場所	テーマ	主催
「伊斯兰复兴运动」（イスラーム復興運動）学術研究討論会	一九八八年二五日から二六日／北京	イスラーム復興運動が起こった歴史背景、深刻な政治的及び経済的原因、現状と表現特色及び運動がもたらした影響。	中国社会科学院西亚非洲研究所（中国社会科学院西アジアアフリカ研究所）、中国亚非学会和中国中东学会联合（中国アジアアフリカ学会と中国中東学会連合）

「伊斯兰教与中国西北地区現代化建设」（イスラーム教と中国西北地区の現代化の設立）国際研究討論会	一九九一年一〇月八日から一一日／西安	イスラーム教と西北地区の対外開発とムスリム民族の発展、イスラーム教の経済思想と現代化、国外イスラーム改革運動と現代化。	西北大学和德国阿登德基金会联合（西北大学とドイツアデナウアー基金会連合）
「伊斯兰文化与中国」（イスラーム文化と中国）学術討論会	一九九一年一〇月一四日から一七日／済南	イスラーム教の中国への伝達とその発展過程、イスラーム教の中国における生存と発展原因、中国イスラーム教の伝達と発展中に生じた問題。	済南市伊斯兰教协会（済南市イスラーム教協会）、山東大学哲学系、山東省東方哲学研究会
「海上丝绸之路与伊斯兰文化」（海上シルクロードとイスラーム文化）国際学術研究討論会	一九九四年二月二一日から二六日／福建・泉州	イスラーム文化のシルクロード沿岸国家における伝達及び影響、中国とムスリム国家の友好関係、ムスリムの航海と貿易に対する貢献。	联合国教科文组织丝绸之路项目机构、中国海上丝绸之路研究中心等八家机构联合（国連教科文組織シルクロード項目機構、中国海上シルクロード研究センターなど八つの機構連合）
「当代伊斯兰复兴运动」（当代イスラーム復興運動）学術研究討論	一九九五年六月一六日から一八日／安徽・馬鞍山	冷戦後のイスラーム教復興運動発展の形勢、運動性質の特色、運動の国際形勢に対する影響、運動の発展趨勢。	上海国際問題研究所中東研究センター
「伊斯兰・阿拉伯哲学」（イスラーム・アラブ哲学）学術研究討論会	一九九六年一〇月九日／済南	イスラーム・アラブ哲学思想の特色、歴史的影響。	山东大学哲学系、山东省东方哲学研究会和济南市伊斯兰教协会联合（山東大学哲学系、山東省東方哲学研究会と済南市イスラーム教協会連合）

一九九六年から一九九九年西安市イスラーム文化研究会は西安でイスラーム文化研究討論会を三回開催した。

会議名	時間	テーマ	その他
「伊斯兰文化与现实生活」（イスラーム文化と現実の生活）	一九九六年	現代ムスリムの民族文化、教育、科学、人物	論文三〇編の提出。『伊斯兰文化论丛』（イスラーム文化論集）（宗教文化出版）の選集。
「経堂教育」	一九九七年	経堂教育、イスラーム教育。	論文七一編の提出。『伊斯兰文化研究』（イスラーム文化研究）（寧夏人民出版）の選集。
「二一世纪与伊斯兰文化、伊斯兰教研究、伊斯兰与中华民族」（二一世紀とイスラーム文化、イスラーム教研究、イスラームと中華民族）	一九九九年	回族とイスラーム文化の歴史、現状と未来。	六〇編余りの論文提出。『伊斯兰文化论集』（イスラーム文化論集）の選集。

経堂教育に対する初めての全体的で系統だった討論と研究が実施された。多くの論文が現実に即したものであり、ムスリム大衆の経済、教育問題についても討論されている。西安で開催された三回のイスラーム文化研究討論会では二〇〇名近くの専門学者により、一六三編の論文が集められ、中国イスラーム教研究に対する積極的な推進がなされた。この三回の会議テーマと論文を基礎として現代のイスラーム研究の学術成果の実態が生じたといえる。

第二節　二〇〇〇年以後

二一世紀初めと、前一〇年ほどは、イスラーム教研究をテーマとした会議が以前よりも少なくなった期間といえる。

イスラームとムスリム研究をテーマとした主要な会議を挙げる。

会議名	時間／場所	テーマ	主催
「中国伊斯兰教历史与发展学术研讨会」（中国イスラーム教歴史と発展学術研究討論会）	二〇〇一年一二月／北京	中国イスラーム教の歴史、発展、未来などの問題	中国伊斯兰教协会（中国イスラーム教協会）
「当前回族学、伊斯兰教研究现状研讨会」（現在回族学、イスラーム教研究現状研究討論会）	二〇〇四年九月二一日／銀川	回族学イスラーム教研究動態、現在回族イスラーム教研究の他の問題	寧夏社会科学院
「中国経堂教育問題研究討論会」	二〇〇七年一月二一日から二二日／蘭州	中国経堂教育の発展歴程、問題と対策、発展方向。	兰州大学主催、兰州大学伊斯兰文化研究所（蘭州大学イスラーム文化研究所）

「伊斯兰教与构建和谐社会学术研讨会」（イスラーム教及び社会調和構築の学術研究討論会）	二〇〇六年一〇月／北京	各ムスリム族の社会調和構築への参与。	中国伊斯兰教协会（中国イスラーム教協会）
「回儒世界现与中国伊斯兰研究的当代价值学术研讨会」（回儒世界観及び中国イスラーム研究の現代価値学術研究討論会）	二〇一一年六月／北京	文献と文書、哲学と神学、文明と文化、歴史と現実などの四つのテーマから回儒世界観及び中国イスラーム教を論述する	北京大学
「中国伊斯兰与中国文化学术研讨会」（中国イスラームと中国文化学術研究討論会）	二〇一二年一二月／北京	文献と文書、哲学と神学、文明と文化、歴史と現実などの四つのテーマからイスラーム教と中国伝統文化を論述する。	北京大学

この中の「回儒世界観及び中国イスラーム研究の現代価値学術研究討論会」は北京大学高等人文研究院「康安・理法伊斯兰研究讲座」（康安・理法イスラーム研究講座）のシリーズの一つである。当該講座はトルコ女性文化協会の寄付により、二〇一一年に開催された。異なる宗教、文化の間での平等な対話を促進する会議として、毎年一、二名の著名な北京大学駐在の国際イスラーム研究学者を招待して関係するテーマを討論する学術研究討論会である。最初の招待教授はニューヨーク州ストーニーブルック大学の宗教学教授ウィリアム・C・チッティックと村田幸子であった。彼らは北京大学で『回儒世界観』課程を開設するとともに、筆者（アリム・トヘテイ）が企画し、担当者として研究討論会を北京大学で開催した。会議には北京、南京、寧夏、陝西、甘粛などの土地の大学及び研究機構のイスラーム研究者が三〇人近く招待され、イスラーム教の中国への伝達とその地方及び民族化の過程、明と清の「回儒」思考などをテーマにした深

い研究討論が行なわれた。会議では「回儒世界観専門テーマ」、「中国イスラーム教」、「文書と文献」、「回儒専門テーマ」、「哲学と神学」、「歴史と現実」、「文明と文化」という七つのテーマと十一節の討論がなされた。[1]同じく筆者が企画し、担当者として北京大学で開催した「中国イスラーム教と中国文化」研究討論は第二回目となる康安・理法イスラーム研究講座シリーズ研究会である。会議には北京大学、中国社会科学院、中央民族大学、中国イスラーム教教会、新疆（ウイグル自治区）大学、新疆（ウイグル自治区）師範大学、新疆（ウイグル自治区）社会科学院などの大学と研究機構のイスラーム研究者が三〇人近く招待され、西地区のイスラーム教、特にウイグルイスラーム教と中国国内伝統文化の交流及び相互間の影響と発展に対しての深い討論が行なわれた。会議では「専門発言」、「ウイグルとイスラーム」、「哲学と宗教」、「歴史と現実」、「文明と文化」、「スーフィー専門テーマ」、「専門テーマ研究」という七つのテーマと合計八節に対する討論が行なわれた。この時の会議では中国内外の関係する研究分野の第一線の学者が集まるとともに、若い研究者の育成に力がそそがれた。会場の雰囲気は開放的であった。鋭い討論がなされ、研究者たちの巧みな論法が飛び交った。今回の研究討論会を通して、中国西地区イスラーム教の学術交流に関する理解が深まり、関係する分野の研究者の視野が広がり、有効な文化対話及び異なる宗教、場所、文化間の相互融合理念が生まれた。北京大学高等人文研究院院長、哲学系終身教授（ハーバード大学の退職教授）杜維明氏も研究会議討論に参加した。[2]北京大学高等人文研究院は今後も関係する講座及びシリーズ研究討論会を進めていくことだろう。

この分野は学科と宗教分野を跨ぐ会議であるため、学科理論、宗教開放の視野を越えて、多くの学者が注目して参加したため、国内イスラーム教研究の発展を後押しした。例を挙げる。

会議名	時間／場所	主題	主催
「郑和下西洋与文明対话国际研讨会」（鄭和の大航海と文明対話国際研究討論会）	二〇〇五年六月三〇日から七月三日／銀川	鄭和の七回に及ぶ西洋への遠洋航海、三〇余りの国への訪問、その地の民との友好関係の構築などの歴史問題に対する討論。	寧夏社会科学院とイラン在中大使館文化局
「南京大学・哈佛燕京文明対话论坛」（南京大学・ハーバード燕京文明討論論壇）	二〇〇六年六月一六日から一八日／雲南	文明対話の世界的意義、グローバル化背景における中国回儒対話、世界の発展における東アジアの知識、中国ムスリム社会本土知識の地球的意義、本土知識と文化革新。	南京大学、ハーバード大学、雲南大学による連合開催
「第二回回族学国際学術討論会」	二〇〇六年九月三日から六日／寧夏沙湖	世界の言語環境における回族学、文明対話と回儒対話、回族学科体系と方法論、中東回族歴史と現実研究、中国ムスリムと中東西アジアムスリム交流史研究。	中国回族学会
「宗教対话和谐社会学术研讨会」（宗教対話と調和社会学術研究討論会）	二〇〇七年六月五日から六日／蘭州	宗教対話と調和社会、多様化宗教と調和社会、西北キリスト教の歴史と現状、宗教対話、西北イスラーム教の歴史と現状。	蘭州大学

ここ数年間では特に、中国政府が設立した「新丝绸之路经济带」（新シルクロード経済エリア）と「二一世紀海上丝绸之路」（二一世紀海上シルクロード）が協力してイスラームに関係する会議を頻繁に開催している。主要なものとして中国社会科学院世界宗教研究が主導しているシリーズ活動がある。例をあげる。[3]

会議名	時間／地点／主催	テーマ
「伊斯兰教与新疆社会发展」（「イスラーム教と新疆（ウイグル）社会の発展」学術研究討論会）	二〇一五年九月九〜一〇日／北京／中国社会科学院世界宗教研究所、中国宗教学会主催	「一帯一路」の建設、ウイグルの安定と発展、イスラーム教の科学研究による考察と有効な統治について。
「伊斯兰教与中国社会」全国伊斯兰教学术研讨会（「イスラーム教と中国社会」全国イスラーム教学術研究討論会）	二〇一五年一〇月二七日〜二九日／北京／中国社会科学院世界宗教研究所、中国宗教学会主催	「イスラーム教と中国化」、「イスラーム教と本土化」、「中国イスラーム教と対外交流」、「イスラーム教と中国地方社会」、「イスラーム教と地方知識」、「イスラーム教徒中国文化」、「イスラーム思想と文化」などのテーマに対する討論。
「伊斯兰教中国化」（イスラーム教中国化）論壇	二〇一六年八月一八日〜一九日／銀川市／中国社会科学院世界宗教研究所、寧夏社外主義学院など	研究内容はイスラーム教研究、イスラーム教中国化の内包と特色、イスラーム教中国化の主要な成就、イスラーム教中国化の経験啓示、イスラーム教中国化方向手段と政策堅持、清真寺建築と清真飲食文化など。
第二届全国伊斯兰教暨「伊斯兰教与一帯一路」学术研讨会（第二回全国イスラーム教義「イスラーム教と一帯一路」学術研究討論会）	二〇一六年一二月一六日至一八日／北京／中国宗教学会、中国中東学界共同主催	会議ではイスラーム教と「一帯一路」戦略、中東情勢と「一帯一路」シルクロードのイスラーム教、中華文明とイスラーム文明、「一帯一路」沿線の経済文化及び青年学者論壇など七つのテーマと上映による討論。
「伊斯兰教与欧美社会」（イスラーム教とヨーロッパ・アメリカ社会）学術研究討論会	二〇一七年五月二五日／北京／中国社会科学院世界宗教研究所、中国宗教学会主催	会議ではイスラーム教とヨーロッパ・アメリカ文化、イスラーム教とヨーロッパ・アメリカ社会、イスラーム教とヨーロッパ・アメリカ移民、イスラーム教とヨーロッパ・アメリカ政治などの四つのテーマに対する研究討論。

「堅持伊斯兰教中国化方向」（イスラーム教中国化方向の堅持）学術研究討論会	二〇一七年一〇月三〇日／北京／中国社科院世界宗教研究所伊斯兰教研究室与北京市伊斯兰教协会（中国社科院世界宗教研究所イスラーム教研究室と北京イスラーム教協会）	専門テーマ：「平和中庸の道——イスラーム教の優れた伝統伝承」、「文明から互いに学ぶ——イスラーム教中国化の歴史過程」、「融合と交流—イスラーム文化と中国伝統文化」、「対外交流——「一帯一路」中国イスラーム教研究」、「伝承発展——「近現代イスラーム文化の発展への道」
「伊斯兰教中国化的历程与展望」（イスラーム教中国化歴程と展望）座談会	二〇一七年一一月六日／北京／中国社会科学院世界宗教研究所马克思主义宗教观研究室和伊斯兰教研究室（中国社会科学院世界宗教研究所マルクス主義宗教観研究室とイスラーム教研究室）	十九大精神の実行と貫徹に対する深い考察、宗教中国化理論研究と学術交流。
第三届全国伊斯兰教学术研讨会「伊斯兰教与中国文化」（第三回全国イスラーム教学術研究討論会「イスラーム教と中国文化」）	二〇一七年一一月一九～二一日／北京／中国社会科学院世界宗教研究所イスラーム教研究室、中国宗教学界主催	テーマは「老子と孔子」、「イスラーム教の中国化略述」、「イスラーム教の中国化におけるいくつかの理論問題」、「宗教の中国化における学理思考」に分かれている。議題：一、イスラーム教と中国伝統文化、二、経堂教育の伝統と広がり、三、イスラーム教と中国社会、四、回儒融会貫通と漢文訳著、五、中国ムスリムと近代新聞か運動、六、宗教本土化の理論と実践、七、宗教本土化と国際的視野。

「回族伊斯兰书写的历史理性与当代理性」（回族イスラーム書の歴史理性と現代理性）学術講座	二〇一八年八月二八日／北京／世界宗教研究所	中国社会科学院革新工程における重大課程「中国封建社会宗教思想史」（魏道儒研究員司会）と国家社科基金項目「非洲伊斯兰教思想史」（アフリカイスラーム教思想史）（李維健研究員司会）の共同開催、回族イスラーム書の歴史理性と現代理性。

これ以外にも中国イスラーム教協会主導による各地イスラーム教協会で開催された各種学術活動がある。主要なものを挙げる。[4]

「中国伊斯兰教界服务“一带一路”建设工作研讨会」（中国イスラーム教界サービス（一帯一路）の建設と作業研究討論会）	二〇一五年一一月二日／北京／中国イスラーム教協会主催	
「伊斯兰教中道思想国际研讨会」（イスラーム教中庸の道思想国際研究討論会）	二〇一六年七月二〇日／ウルムチ／中国イスラーム教協会と中華宗教文化交流協会共同開催	研究テーマは「中庸の道思想の提唱と極端主義への反対」であり、イスラーム教が直面する厳しい現実と、世界のいくつかの地域で頻繁に生じているテロ活動に対して、経典教義の角度からイスラーム教の中庸の道を深く討論し、各国の極端主義への反対成功経験を分かち合い、イスラーム教の良いイメージを守るための研究討論であった。
「中国伊斯兰教传承与发展——先贤刘智思想及金陵学派思想研讨会」（中国イスラーム教伝承と発展——先賢劉智思想及び金陵学派思想研究討論会）	二〇一六年七月二三日から二四日／南京／江蘇省イスラーム教協会	今回の会議の主要テーマ：先賢劉智を記念して、イスラーム教の中心思想を大きく発展させ、イスラーム教金陵学派「愛国愛教」の伝統を伝承し、現代愛国愛教精神を展開した。

「清真寺建築特徴研究討論会」	二〇一七年四月一八日／西安／中国イスラーム教協会	会議では全国作業会議精神と習近平総書記の重要講演精神を基礎として指導がなされており、現在のいくつかの場所で清真寺建設中に生じた国外のモデルを導入する傾向についての研究討論、原因分析、交流手段、深い考察、共通認識。
「堅持伊斯兰教中国化方向研讨会」（イスラーム教中国化方向研究討論会）	二〇一七年七月一一日から一二日／句容市／中国イスラーム教協会主催	会議では全国作業会議精神と習近平総書記の重要講演精神を基礎として指導がなされており、イスラーム教中国化方向の堅持をテーマとして研究討論が進められた。
「东部地区伊斯兰教中国化・解经・工作研讨会」（東部地区イスラーム教中国化（解経）作業研究討論会）	二〇一七年九月二四日至二六日／無錫市／中国イスラーム協指導、江蘇州主催	会議では全国作業会議精神と習近平総書記の重要講演精神を基礎として指導がなされており、イスラーム教中国化――同じ心、同じ道、同じ夢をテーマとしてかかげ研究討論会が進められた。

上記会議の共通点：民俗学、人類学、建築学、歴史学、社会学、宗教学などの多方面の学科の角度からイスラーム教の研究、イスラーム教中国化の内包と特色、主要な成果、経験、イスラーム教中国化方向の手段と政策などの問題に対する研究を実施している。もう一つの共通点：イスラーム教の「一帯一路」の設立の重要な要素として、その影響に対する深い考察、危険防止、地域に対する共同発展促進、社会の安定維持が挙げられる。「一帯一路」の設立は中国将来における重要な発展戦略であるといえる。同時に、新疆ウイグル自治区ではその独特な交通、経済によりシルクロード経済の中心となる地区の一つが構成されているため、イスラーム教は「一帯一路」設立で新疆ウイグル自治区社会の安定した発展をもたらす一つの重要な要素といえる。また、「一帯一路」の設立により、新疆ウイグル自治区は安定して発展していくため、イスラーム教の科学的研究、深い考察と有効な統治に対する研究が必要不可欠であるといえる。

注●

〔1〕参考 阿里木・托和提「回儒世界观与中国伊斯兰研究的当代价值」学术研讨会会议综述」(「回儒世界観及び中国イスラーム研究の現在価値」学会の概要)『回族研究』二〇一二年第三期、八四~九〇頁。
〔2〕参考 阿里木托和提「「中国伊斯兰与中国文化」学术研讨会会议综述(中国イスラームと中国文化)学会の概要」『世界宗教研究』、二〇一三年第五期、五〇~五四頁。
〔3〕参考 資料は中国社会研究学院世界研究所ホームページ。
〔4〕参考 資料は中国社会研究学院世界研究所ホームページ。

第三章　辞書事典類、史料整理

第一節　辞書事典類

一　百科事典・辞典

辞書事典類と史料整理はイスラーム教及びムスリム問題の学科における重要な部分であり、三〇数年の中で、比較的大きな価値と意義がある成果を取得してきた。この研究成果は国家と各部門機構から高い評価を受けている。例えば、「イスラーム教の中国社会科学研究の対象は二〇数年に及ぶ。……漢文イスラーム経典の整理と出版についていえば、参考書『中国伊斯兰百科全书』（中国イスラーム百科全書）と『伊斯兰教辞典』（イスラーム教辞典）の著作と中国外のイスラーム教史、イスラーム教概論、イスラーム教法など論著が大量に出現し、中国イスラーム教研究の空白状態が改善された」[1]。全国哲学社会科学計画事務所宗教学科計画審議会から高い評価を受けている。参考書の研究出版分野において研究成果を収めている代表的なものを挙げる[2]。

> 中国伊斯兰百科全书编辑委员会编写『中国伊斯兰百科全书』（中国イスラーム百科全書編集委員会編集『中国イスラーム百科全書』四川辞書出版社出版、一九九四年、七七三頁。

図書目録は最先端、模範例、イスラーム教などの三部分に分かれる。	
条目分類目録	伊斯兰教、大食法、大食教育、回回教门、天方教、正教、开天古教、清真教、回教（イスラーム教、大食法、大食教育、回回教門、天方教、正教、開天古教、清真教、回教）
経訓典籍	《古兰经》、《亥听》、《亥贴》、《赫听》、法蒂哈、法谛海、阿耶蒂·库而西、十八段、十八个苏赖、《讨拉特》、《引支勒》、《宰逋尔》、《古兰经》名称、《古尔阿尼》、《福尔刚》、《姆斯哈福》、朱兹伍、希兹布、苏赖、索勒、阿耶蒂、阿亚特、《古兰经》章首字母、穆哈凯姆、姆台沙比赫、停经、纳希赫、曼苏赫（『コーラン』、『アルクルアーン』、『ハイクルアーン』、『ハディース』、ファティハ、ファティハイ、アーイエディ・クーアルシー、十八段、十八個ソライ、『トーラ』、『インジリ』、『ザブリ』、『コーラン』名称、『ラスアルグル』、『フーアルガーン』、『ムスハフ』、ジュズ・ウー、ヒッツブ、スライ、ソーラー、アーイエディ、アヤティ、『コーラン』章首字母、ムハカム、ムタイシェイビッチ、停経、ナシハシ、マンシュ）
スンニ派注釈	《古兰经解总汇》、《泰伯里经注》、《拉齐古兰经注》、《幽玄之钥》、《拜达维古兰经注》、《伊本·凯西尔古兰经注》、《哲拉莱尼古兰经注》、《简明古兰经注》、《古兰经学通论》（『コーラン解釈総和』、『タバリ注釈』、『ラーズィーのコーラン解釈』、『幽玄の鍵』、『バイダーウェイコーラン注釈』『イベン・カイシアルコーラン注釈』、『ティラライニーコーラン注釈』、『簡明コーラン注釈』、『コーラン学通論』）
シーア派注釈	《阿斯凯里经注》、《经义汇解》、《苏菲派经注》、《古兰经注》、《古兰经辞义精华》、《鲁哈·白亚尼》、穆尔太齐赖派经注、《卡沙夫經注》（『アスカイリ注釈』、『教義解釈』、『スーフィー派注釈』、『コーラン注釈』、『コーラン言辞精華』、『ルーハー・ハヤニ』、ムータジラ派注釈（AL-Mu'tazilah）、『カサフ注釈』）
近現代注釈	《古兰经注撷英》、《光塔古兰经注》、《焦海里经注》、《古兰经注之准衡》、《古兰经义精华》、《古兰经》汉语译本、《克兰经》、《汉译古兰经》、《可兰经汉译附传》、《古兰经译解》、《古兰经大义》、《古兰经国语译解》、马译《古兰经》、《古兰经韵译》、全译《古兰经》……（『コーラン注釈精華』、『マナーラコーラン注釈』、『焦海里注釈』、『コーラン注釈の規則』、『コーラン教義精華』、『コーラン』漢文訳本、『コーラン』、『漢文コーラン』、『コーラン漢文訳附録』、『コーラン訳解』、『コーラン大義』、『コーラン国語訳解』、馬訳『コーラン』、『コーラン韻訳』、全訳『コーラン』……）。カラー頁図番目次本文

附録	一・条目汉字音序目录、二・条目首字笔画索引、三・伊斯兰教人事年表、四・伊斯兰教主要王朝世系表、五・什叶派十二伊玛目世系表、六・中国信仰伊斯蘭教少数民族概況表、后记（一．条目漢文音順目録、二．条目字画数索引、三．イスラーム教人事年表、四．イスラーム教主要王朝系図表、五．シーア派十二イマーム系図表、六．中国信仰イスラーム教少数民族概況表、後記）

国家「七・五」期間哲学社会科学重点研究項目の一つとして、この項目は一九八七年から計画設計され、編集加工がなされた。構成が三回改訂され、六年の時間をかけて編集出版された。著名な学者の指導の下、八十を超える大学院、科学研究機構、宗教作業部門により、宗教、民族、哲学、歴史、言語、文学などの学科教学と科学研究学者である楊克礼、楊宗山、馬忠傑、羅満寿などベテランから青年までが参加して共同で修正、審査、編集が行なわれた。第一部全体ではイスラームの基本知識の大型専門科参考書が系統だって紹介されている。イスラーム教の基本知識体系を中心として、イスラーム文化と関係の深い学科知識が収められており、世界イスラーム教と中国イスラーム教の二つの部分から構成されている。その基本的な内容は以下の通り。イスラーム教の伝達、発展の歴史、現状、基本信仰、経訓、書籍、教義、学説、社会思潮、教法、制度、礼儀、派ごとの社会組織、中国外人物、歴史事項、聖地寺院と古跡、各国イスラーム教の伝達地区、文化教育、主要なムスリム民族、常用専門語などの部分、イスラーム教文化方面、イスラーム教の宗教学科、哲学、論理、史学、文学、芸術、建築、言語、文字、書法、各自然科学分野などの知識。思想と文化史を主線としており、全体にその姿勢が貫かれている。第二期国家図書賞（一九九五年）、首席国家辞書賞（一九九五年）などを獲得している。

次に、金宜久の編集したものがを挙げる。

金宜久編集『伊斯兰教辞典』（イスラーム教辞典）上海辞書出版社、一九九七年、七七一頁
金宜久編集『伊斯兰教小辞典』（イスラーム教小辞典）上海辞書出版社、二〇〇六年、四一二頁

この中の『伊斯兰教辞典』（イスラーム教辞典）は中型の専門辞典であり、編集難度が高い研究作業であるといえる。図書の目録：

伊斯兰教；分类词目表（信仰、礼仪、节日、制度；教法、经训；经籍书文；学说、思潮；教派、组织；历史事项；历史人物；古兰经人物、传说；称谓、教职；寺院、建筑、圣地；其他）正文；附录（穆斯林主要王朝年代表、穆斯林王朝世系表、什叶派世系表、伊斯兰教大事年表）、词目笔画索引等。

（イスラーム教、分類語目録〈信仰、礼儀、祭日、制度；教法、経訓；経籍書文；学説、思潮；教派、組織；歴史事項；人物；コーラン人物、伝説；称謂、教職；寺院、建築、聖地、ほか〉本文、附録〈ムスリムの主要な王朝年代表、ムスリムの王朝系図表、シーア派系図表、イスラーム教大事年表〉、字画数索引など。）[3]

この辞典には三〇九〇の語句が含まれており、一一の異なる側面からイスラーム教の歴史、理論、現状を見ている。この中型辞典には中国イスラーム教研究の専門実力と学術水準が反映されている。当該辞典の言い回しは簡潔明瞭であり、正確で豊富な知識量を含んでおり、使用範囲が広いため、現在国内で流行している参考書であるといえる。

『伊斯兰教小辞典』（イスラーム教小辞典）に関連して、一九九八年から任継癒が編集した『宗教大辞典』

（上海辞書出版社、一九九八年）がある。本書には『仏教小辞典』、『基督教小辞典』（キリスト教小辞典）、『伊斯兰教小辞典』（イスラーム教小辞典）、『道教小辞典』などが含まれており、『宗教大辞典』の条目から選ぶことができる。宗教学の発展状況に基づき、必要な内容が補足されている。語句は一万二〇〇〇近くで、字数増加は約三七〇となっている。その中には宗教学、仏教、キリスト教、イスラーム教、道教、儒教などが含まれる。各宗教体系に基づき、教派の組織、歴史人物、名詞専門用語、教義神学、経書著作、教制教職員、高等礼儀、器物祝日、寺社教堂、神名などの各方面の知識が扱われている。その中で『伊斯兰教小辞典』（イスラーム教小辞典）におけるイスラーム教方面の語句は一九四〇に及ぶ。

教派、组织、机构、人物、信仰、教职、学说、思想、经籍书文及其用语、历史事项、古兰经人物与传说、称谓、教职、教制、礼仪、节日、清真寺、圣地及其他等（教派、組織、機構、人物、信仰、教義、学説、思想、経書及びその専門用語、歴史事項、コーランの人物と伝説、呼称、教職員、教制度、礼儀、祝日、清真寺、聖地、その他）[4]

等九項目がある。この改定版には初版五年来の宗教学術研究成果が収められており、新しい項目が追加されている。語句は種類ごとに分けられており、本文後には字画数索引の附録があり、調べながら読み進めることができる。本辞典の資料は豊富でその詳しさも適切である。イスラーム教項目数も非常に多い。『コーラン』章節、引用文、中国社会科学出版社系列『コーラン』馬堅訳本を基にしている。

関係するものとして、『宗教辞典』（上海辞书出版社）が一九八一年に出版され、合計七〇〇〇の語句が収められている。その中には仏教（ラサ仏教）、キリスト教（カトリック、東方正教会、プロテスタント）、イスラーム教、道教、中国の少数民族宗教、中国民間宗教、他の宗教などが含まれている。この新中国出版の第一部宗教語句書は、当時の社会需要を十分に満たし、国内外の宗教界からも重視されている。特にイスラーム教方面における内容が豊富である。

二　索引類

研究資料索引、論文索引、古文書面索引の

『新疆有关伊斯兰教古籍书目索引』（新疆に関係するイスラーム教古文書索引）（新疆社会科学院編著、新疆社会科学院出版、一九八三年、四二頁）

『回族研究資料索引』（楊峰編著、昌吉回族自治州図書館出版、一九八七年、四二三頁）

黄庭輝「近三十年回族史研究論文目録：一九四九～一九七九」（中国社会科学学院民族研究所編集『回族史論集』寧夏人民出版社（七一二頁）、一九八四年、六九五～七一二頁）

賽生発「马坚教授、庞士谦阿訇著作目录」（馬堅教授、龐士謙アホン著作目録）（『中国穆斯林』（中国ムスリム）第一期、一九八九年、四三～四五頁）

楊大業「伊斯兰教汉文译著书目简论」（イスラーム教漢文訳著書目簡論）（『中国穆斯林』（中国ムスリム）第六期、一九八九年、一五～二三頁）

白寿彝「回回人著述传知见目录」（回回人著述伝知見目録）（『回族人物志・清代』寧夏人民出版社、一九九二年、一八七～二〇〇頁）

胡雲生「湖南回族汉文碑刻资料辑录」（湖南回族漢文碑刻資料収録）（『河南回族历史变迁研究』（湖南回族歴史変遷研究）寧夏人民出版社、二〇〇七年、二七三～三四一頁）[5]

などは重要書類であるといえる。

第二節　史料収集と整理

一　全体の局面から

近年中国イスラーム教研究では歴史資料の収集整理が突出している。そしてこの作業は二つの分野で同時に進められている。一つの分野では全体の局面から中国イスラーム教の貴重で数の少ない史料に対する収集と整理を実施している。もう一つの分野においては、各地域のイスラーム教史料に関する編纂である。中国イスラーム教の資料整理と緊急措置作業という観点から学者たちに日に日に注目されている。

一九九四年に楊大業翻訳の『伊斯兰汉籍考』[6]（イスラーム漢文書籍の考察）（出版社不明、内部刊行、一九九四年）が刊行された。本書の刊行は高い学術水準に達しているため、イスラーム教漢文典籍の研究と整理に対しての重要な参考価値があるといえる。多種類の言語により文献を基に考察をしているため、その分析と結論には信じるに足る根拠があるといえる。[7]

同年に馬宝光が編集し『中国回族典籍叢書』（内部資料）を出版した。当該叢書ではイスラーム教漢文訳書籍が二一種類、文語と口語の対訳が、六冊収められており、合計約三五〇万文字となっている。この大型の典籍は口語体に訳された叢書であり、古文書整理における難度の高い重要なプロジェクトであり、研究に対する深い基本的な技能が必要であった。

一九九八年、寧夏少数民族古文書整理出版計画グループ事務室では、『回族和中国伊斯兰教古籍资料汇编』（回族と中国イスラーム教古文書資料総合編集）の第一編を影印出版し、中国イスラーム教の早期文献一五種類、九書簡、糸綴じが収められている。下記に具体的な目録をあげる。[8]

以麻呢穆直默勒启蒙浅説一巻（一名归真总义）（イマニモールラー啓蒙解説一巻（一名帰真総義死の総意））	天欣度師による口授、（明）張時中筆記	影印刊本
正教真詮二巻の一巻	（明）王岱輿編集	影印清朝同治癸酉（一八七三）重刷刊本
清真大学一巻	（明）王岱輿編集	影印刊本
希真正答一巻、残る語句一巻	（明）王岱輿編集	影印刊本
真功発微　二巻	（清）余浩洲編集	影印清朝光緒甲申（一八八四）刊本
天方典礼訳要解二十巻語編集一巻	（清）劉智編纂	影印清朝乾隆五年（一七四〇）京江童氏重刷刊本

天方性理図伝 五巻の一巻	（清）劉智編集	影印清朝同治辛未（一八七一）刊本
性理第五巻注訳 一巻	（清）馬徳新編集	影印清朝同治辛未（一八七一）刊本
天方至聖実録（年譜）二十巻の一巻	（清）劉智編集	影印清朝同治壬申（一八七二）刊本
帰真要道訳義 四巻の一巻	（元）ニト撈頓吸額補白克爾撰（エボドゥーラオシーウォーブーバイカーアル編集）、（清）伍遵守契訳注、（清）蔣華追加注釈	影印清朝光緒十七年（一八九一）序念一斎印刷
修真蒙引 一巻	（清）伍遵契編集	影印民国十年（一九二一）北京牛街清真書報社刊本
清真指南 十巻	（清）馬注編集	影印清朝同治八年（一八六九）刊本
清真釈疑 一巻	（清）金天柱編集	影印清朝光緒八年（一八七六）刊本
清真釈疑補足編集 二巻	（清）唐伝猷編集録（原題清金天柱編集）	影印清朝光緒乙酉（一八八五）刊本
回回原来 一巻	（清）佚名著作、（清）鮑閒廷写本	影印清朝光緒甲午（一八九四）写本
古兰经译解（コーラン訳解）	（民国）王静斎訳	影印民国三十五年（一九四六）中国回教協会印刷

これらも大型古文書影印総合編集叢書といえる。

これらの分野の代表的な成果を挙げる。

李興華、馬今源編集『中国伊斯兰教史参考文选编（一九一一～一九四九）』（中国イスラーム教史参考文集選集（一九一一～一九四九））寧夏人民出版社、一九八五年、二冊、一八二四頁。

書中には一九一一～一九四九年における全国各地に散らばった新聞、叢書における中国イスラーム教の歴史、文化的論文、調査、雑記、報道、訳文など合計一九七編が収められており、史学的略述、寺院古跡、人物典故、教派アホン、文化教育、経著学説、各地概況、その他の八種類に分けられる。その史学学術においては、白寿彝、楊志玖、金吉堂など回族ムスリム学者の中国イスラーム教史に関する論著だけでなく、陳垣など著名な漢族歴史学者の関係する論述も含まれている。寺院古跡においては、広州、北京、ウイグルの清真古寺、陵墓及び碑銘、豊富な文化遺産に関する資料が収められている。人物典故では、王岱輿、馬復初、王浩然、哈徳成などの著名学者、阿訇の史略述、『中国歴代回教名賢事略総編』が収められている。文化教育部分に教派アホンには清代と民国初期における西北地区のイスラーム教派閥が反映されている。文化教育部分には経堂教育の沿革と現代教育の出現が扱われている。そして本書には今に至るまでの広い範囲における中国イスラーム教史論文資料が選択編集されていて、その編集された文章の内容は豊富で、学術的な価値も高く、民国時期における中国イスラーム教の歴史研究成果と水準を反映しているので、中国イスラーム教学術文化の重要資料であるといえる。〔9〕

さらに、

余振貴、楊懐中『中国伊斯兰文献著译提要』（中国イスラーム文献著訳要点）寧夏人民出版社、一九九三年、六五三頁。

当該要点の中には古今に渡る五八〇の文献典籍、分類編集選択、著作要点、一九九二年以前のイスラーム文献著作に対する系統的な要約が含まれているので、その有用度は非常に高いといえる。『中国イスラーム文献著訳要点』は国内で初めて中国イスラーム歴史文献を系統だって紹介したものであるため、研究著作と翻訳作品の参考書となっている。本書には五七八部の作品及び一六〇余りの参考書目が要約紹介されており、唐と宋の時代から九〇年代に至るまでの中国イスラーム教史をほぼ含んでいる重要な漢文訳書を兼ね、他の少数民族語を含むイスラーム古文書でもあるため、豊富な資料価値と文化内包があるといえる。

これらの作品は『コーラン』漢文訳及び注訳、『聖訓』及びムハンマド略伝、イスラーム教義哲理、礼節儀規則、民事刑律、教派アホン、諭辨釈疑、概諭縦覧、時勢社会、述聞紀行、科技術文化、叢討論集、歌詞故事、啓蒙常識、史志研究、ウイグル地区ムスリム古典と中国アラブ交通史料など関係する中国イスラーム教歴史上全ての分野を含む内容となっている。本書編集者は作品に対する定義解説、作者状況、著作意図、出版時間、出版数、編章構成、一様概略、序文跋文の挿絵、著作特色、社会価値と公衆評論を紹介している。本書の最後にはいくつかの附録があり、主要な訳本の年表、失われた作品の目録、ムスリム翻訳家の経歴、中国イスラーム教歴史新聞及び国内の商用イスラーム教書の出版機構状況などが紹介されている。本書がその学術性と知識性を兼備しているという特色により、イスラーム教人士と学院師弟研究イスラーム教義教育計画と歴史文化基本教材として、中国宗教史、思想史、文化史、民族史の専門人士と大学文科学生のイスラーム教史料の必須参考書となっている。同時に中等文化程度の各民族読者が中国イスラーム教歴史文化に精通するための入門読本ともなっている。[10]

『中国回族古籍丛书』（中国回族古文書叢書）（寧夏少数民族古文書整理出版計画グループ、二〇〇〇年。）

当叢書の前文には「回族歴史資料の保存と救済措置」のために「全国規模で体系的に回族歴史に関係する漢文、アラビア語、ペルシャ語及びその各種本文の資料と伝聞資料を収集することを決定した。その内容には回族歴史典籍、人物伝記、家系図、文献石碑、代表的なイスラーム教の資料、アホン教派資料及び近現代回族新聞などが含まれる。資料収集年代は唐と宋の時代から一九四九年の建国前とする」と述べている。[11]『中国回族古文書叢書』は継続的に出版され、新しい資料や孤立文献、また『中国宗教歴史文献集成』

の『清真大典』（黄山書社、二〇〇六年）に掲載するものが増えていった。

『中国宗教歴史文献集成』は中国宗教歴史文献集成における国内で初となる各宗教の歴史文献大型影印古文書叢書である。合計一八〇冊あり、「蔵（ラサ）外の仏教」、「三洞補足」、「清真大典」、「東伝福音」、「民間宝巻」の五編に分けられ、二〇世紀初めまでの歴代宗教典籍、碑銘、文書などが一一〇〇余り収められている。『清真大典』は全体的に系統だってイスラーム教歴史文献を編集した初めてのものである。中国国内大学・図書館・博物館には失われつつある貴重な資料があり、それらの中から重要な文献資料が、初めて出版された。この書は中国イスラーム教文献典籍にとって初めての全体的で系統だった整理を実施しており、主要文献は二〇〇種類近く収められている。約二五〇〇万字であり、二五冊に分かれている。その中には中国歴史上最も早い『コーラン』の刻本だけでなく、貴重な『コーラン』の清代写本、回回天分歴法明代写本や初めて刊行された過去には重要視されなかった民間写本、例えば『鋼常』などがあるため、そうした資料の救済措置的な整理という役割も果たしている。以後中国イスラーム教研究評定の確実な大本として、重要な存在となっている。清真大典は学界でも非常に高い評価を受けている。例えば、「本书编纂的文献资料观之，从天文翻译到小径杂学，从教义阐释到启蒙读物，从天文历算到医学药物，从礼法教规到苏非性理，从史地记述到碑铭方志，所涉及的范围相当宽泛，显著地反映了伊斯兰教与中国社会文化结合的深度和广度。……对于了解伊斯兰教在中国的传播、发展和演变，正确理解宗教和民族的关系，特别是伊斯兰教和中国信仰伊斯兰教各民族的关系；探索伊斯兰文化的特点，尤其是伊斯兰教与中国主体社会和主流思想的会通和融合，穆斯林学者在历史上所作的艰辛努力，并对推动宗教学的学科建设，撰写中国宗教史、中国伊斯兰教史、中国民族关系史、中国回族史、中国思想史和中外文化交流史等，都有不可代替的价值。」

（本書編纂の文献資料を観察すると、経典からの翻訳を経て、教義解釈からの啓蒙的な読み物、天文暦算からの医学薬物、礼法教規則からスーフィー的理論、史地記述から碑銘地方誌など、関係する範囲は非常に広く、イスラーム教と中国社会文化結合の深度と広さを顕著に表している。……イスラーム教の中国への伝達・発展・変化、宗教と民族関係、特にイスラーム教と中国信仰イスラーム教の各民族関係を正しく理解できる。イスラーム文化の特色探索、特にイスラーム教徒にとっての中国主体社会と主流思想の融合についていえば、ムスリム学者の歴史上のたゆまぬ努力により、宗教学の学科建設、中国宗教史、中国イスラーム教史、中国民族関係史、中国回族史、中国思想史、中外文化交流史などの作成が促され、どれも高い価値を持つものとなっている）[12]とある。

この方面における別の研究成果は『回族史論集』（一九八四）である。当該書は一九四九－一九七九年の期間の研究論文を六〇編収録している。また同時期回族史研究論文目録索引が付随しているので、研究者にとって使いやすいといえる。

この分野では、最も代表的な研究資料は『回族典蔵全書』原名《回回古代全書》で、一九四九年以前に発行された回民及び中国のイスラームに関する漢文古籍を含め、全二三五巻のコレクションで、宗教（二〇九種五八冊）、政治史（一一二種三〇〇冊）、芸術文化（一四八種六四冊）、科技（七〇種二四冊）等様々な漢文書籍五三九種三〇〇〇巻以上を収録した[13]。

二　個別な資料研究として

これ以外にも地方[14]に関する重要な資料として、

新疆社会科学院宗教研究所編集『新疆宗教研究資料』（全一八輯）新疆社会科学院宗教研究所出版、共一五六〇頁、一九七九年）
甘粛省図書館書目参考部『西北民族宗教史料文摘（要約）』（全四輯）甘粛省図書館出版、一九八五年。
泉州市泉州歴史研究会『泉州回族家系図資料選択編集』泉州市泉州歴史研究会出版、一九八〇年、九八頁。
青海民族学院民族研究所等編集『西道堂史料編集』青海民族学院、一九八七年

『新疆宗教研究資料』は新疆（ウイグル自治区）社会科学院宗教研究所が編集した。歴史以来の調査成果と翻訳資料を基本として刊行した。全一八輯の本資料は新疆自治区で最大の宗教研究情報庫である。『西北民族宗教史料文摘（要約）』は甘粛分冊、新疆分冊（上・下）、寧夏分冊、青海分冊（上・下）などに含まれ、中国西北の甘粛、新疆、寧夏、青海地域の宗教史料（主にイスラーム史料）に関する要約である。[15]

李耕硯「青海地区的托茂人及其与伊斯兰教的关系」（青海地区扎茂人及びイスラーム教の関係）『西北五省（区）イスラーム学術討論会（西寧会議）』西北五省（区）イスラーム学術討論会事務出版、一九八二年。
『新疆喀什、和田地区伊斯兰教情况调查』（ウイグルカシュガル、和田地区イスラーム教の状況調査）（内部資料）
『対新疆维吾尔族自治区伊斯兰教依禅派和瓦哈布派的调查』（ウイグル族イスラーム教依禅派とワッハーブ派の調査）（案尼瓦尔　著『民族研究』一九八三年第二期）
雲南省編集組『雲南回族社会歴史調査』（全四冊、一九八五～八六年間刊行）（中国少数民族社会歴史調査資料叢刊叢）（再版、民族出版社、二〇〇九年。）

史料調査報告などの分野研究成果も継続して発表されている。例を以下に挙げる。

『雲南回族社会歴史調査』について：一九五〇年代中国政府が大規模の調査工作を行なう、調査報告は『民族問題五種叢書』という、五種叢書とは、一九八〇年代に公刊された『中国少数民族』『中国少数民族簡史叢書』『中国少数民族簡志叢書』『中国少数民族社会歴史調査資料叢刊』『中国少数民族自治地方概況』。「『中国少数民族問題五種叢書』（以下、五種叢書と記す）は、中華人民共和国における民族研究の大きな成果の一つである。これらは、人民共和国創立期の一九五〇～六〇年代に少数民族地区において実施された国家規模の調査結果をもとに、一九八〇年代に一部補充され、公刊された。しかし当時、同時期の政治上の諸政策と不可分に進められたために政治性が強くうちだされた部分があり、後に、学術的に一定の資料的・史料的価値をもちながら、資料的価値においてかなりの制約を有すると評価されている。[16]」『雲南回族社会歴史調査』（全四冊）は『中国少数民族社会歴史調査資料叢刊』の一つで、本調査報告掲載されたのはまだ発表したことがない雲南回族社会の歴史調査資料と関連歴史資料で、これらの資料は雲南回族の歴史、人物、政治、経済、軍事、科学技術、文化、宗教などの方面の歴史情況に関連し、雲南回族歴史を理解するのに重要な参考資料になる。

古文書発掘と整理分野について[17]

『経学系伝承系図』、『北京牛街志書――岡志』、『克里默解启蒙解说』（クリーモの啓蒙解説）、『中国伊斯兰教库布林耶谱系――大湾头门宦』（中国イスラーム教クブリンエ系図――大湾頭アホン）、『中国伊斯兰教丁门史略』（中国イスラーム教丁門歴史）、『哲赫林耶道统史小集』（ゼッハリンエ統治歴史小集）、『台子拱田馬明清先賢戦略』、『清真源』、『祭典赤家系』、『南海甘焦浦氏家系図』、『遼寧回族家系図選択編集』、『積石録』、『泉州伊斯兰宗教石刻』（泉州イスラーム宗教石刻）、『河北省清真記念碑選択編集』

貴重な文献発掘整理により、中国イスラーム教研究の新しい分野が開拓され、研究作業の深度が深まった。似たような作業は他にも存在する。

泉州海外交通史博物館と泉州歴史研究会編集の『泉州伊斯兰教研究论文选』（泉州イスラーム教研究論文選択）（福建人民出版社、一九八三年）、寧夏人民出版社と福建人民出版社が協力して出版した泉州海外交通史博物館編集の『泉州伊斯蘭教石刻』（泉州イスラーム教石刻）（一九八四年）、馬建創などが編集した『广州伊斯兰古迹研究』（広州イスラーム古跡研究）（寧夏人民出版社、一九八九年）、答振益、安永漢編集の『中国南方回族碑刻题选编』（中国南方回族碑刻テーマ選択編集）（寧夏人民出版社、一九九九年）などが挙げられる。

漢文の古文書の伝達と整理出版にも拍車がかかった。

劉智『天法典礼』、馬注『清真指南』、王岱輿『正教正解・清真大学・希真正答』、馬復初『四典要会』、李延相『天方大化歴史』、金天柱、唐普微『清真解説補足編集』、趙燦『経学系図伝承系図』、劉智『天方至聖実録年表』、馬伯良『教欵要約』、達浦生『伊斯兰六书』（イスラーム六書）

これらの成果から分かるように、古典整理出版分野において考えるならば、近い将来、より多くの大規模な成果が世に現れるといえるだろう。さらに図書資料の電子化作業も着々と進んでいる。中国社会科学院世界宗教研究所の資料庫建設作業はイスラーム教研究の専門的な分野の観点から考えるならば、発展が最も早いといえるため、近い将来に研究成果は飛躍的に向上すると考えられる。

石録について二〇〇一年に出版された。余振帰、雷暁静編集の『中国回族金石録』は当該選択編集として元代以来の価値ある碑記として四四〇編、その内容は一〇の分野に及る。

创建重建维修清真寺碑记；圣旨敕谕碑记；教义教旨教理教史碑记；功德纪念碑记；捐资助学碑记；禁约议约契约告示；建立社团及述事抒怀碑记；人物碑记；族规教争教案碑记；回民墓地碑纪[18]（清真寺碑記のメンテナンス再編集（创建重建维修清真寺碑记）、教義教旨教理教史碑記、功徳記念碑記、寄付助学碑記、禁約議約告示碑記、人物碑記、族規教争教案碑記、回民墓地碑記）

本書は、当該選択編集として元代以来の価値ある碑記として四四〇編を収集し、系統的に研究を行なった。

注●

〔1〕参考 燮藩 李林『伊斯兰教研究』（イスラーム教研究）記載 卓新平編集『中国宗教学三〇年（一九七八～二〇〇八）』中国社会科学出版社、二〇〇八年一〇月版、三七〇頁。（四一九頁）『宗教学科「十五」計画調査研究報告』の内容に基づく）

〔2〕引用 中国伊斯兰百科全书编辑委员会编写『中国伊斯兰百科全书』（中国イスラーム百科全書編集委員会編集『中国イスラーム百科全書』四川辞書出版社出版、（図書目録）頁。（七七三頁）

〔3〕参照 金宜久 編集『伊斯兰教辞典』（イスラーム教辞典）上海辞書出版社、一九九七年、（目録）頁。（七七一頁）

〔4〕参照『伊斯兰教小辞典』（イスラーム教小辞典）上海辞書出版社、二〇〇一年、一頁（目録）（四一二頁）。

〔5〕参照 李敏、馬彦飛「回族文献目录工作述评」（回族文献目録工作論評）『図書館理論与実践』第七期、二〇一五年、八八～九二頁。

〔6〕Donald Daniel Leslie, Islamic Literature in Chinese Late Ming and Early Ch'ing: Book, Authors and Associates.

〔7〕参考 梁向明「一部值得一读的中国回族伊斯兰教汉文目录学译著——唐纳德・丹尼尔・莱斯利《伊斯兰汉籍考》推介」（中国回族イスラーム教漢文目録学訳著——《イスラーム漢文書籍の考察》推薦）『図書

館理論与実践』二〇一一年第一期、九一〜九三頁。
(8) 参照 寧夏少数民族古文書整理出版計画事務室編著『回族和中国伊斯兰教古籍资料汇编』(回族と中国イスラーム教古文書資料総合編集) 第一編、天津古籍出版社 (影印版)、一九九八年、〈目録を参照〉
(9) 参照 李興華、馬今源編集『中国伊斯兰教史参考文选编 (一九一一〜一九四九)』(中国イスラーム教史参考文集選択編集 (一九一一〜一九四九)) 寧夏人民出版社、一九八五年、二冊、一八二四頁。
(10) 余振貴、楊懐中『中国伊斯兰文献著译提要』(中国イスラーム文献著訳要点) 寧夏人民出版社、一九九三年、六五三頁。
(11)『中国回族古籍丛书』(中国回族古文書叢書) 寧夏少数民族古文書整理出版計画グループ、二〇〇〇年、(前言) 一頁。
(12) 周燮藩「清真大典前文」(清真大典前言)『世界宗教研究』第二期、二〇〇六年、一四七〜一四八頁。
(13) 参考『回族研究』二〇〇八年第三期では《回族典蔵全書》の出版刊行についていくつかの論文が掲載された (例:雪晓静「《回族典藏全书》的成书过程及其文献特征」(《回族典蔵全書》の成書過程及び文献特徴)『回族研究』二〇〇八年第三期、四一〜四五頁。馬明達「回回民族的"四库全书"：祝贺《回族典藏全书》的出版发行」(回回民族の〈四庫全書〉――お祝い《回族典蔵全書》の出版刊行)『回族研究』二〇〇八年第三期、三九〜四〇頁、ほうか)
(14) 中央に対する地方。
(15) 参考論文として 高樹榆「为开发西北做贡献：评《西北民族宗教史料文摘》」(開発西北貢献――評《西北民族宗教史料要約》)『図書館理論与実践』一九八六年第一期、三〇〜三六頁。
(16) 松岡正子「四川における一九五〇〜六〇年代の民族研究 (二) ――李紹明が語る西南中国民族研究」『愛知大学国際問題研究所紀要』二〇一二年第一三八号、二二五〜二四三頁。
(17) 周燮藩 李林『伊斯兰教研究』(イスラーム教研究) 記載 卓新平編集『中国宗教学三〇年 (一九七八〜二〇〇八)』中国社会科学出版社、二〇〇八年一〇月版、三七二頁。(四一九頁)
(18) 参考 余振帰、雷暁静編集『中国回族金石録』寧夏人民出版社、二〇〇一年、目録 (七六六頁)。

第四章　歴史分野の研究

第一節　中国のイスラーム史研究を中心とする

一　一九四九年以前

中国におけるイスラーム歴史分野の研究を厳格に学術標準に照らして見れば、二〇世紀以前には何も研究成果が上がらなかったといえる。二〇世紀に入って初めて中国イスラーム教歴史分野におけるいくらかの成果が表れ始めた。あるものの学術水準は比較的高いといえる。民国時代に中国の学者は中国イスラーム教歴史研究分野の論文や専門書を作成した。

陳漢章『中国回教史』（『史学と地学』、一九二六年第一期、一六六〜二二二頁）
陳垣『回回教入中国史略』（初版『北京大学研究所国学門月刊』一九二七年第二五巻第一号、原題は『回回教の中国への伝達の源』、後刊『東方雑誌』一九二八年第二五巻、改名して今に至る）
金吉堂『中国回教史研究』（成達師範出版部出版、一九三五年、二二四頁）
傅統先『中国回教史』（商務印書館出版、一九四〇年、一五六頁）
馬以愚『中国回教史鑑』（長沙・商務印書館、一九四一年初版：上海・商務印書館、一九四八年改訂本）

白寿彝『中国回教小史』（『辺政公論』雑誌での発表、一九四三年：商務印書館出版、一九四四年改訂本、収入『中国伊斯蘭教史存稿』（中国イスラーム教史存稿）寧夏人民出版社出版、一九八二年、一四一頁）
白寿彝『中国伊斯兰史纲要』（中国イスラーム史綱要）（重慶：文通書局、一九四六年八月初版：一九四七年三月再版、七三頁）
馬良俊『考証回教歴史』（新疆石印出版社、一九四九年出版：新疆社会科学院宗教研究所『新疆（ウイグル）宗教研究資料』第五編集中全文刊印、一九八一年：新疆（ウイグル自治区）人民出版社出版社、一九九四年再出版、二四四頁）

この中の陳垣の『回回教入中国史略』（回回教の中国伝達の歴史）書は、彼により一九二七年九月に行なわれた北京大学研究所国学問の演説原稿である。本文では回回教を専門的に論じ、イスラーム教を宗教の名としている。回族のほぼ全民族はイスラーム教であり、古くは「回教」と呼ばれていた点や、民族が意味する問題などを扱っている。この文章の文字数は多くないが、中国人が科学的にイスラーム教回族史及びイスラーム教史を考える上での第一編となっている[1]。

金吉堂の『中国回教史研究』は北平成達師範学校の出版である。全書は上・下巻の二巻に分かれている。内容は、

中国回教史上応解决之各问题；中国回教史上应认识之各问题；中国回教史之构造；回民在中国历史上之侨居时代；回民在中国历史上之同化时代；回民在中国历史上之普遍时代；附一　引用书目；附二　中国回教史之研究；编选后记[2]

上巻は『中国回教史学』である。回回と回紇の分析、回族民族の語るイスラーム教が中国に伝達した時期、

歴代のイスラーム教の様々な呼称、訳名と訳の意味及び中国と回族の歴史、既に出版されているイスラーム教史著作の基礎の上に中国イスラーム教史の基本的な内容、歴史分期と資料収集の組織方法などが提出されている。下巻には回回の中国歴史における移住時代と同化時代における各地区時代の問題について論じられている。彼は「回回」という言葉の源から、イスラーム教が中国に入ってきた時期などに関する問題を考察している。例えば、その回紇の区別分析、回回の回紇子孫でも漢族でもなく信仰を持ち、中央アジア各国の異なる民族から共通のイスラーム信仰を持つ移住者、お互いの結婚と繁栄により形成された回回民族などを扱っている。全書の観点は明確であり、豊富な史料、適切な考察であるため、学術性が強い中国イスラーム教史の専門書となっている。

傅統先の『中国回教史』は商務印書館編集の大型「中国文化史叢書」の一つであり、内容は、

回教与穆罕默徳；回教之传入中国；宋代之回教；元代回教之鼎盛；明代之回教；清代之回教；中华民国之回教[3]

（回教とムハンマド；回教の中国に伝来；宋代の回教；元代回教と最盛期；明代の回教；清代の回教；中華民国の回教）

という七章に分けて、中国の回族、イスラーム教史の研究を正式に取り入れた中国文化研究の学術シリーズである。多数印刷出版された後、再版され、国外の中国回族史及びイスラーム教史研究に携わる学者たちから重要参考書及び引用著作と見なされるようになった。

馬以愚の『中国回教史鑑』書の内容には、

穆罕默德传记、伊斯兰教义、礼法制度、历代史志、回纥源流、回回历法、文章勋业、名寺古墓[4]

（ムハンマド伝記、イスラーム教義、礼法制度、歴代史志、回紇源流、回回歴法、文書功業、有名な寺古墳）

などが含まれる。本書はまず最初にイスラーム教の歴史を簡単にまとめている。ムハンマドのイスラーム教創設、四大カリフの継承、東大食、西大食、南大食など各時期の歴史などを論じる。その次にイスラーム教義、教法、宗教制度を説明している。そして中国史のイスラーム教に関する記載を考察して、イスラーム教が中国に伝達された時間、経路、漢民族への吸収、歴代ムスリムの重要貢献及び文化遺産について論じている。書の後半には「中国歴代年表」があり、イスラーム教の重要人物名、地名などが英語、漢文で対照されている。巻末には附録として馬介泉著作の「回教攻略書後」及び作者が記した「回教要指」がある。馬氏のこの書の一部に似たものとして『通鑑綱目』式中国イスラーム教史書籍編集がある。作者は中国の関係する歴史書以外にも各地を実際に訪れ寺や古墳を見て回ることにより、最終的に二七二部を主要な参考として比較研究し、反復考察を重ねて本書を完成させた。この書は全体的に謹厳であり、文体は流麗で格式高いものである。

白寿彝の『中国回教小史』書では、

中国大食间的交通；大食商人的东来；大食法之记载；礼堂和公共墓地的创建；回回之始盛；歧视与

厄害之发生；寺院教育的提倡；汉文译述的发表；最近的三十二年〔5〕

という内容を分けて、イスラーム教が起こる前の中国とアラブ国家間の海陸交通と、イスラーム教が起こった後の大食商人の往来とアラブ経済文化交流などの状況、唐宋時代の中国書に関係するイスラーム教の文字記載などについて論じている。そして、清真寺と公共墓地の建設から元代の回回人に関係する中華的政治、経済、学術界の人材出現とイスラーム教が中国に伝わって広まった元、明、清の各時代の統治階級のイスラーム教に対する差別と迫害を扱っている。明清時代の清真寺経堂教育と漢文に翻訳されたイスラーム教経典活動の始まりとその成就などの問題についても論じている。著者は中国イスラーム教史を二つの時期に分けている。第一時期は唐、宋、元の時期である。第二時期は明、清の時代である。中国民族のムスリムは中華民族の中での一つに構成されてきた時期であり、人数が増加したことにより封建統治段階で士大夫による差別と迫害を受けた。中国イスラーム教史上最大の苦難に直面した時期であるといえる。二〇世紀上半期にはイスラーム教が徐々に社会から重んじられ、その宗教教育と学術文化が発展していった。最後の部分ではその点が扱われている。当該書の内容は正確で観点は明確であるため、一部は中国イスラーム教史大要を理解する一般的なものと認められている。

白寿彝の『中国伊斯兰史纲要』（中国イスラーム史綱要）書では、

大食人的来华、意外的收获、宋代的大食商人、伊斯兰教移植中国的开始、元明回回的政治地位、元时回回学术的输入、元代回回在中国学术上的贡献、伊斯兰教移植中国的成功、明清时回回政治地位的低落、明清回回中的学人和名宦、明清的回回军人和回回农村、寺院教育的提倡、宗教学术运动、清代回回的惨祸、清末回回的文化工作、伊斯兰教在厄难中的生长、结论〔6〕

（大食人が中国へ来たこと、意外な収穫、宋時代の大食商人、イスラーム教移植中国の開始、元明の回回の政治的な地位、元時代の回回学術の進入、元時代回回の中国学術上の貢献、中国へのイスラーム教伝達の成功、明清時代の回回政治の低落、明清時代回回の学者とアホン、明清時代の回回軍人と回回農村、寺院教育の提唱、宗教学術運動、清時代の回回の惨状、清時代末における回回の文化的な活動、イスラーム教に対する迫害と成長、結論）

などが扱われている。巻末には付属参考書が列挙されている。

一九四八年一一月には、文書局が『中国伊斯兰史纲要』参考書の一部である『中国伊斯兰教史纲要参考資料』（中国イスラーム教史大要参考資料）を出版した。『資料』は、

陈汉章的《中国回教史》、陈垣的《回回教入中国史略》、杨志玖的《“回回”一词的起源和演变》、《元代回回汉通婚举例》、庞士谦的《中国回教寺院教育之沿革及课本》、赵振武的《三十年来之中国回教文化概况》、以及作者所著的《恒逻斯战役和它的影响》、《宋时大食商人在中国的活动》、《元代回教人与回教》、《跋吴鉴“清淨寺记”》、《跋“重建怀寺记”》、《柳州伊斯兰与马雄》、《记明清时之回回文人》、《记明清时的回将》、史料辑录〔7〕

（陳漢章の『中国回教史』、陳垣の『回回教中国伝達の歴史』、楊志玖の『「回回」という言葉の起源と変化』、『元

代回漢通婚例』、龐士謙の『中国回教寺院教育沿革及び教本』、趙振武の『三〇年来の中国回教文化概況』、及び著者による『タラス河畔の戦いとその影響』、『宋時代大食商人の中国における活動』、『元代回教人と回教』、『呉鑑の（清浄寺記）あとがき』、『（懐聖寺記）あとがき』、『柳州イスラームと馬雄』、『明清時代における回回文人の記録』、『明清時代の回将記録』、エッセイ）

など一五編の文章でなっており、書中の各編には『西安大学習巷明洪武聖旨碑』、『雲南昆陽馬哈隻墓志銘』、『古兰经最早之中国刻本』（最も古いコーランの中国刻本）などの写真が含まれる。『綱要』と『資料』は互いに補い合っており、系統だって中国イスラーム教の発展脈絡の輪郭をとっているため、中国イスラーム教歴史の代表的な著作であるといえる。

馬良俊の『考証回教歴史』（回教歴史の考証）では、宗教界の著名な故人、新ウイグル回教総教長、中国イスラーム教協会常務委員会馬良駿阿訇が記した解放前のイスラーム教史の一部、回族史学術著作などが扱われている[8]。本書は原文と口語で書かれており、たくさんの経堂用語が収められている。翻訳者は民国三六年の口語体で翻訳している。

その中で陳漢章と陳垣が挙げた成果は先駆けといえる。これらの成果はたくさんの日本の学者によっても翻訳引用されているので、高い理論的な価値があるといえる。

これ以外に成果を挙げた代表的なものとして、一九三〇年代に顧頡剛が編集した『禹貢』という刊行物がある。この刊行物は歴史地理、辺境ウイグル史学地理、民族研究方面の学術的刊行物であるといえる。一九四三年三月に創刊され一九三七年七月に休刊となったが、合計八二期七巻出版された。その中の二期

『回教与回族专号』（回教と回族専門号）（第五巻第十一期、一九三六年）『回教専門号』（第七期第四期、一九三七年）には、陳垣、白寿彝などの学者及び経師の論文が四十余りと回教イスラーム教の通信及び『月華』、『晨熹』などの回族発行の広告と目録が含まれているため、イスラーム教研究に影響を及ぼした。以下に例を挙げる。[9]

顧頡剛『回汉问题和目前应有的工作』（回漢問題と現在の作業課題）（第七巻第四期）
納忠『回教与阿拉伯文明序目』（回教とアラブ文明の序文目次）（第七巻第十期）
金吉堂『回族民族説』（第五巻第十一期）
王日蔚『回族回教辯』（第五巻第十一期）
白寿彝『从怛逻斯战役说到伊斯兰教之最早的华文记录』（タラス河畔の戦いからイスラーム教の最も古い漢文記録を説く）（第五巻第十一期）
王日蔚『伊斯兰教入新疆考』（イスラーム教のウイグルへの伝達考察）（第四巻第二期）
陳援庵『葱怜西回鶻考察』（第四巻第五期）
王日蔚『与陈援庵先生论回纥回回等名称』（陳援庵氏による回紇回回などの名称論）（第四巻第十期）
陳援庵『元西域人华化考』（元西域人華化考察）、『回教入中国史略』（回教の中国伝達歴史）
馮承鈞『伯希和撰郑和下西洋考』（序伯希和の鄭和の西洋考察）（第二巻第一期）
馮承鈞『〈瀛涯勝覧校注〉順序』（第二巻第六期）
夏壁『郑和七使西洋往返年月及其所经诸国』（鄭和の七回西洋往復の年月及びその諸国）（第二巻第八期）
単化普『说陕甘〝回乱〟初起时之地理关系』（説陝甘（回乱）初期の地理関係）（第五巻第十一期）
『陝甘劫余録』（第五巻第十一期）
趙振武『三十年来之中国回教文化概况』（三〇年来の中国回教文化概況）（第五巻第十一期）
馬松亭『中国回教与成达师范学校』（中国回教と成達師範学校）（第五巻第十期）

龐士謙『中国回教寺院教育之沿革及课本』（中国回教寺院教育の沿革と教本）（第五巻第十一期）
易君『回教学術団体』（第六巻第二期）
虎世文『成都回民族現状』（第七巻第四期）
盧振明『開封回教譚』（第七巻第四期）
王紹民『绥远包头的回民概况』（綏遠包頭の回教概況）（第七巻第四期）
載鵬亮『北交川泊頭鎮回民族状況』（第七巻第四期）
益光『河北滄県回民族概況』（第七巻第四期）
秦安回教公会『山東秦安清真寺調査表』（第七巻第四期）
鄭道明『河南鄭県回民族概況』（第七巻第四期）
馬全仁『河南新野沙堰鎮回教状況』（第七巻第四期）
馬有陽『云南昆明的明德中学』（雲南昆明の明徳中学）（第七巻第四期）
馬旭発『云南玉溪的回民概况』（雲南玉渓の回民族概況）（第七巻第四期）
王夢楊『北平市回民族概況』（第七巻第四期）
王日蔚『维吾尔（缠回）民族名称变迁考』（ウイグル（纏回）民族名称変遷考察）第七巻第四期
袁復礼『新疆之哈薩克民族』（新疆のカザフ民族）（第七巻第一、二、三合期）
登王偉『Muslem World 中关于中国回教之论文目录（一－二）』（Muslem World の中国回教の論文目録（一－二））（第七巻第四期）
白寿彝『关于创建清真寺碑』（清真寺碑の創建に関して）（第七巻第四期）
王静斎『五十年求学自述』（第七巻第四期）
（日本）桑原隲藏『创建清真寺碑』（清真寺碑の創建）（牟潤孫訳）（第五巻第十一期）
（日本）桑原隲藏『中国书中回教徒之食物禁忌』（中国書における回教徒の食物禁忌）（安慕陶訳）（第五巻第十一期）
（ドイツ）Friedrich Hirth などの『十三世紀前中国海上阿拉伯商人之活动』（一三世紀前の中国海上アラブ商人の活動）（安文倬訳）（第五巻第十一期）

（ドイツ）Friedrich Hirth などの『赵汝适大食诸国志考证』（趙汝適大食諸国志考証）（牟沅訳）（第七巻第四期）
（ロシア）Gaudefroy-Demorabynes 著作『近五十年西人之回教研究』（五〇年来のヨーロッパ人回教研究）（韓儒林訳）（第七巻第四期）
（ロシア）E. Bretgchueider 著作『中世纪中国书中的回教记录』（中世紀中国書における回教記録）（白寿彝訳）（同上）（第七巻第四期）

これらの論文は以下のように分類される。総合研究、早期回族イスラーム教研究、歴史人物と歴史事件、回族文化と回族教育、各地回族イスラーム教の状況など。『禹貢』には回族イスラーム教研究史料の収集と国外回族イスラーム教の研究の正解を紹介した翻訳に、十分な注意が向けられている。当該刊行の第五巻第十一期には成達師範学校の写真が八枚、北平牛街清真寺先賢碑石ずり二枚、杭州出土のイスラーム教先賢墓碑石ずり二枚、清真寺創建の碑石ずり一枚、太原清真寺黄庭堅題字石刻石ずり一枚などが含まれている。

民国時代に発表された各種刊行物のイスラーム教研究諭にはさらに以下のものが含まれる。〔10〕

劉風五の『回教传入中国时期』（回教の中国への伝達時期）、『回教徒与中国历代的关系』（回教徒の中国歴代関係）、『回教徒对于中国医药的贡献』（回教徒の中国医薬の貢献）
薛文波の『明代与回民之关系』（明代と回民族の関係）
楊志玖の『「回回」一词的起源和演变』（「回回」という言葉の起原と変化）
李儼の『伊斯兰教与中国李算之关系』（イスラーム教と中国李算の関係）
劉銘恕の『回回与元代之戏曲』（回回と現代の劇曲）
王静斎の『中国回教経堂教育検討』

以上が民国時代に発表された論文であり、様々な角度からイスラーム教の中国伝達の歴史脈絡に対する研究を行なっている。あるものは社会学角度から中国当時のイスラーム及びムスリムの状況に対する研究調査を実施しており、あるものは日本などの国外の研究成果を紹介している。これらの研究成果は、民国時代のイスラーム学術研究動向を反映しているので、後期中国イスラーム研究理論と現実分野に対する一定の影響力を与えているといえる。

二　一九四九年以後

新中国が設立されてからは、いくらかの研究成果があったもの、中国の文革などの歴史的要因が原因となり、本分野の研究も大きな挫折を経験した。改革開放後に、中国のイスラーム教及びムスリム方面の研究分野は大きく発展し、その成果も相次いで発表され、イスラーム教及びムスリム問題の新しい動向が形成された。中国イスラーム教歴史研究に関係する分野のいくつかを以下に紹介する。

馮今源『中国的伊斯兰教』（中国のイスラーム教）寧夏人民出版社、一九九一年、一九七頁。
秦恵彬『中国的伊斯兰教』（中国のイスラーム教）商務印書館、一九九七年、一五七頁。
李興華、秦慧彬、馮今源、沙秋真合作『中国伊斯兰教史』（中国イスラーム教史）中国社会科学院出版社、一九九八年、八五五頁。
秦恵彬『伊斯兰教志』（イスラーム教志）上海人民出版社、一九九八年版、三九五頁。
米寿江『中国伊斯兰教简史』（中国イスラーム教簡略史）宗教文化出版社、二〇〇〇年、二四五頁。
沙秋真『伊斯兰教在中国』（中国におけるイスラーム教）漢文文出版社、二〇〇二年、二五二頁。

楊桂萍、馬暁英合作『清真長明』宗教文化出版社、二〇〇七年、三七二頁。

まず貫通史分野の主要な研究成果を挙げる。

この中の馮今源の『中国的伊斯兰教』（中国のイスラーム教）書では、

伊斯兰教的传入（关于伊斯兰教入华时间的各种看法、伊斯兰教传入中国的两个阶段、伊斯兰教在新疆地区的傳播、伊斯兰教传入中国的几个特点）、中国的清真寺（中国清真寺的名称、中国清真寺的職能、中国清真寺的建筑）、中国的伊斯兰教派（中国伊斯兰教有哪些教派、中国伊斯兰教派的主要特点、关于中国伊斯蘭教派问题）、中国穆斯林的文化、中国伊斯兰教的经堂教育等[11]

（イスラーム教の伝達（イスラーム教が中国に伝来時期に関する考え、イスラーム教が中国に伝播された二段階時期、イスラーム教のウイグル地区への伝播、イスラーム教が中国に伝播された点におけるいくつかの特徴）、中国清真寺（中国清真寺の名称、中国清真寺の機能、中国清真寺の建築）、中国のイスラーム教派閥（中国のイスラーム教のいくつかの教派、中国イスラーム教の主要な特徴、中国イスラーム教派の問題）、中国のムスリム文化、中国のイスラーム教の経堂教育）

などが五章に及んで取り上げられている。具体的な内容についていえば、中国イスラーム教は一種の外来宗教であるものの、中国大陸に深く根を下ろしており、中国のイスラーム文化は中華民族の文化を構成する重要な一部分になっているというものである。中国の国風を研究し、中国の特色を把握することで、中国のイスラーム教及び中国各民族のムスリムに関する歴史を理解できると考えているため、中華民族団結を強める大きな助けにもなっている。

秦恵彬の『中国的伊斯兰教』（中国のイスラーム教）では、

修久的历史（唐宋时期的伊斯兰教、伊斯兰教在哈拉汗王朝和西辽、元代伊斯兰教、明代伊斯兰教、清代伊斯兰教）；中国伊斯兰教义思想体系（中国传统文化与伊斯兰教义体系、教义思想的主要代表人物、教义学说的几个重要思想）；伊斯兰教的主要经典、礼仪、制度和习俗（关于《古兰经》的抄本、刻本与漢译本、〝六大信仰〟、〝五大功课〟、〝三大节日〟、掌教制度、中国清真寺的特点与功用、一般习俗）；在科技方面的杰出贡献（天文历算及其他科学、医药学、造炮及其他匠作技术）；中国信仰伊斯兰教的各民族。[12]

（歴史（唐宋時代のイスラーム教、イスラーム教カラハン王朝と西遼、元代のイスラーム教、明代のイスラーム教、清代のイスラーム教）、中国イスラーム教義思想体系（中国伝統文化とイスラーム教義体系、教義思想の主要な代表人物、教義学説のいくつかの重要な思想）、イスラーム教の主要経典、礼儀、制度と習慣（『コーラン』に関する写本、刻本と漢訳本、「六大信仰」、「五大功課」、「三大祝日」、教育制度、中国清真寺の特色と効用、一般の習慣）、科学技術方面の傑出した貢献（天文歴算及び科学、医薬学、大砲作製と技術者の技能）、中国におけるイスラーム教を信仰する各民族）

のいくつかの専門的なテーマなどが扱われている。主に中国イスラーム教義思想体系を紹介しており、イスラーム教の主要な経典、礼儀、制度、習慣、中国イスラーム教の各民族の信仰などの内容を紹介している。

米寿江の『中国伊斯兰教简史』（中国イスラーム教簡略史）では、

伊斯兰教的兴起与发展（伊斯兰教的兴起、伊斯兰教的经典、基本信仰与主要功课、伊斯兰教的派别、教规、历法和主要节日）；唐宋丝绸之路的和平传教（中国与大食帝国、大食、波斯贡使商人与伊斯兰教传入）；元及明前期的大分散与小集中；中国伊斯兰教民族化的进程；现当代中国伊斯兰教的发展[13]

（イスラーム教の起源と発展（イスラーム教の起源、イスラーム教の経典、基本信仰と主要な勤行、イスラーム教の派閥、教規則、暦法と主要な祝日）、唐宋シルクロードの平和伝道（中国と大食帝国、大食、ペルシャの貢使商人とイスラーム教の伝達）、元及び明前期においての大分散と集中、中国イスラーム教民族化の進展、現代中国イスラーム教の発展）

などの五章が収められている。主にイスラーム教の起源と発展を基本的な道筋として、関係する重大な歴史的な事件に対する評論をしている。書中では宗教内容以外にも、政治、経済、軍事、芸術及び民族風習などの分野が扱われており、一四〇〇年近くの期間におけるイスラーム教伝達と発展状況、各時期におけるイスラーム王朝の始まりと終わりについて系統だった紹介がなされている。

楊桂萍、馬暁英合作の『清真長明』書では、

概说（伊斯兰教的兴起与发展、中国伊斯兰教概况）；伊斯兰教在中国的传播与发展（唐宋时期伊斯兰教在中国的传播、元明时期伊斯兰教在中国内陆地区的发展、伊斯兰教在新疆的传播与发展、清朝时期的伊斯兰教、

近现代的伊斯兰教）；伊斯兰教与中国少数民族（伊斯兰教与回族、东乡族、撒拉族、保安族、伊斯兰教与新疆各少数民族、伊斯兰教对中国十个数民族的影响）；中国伊斯兰教教派（甘、宁、青地区的伊斯兰教教派、新疆地区的伊斯兰教教派）；中国伊斯兰教文化与教育（中国伊斯兰教汉文译著活动、中国穆斯林新文化运动、中国穆斯林的经堂教育和现代教育）；中国伊斯兰教哲学和伦理思想（中国伊斯兰教哲学思想、中国伊斯兰教伦理思想）；中国穆斯林文学和建筑艺术（中国穆斯林文学、中国伊斯兰教建筑艺术）；中国穆斯林的信仰与习俗（宗教生活、婚姻习俗、丧葬习俗、起经名和成丁仪式[14]）

（概説（イスラーム教の起源と発展、中国イスラーム教概況）、イスラーム教の中国伝達と発展（唐宋時代のイスラーム教の中国伝播、元明時代の中国大陸におけるイスラーム教の発展、新疆におけるイスラーム教の伝播と発展、清時代におけるイスラーム教、近現代のイスラーム教）、イスラーム教と中国少数民族（イスラーム教と回族、ドンシャン族、サラ族、バオアン族、イスラーム教と新疆の各少数民族、新疆地区のイスラーム教教派、イスラーム教の中国十数民族の影響）、中国のイスラーム教教派（甘粛、青海地区のイスラーム教教派、新疆地区のイスラーム教教派）、中国イスラーム教文化と教育（中国イスラーム教漢文翻訳著作活動、中国ムスリムの経堂教育と現代教育）、中国イスラーム教哲学と論理思想（中国イスラーム教哲学思想、中国イスラーム教論理思想）、中国ムスリム文学と建築芸術（中国ムスリム文学、中国イスラーム教建築芸術）、中国ムスリム信仰と習慣（宗教生活、婚姻習慣、葬式習慣、経名と成人儀式））

などが章節で扱われている。本書は中国イスラーム教の歴史、現状、教派、文化、教育活動、文学、哲学、芸術及び中国が深い影響を受けた十数の少数民族の宗教信仰と生活習慣などの問題に対する系統だった研究がなされている。民族と宗教関係から見た中国のイスラーム教、多数群衆信仰のイスラーム教と少数民族における関係などを考察している。書では中国イスラーム教の哲学、論理思想及びイスラーム教の中国ムスリムに対する影響などの問題を扱っている。

以上の専門的な著作の中で、学術界及び民間に対して大きな影響力を持つ代表的な作品として『中国イスラーム教史』が挙げられる。

この分野の研究において、中国イスラーム教の歴代史研究分野における沢山の文章が世間に知られている。例を以下に挙げる。

秦恵彬『伊斯兰教在五代时期的发展』（イスラーム教の五代時代の発展）『世界宗教研究』、一九八九年第一期
丘樹森『元代伊斯兰教在中国北京和西北的传播』（元代イスラーム教の中国北京と西北の伝達）『回族研究』、二〇〇一年第一期。
劉成有『地位上升而又明确附儒的元代伊斯兰教』（地位の向上と儒教が明確に付随する元代イスラーム教）『湖北民族学院学報』、二〇〇二年第一期。
葛状『明代社会中的伊斯兰教和穆斯林』（明代社会におけるイスラーム教とムスリム）『世界宗教研究』、二〇〇二年第一期。
周耀明『试论宋代伊斯兰教在河陇地区的传播』（詩論宋代イスラーム教の河隴地区の伝達）『甘粛民族研究』、二〇〇四年第四期。

この中の『伊斯兰教在五代时期的发展』（イスラーム教の五代時代の発展）の中では、五代時代を中国イスラーム教伝播が西部（長安一帯）から南部に移行した重大な時代であると定義している。西部イスラーム教の発展が南部伝播への重要な足がかりとなったが、ほとんど接触がなかったため、関係は失われてしまった。イスラーム教は東南地区では中国伝統文化の強烈な影響を受けたため、西地区とは違いほとんど

重んじられなかった。秦恵彬は信仰の架け橋的な観点を提出しており、中国ムスリムの信仰は西から東へ向かうにつれて大きな問題に直面したことを論じている。

専門歴史研究分野については馬通と余振貴の成果が突出している。

馬通『中国伊斯兰教派与门宦制度史略』（中国イスラーム教派と門宦制度の歴史）寧夏人民出版社、一九八三年、三九一頁。
余振貴『中国历代政权与伊斯兰教』（中国歴代政権とイスラーム教）寧夏人民出版社、一九九六年、四八〇頁。

馬通の書は上中下の三編に分かれている。上編はイスラーム教の歴史、中編下編はイスラーム教の三大教派と四大スーフィー派学派及びその門宦の各制度と重大な歴史事件を扱っている。その書はいくつかの教派、門宦の責任者口述、家系歴史、地方誌の内容を含み実際に行なった大量の調査収集資料が含まれている。本書にはイスラーム教大事記、教派とアホンの概況表、中国イスラーム教派と門宦の伝教系譜が附録として収められている。本書の作者は、イスラーム教徒と中国の少数民族との密接な関係、その教派とアホンの広範な影響、中国のイスラーム教の発展及び影響を考察しており、イスラーム教の中国発展及びそのアホン制度を詳細に紹介している。[15]

余振貴の本書は、

「唐宗时代以推动海外贸易为出发点的伊斯兰教政策与地区性伊斯兰教攻权在西北出现（七世纪中叶〜一二世纪中叶）」、「元明时代建立在民族融汇基础上的伊斯兰教政策及穆斯林民族群体的诞生（一二世纪中叶〜一七世纪中叶）」、「有清一代牵动中国统一大业及西部民族地区隐定的伊斯兰教政策（一七世纪中

叶～一九一一年）」、「民国时期各种政策势力集团对伊斯兰教的政策（一九一一年～一九四九年）」[16]（「唐宋時代の海外貿易によるイスラーム教政策の出発及び西北に地区性のイスラーム教政権（七世紀中旬―一二世紀中旬）の出現」、「元明時代に民族融合を基礎としたイスラーム教政策及びムスリム民族群体（一二世紀中旬～一七世紀中旬）の誕生」、「清代中国統一の大事業と西部民族地区イスラーム教政策（一七世紀中旬～一九一一年）の安定」、「民国時代の各政策勢力グループによるイスラーム教政策（一九一一年～一九四九年）」）の四編に分けられている。本書は唐から建国前まで時系列で唐、宋、元、明、清、民国のイスラーム教と政治関係、特に明末から清初期に至るイスラーム教と西北地区社会安定に関する密接な関係を論じている。中国歴史発展を全体的に見て、歴代政権のイスラーム教に対する政策実施を体系的に研究しており、歴史事実を基にして伝統的な見方に対する個人の見解と、民国時代に実施されたイスラーム教政策のような先人が論じてきた問題についての考察を行なっている。

中国のイスラーム教の主要な分類は、漢文系の漢民族と突厥（テュルク）語系のウイグル民族のイスラーム教となっている。彼らの生活圏は内地とウイグル地区に分けられる。歴史的な角度から考えると、この二つの地区のイスラーム教が中国に伝播してきた歴史に大きな違いがある。改革開発以降、各地のイスラーム教史の編纂史料を基礎にしてこの分野の研究は進歩しており、研究論文、調査報告に関連した研究成果なども継続して出版されている。例を以下に挙げる。

泉州海外交通通史博物館と泉州歴史研究会 合編『泉州伊斯兰教研究论文选』（泉州イスラーム教研究論文選択）福建人民出版社、一九八三年、二五六頁

甘粛民族研究書 編『西北伊斯兰教研究』（西北イスラーム教研究）甘粛民族出版社、一九八五年、三六八頁

劉正演・魏良弢 合作『西域和卓家族研究』（西域と卓家族研究）中国社会科学出版社、一九九八年、三〇五頁

李進新『新疆伊斯兰汗朝史略』（新疆（ウイグル）イスラームハン朝歴史）宗教文化出版社、一九九九年、二九五頁

伍貽業 主編『南京回族、伊斯兰教史稿』（南京回族、イスラーム教史稿）南京市イスラーム教協会、一九九九年、四四九頁

白先经等 主編『中国南方回族历史人物资料选编』（中国南方回族历史人物資料選択編集）広西民族出版社、二〇〇〇年、三五六頁

陳慧生 主編『中国新疆地区伊斯兰教史』（中国新疆（ウイグル）地区イスラーム教史）新疆（ウイグル自治区）人民出版社、二〇〇〇年、八八〇頁

この中の伍貽業主編の著作は、南京などの南の回族歴史と文化が含まれているので参考価値が高いといえる。中国学者も南のイスラーム教研究を行なう点で重視している。陳慧生主編の『中国新疆地区伊斯兰教史』（中国新疆（ウイグル）地区イスラーム教史）は地域イスラーム教史研究における一つの重大な成果であるといえる。陳慧生は新疆社会科学院宗教研究室の学者であり、一九七九年以後に、翻訳人員を組織し、大量の資料を整理し、何回も実地調査を実施し、数多くのレベルの高い論文を発表したため、中国イスラーム教研究に対する特別な貢献度がある。

イスラーム教専門史の研究には新しい動向が出現している。代表的なものとして『中国清真女寺史』（水鏡君著、三聯書店、二〇〇二年、三九八頁）があり、中国ムスリム婦女歴史の専門史となっている。

近年のイスラーム教研究において、特に注目に値するのは李興華の『中国名城名镇伊斯兰教研究』（中

国名城名鎮イスラーム教研究）シリーズ文章であり、『回族研究』などの刊行物に分けられて発表されている。当該研究は、臨夏、朱仙鎮、大同、南京、西安、卞封、蘭州など中国ムスリムの居住地を、専門テーマとして研究目標としている。各都市につき一編の論文が扱われ、各都市におけるイスラーム教の歴史と現状、中国イスラーム教歴史全体に対する現実的な意義が含まれている。

回族史などの分野の促進は顕著であり、白寿彝の長期研究と指導により、関係する多くの成果が生じた。例えば、白寿彝の著作及び編集である『回族人物志』（上下本）（寧夏人民出版社、二〇〇〇年、一九七八頁）と『中国回回民族史』（中華書局、二〇〇三、七六六頁）がある。他は寧夏人民出版社による出版が集中しており、その成果が相次いで出版された。

中国社会科学学院民族研究所と中央民族大学民族所 合同編集『回族史論集』寧夏人民出版社、一九八三年、七一二頁
楊懐中『回族史論稿』寧夏人民出版社、一九九一年、
李松茂『回族伊斯兰教研究』（回族イスラーム教研究）寧夏人民出版社、一九九三年、三九九頁
楊懐中 余振貴 編集『伊斯兰与中国文化』（イスラーム教と中国文化）寧夏人民出版社、一九九五年、六三三頁
勉維霖『中国回族伊斯兰宗教制度概论』（中国回族イスラーム教制度概論）寧夏人民出版社、一九九七年、四六〇頁
丁宏『百年中国穆斯林』（百年中国ムスリム）寧夏人民出版社、一九九六年、四四六頁

改革開発以来、回族研究分野のイスラーム教の文章と論文は約千編に及ぶ。よく討論されるテーマとして、イスラーム教の中国伝播発展史と回族民族の形勢史間に関係する問題がある。代表的な論文として以下のものがある。

林松「试论伊斯兰教对形成中国回族所起的决定性作用」（試論イスラーム教の中国回族形成における決定性の作用について）『社会科学戦線』一九八三年第三期
馬汝領『再论伊斯兰教与回回民族形成的关系』（再討論イスラーム教と回回民族の形成関係について）『寧夏大学学報』一九八四年第三期
南文淵『论伊斯兰文化在回族形成中的主导作用』（イスラーム文化における回族形成の主導作用）『回族研究』一九九一年第三期

この中の林松論文に示されている「どの角度から考えても、回族の特徴はイスラーム教の歴史と切っても切れない関係にある」[17]という言葉通りであり、馬汝領は独特の観点を持って、イスラーム教の回族形成の発端に関する決定的作用を認識している。[18]南文淵の一文は、イスラーム教の中国発展歴史考察から考えて、元末から明初期のイスラーム教が中国で発展し、イスラーム文化において回族形成が促進されていく主導的な作用があったと言っている。ある学者たちは、イスラーム教が中国に伝達されていなければ回族が形成されることはなかったため、回族の歴史はイスラーム教の歴史であると考えている。[19]しかし一部分の学者はイスラーム教との相互関連はありつつも、民族意識は能動的であると考えていて、この部分の研究観点は、回族形成と発展にはイスラーム教が欠かせないという共通認識がある。このことからイスラーム教が回族研究の非常に重要な部分を占めていることが分かる。

直接的なイスラーム教研究論文以外に、イスラーム教の回族に対する影響を研究した主要な論文を以下に挙げる。

丁明俊「略论伊斯兰教对回族艺术的影响」（イスラーム教の回族芸術の影響略論）『回族研究』一九九二年第二期

南文淵「伊斯兰教対回族教育的影响」（回族教育に対するイスラーム教の影響）『青海民族研究』一九九二年第三期

梁向明「略论伊斯兰教道德及其在回族传统道德形成中的作用」（イスラーム教道徳及び回族伝統道徳の形成作用略述）『寧夏社会科学』一九九八年第一期

肖芒「伊斯兰文化対回族商业活动的影响」（イスラーム文化の回族商業活動の影響）『西南民族大学学報』二〇〇〇年第一二期

丁宏「从回漢民族关系角度谈加强伊斯兰文化研究的重要意义」（回漢民族関係の角度から考えるイスラーム文化研究の重要意義）『北方民族大学学報』二〇〇二年第一期

陶紅と白潔「回族服饰文化与伊斯兰教」（回族服飾文化とイスラーム教）『回族研究』二〇〇〇年第三期

李林「伊斯兰教在唐代活动述略」（イスラーム教唐代活動略述）『回族研究』二〇〇一第四期

陳国光「清代维吾尔族中的伊斯兰教」（清代ウイグル族のイスラーム教）『新疆（ウイグル）社会科学』二〇〇二年第一期

周耀明「试论宋代伊斯兰教在河陇地区的传播」（宋代イスラーム教の河隴地区への伝達）『甘粛民族研究』二〇〇四年第四期

以上の各種歴史分野における民族史角度の研究及びその成果は重要な位置を占めている。この分野における『回族史論集』は上記以外にも成果を挙げた代表的なものを挙げる。

第二節　世界のイスラーム史研究を中心とする

一　翻訳研究から

学術標準の観点から厳しく見ると、方法論と知識論の基礎始点が非常に重要であるため、国外のイスラーム及びムスリム方面の研究成果の翻訳及び引用が学術史として重要な過程の一つとなる。この四十年近くの世界のイスラーム教研究においてようやく、国外著作の翻訳と紹介が始まったといえる。

『伊斯兰教简史』（イスラーム教簡略史）（フランス）Henri Masse（昂里·马塞―漢文訳）著作、王懐徳／周禎祥訳、商務印書館、一九七八年、二四九頁
『阿拉伯通史』（アラブ通史）（アメリカ）Philip Khuri Hitti（希提―漢文訳）著作、馬堅訳、商務印書館、一九七九年、六四九頁
『伊斯兰教简史』（イスラーム教簡略史）（パキスタン）Saeed Fiaz Ma Maude（赛义德·菲亚兹·马茂德―漢文訳）著作、呉雲貴訳、中国社会科学出版社、一九八一年、七一一頁
『历史上的阿拉伯人』（歴史上のアラブ人）（アメリカ）Bernard Lewis（伯纳德·刘易斯―漢文訳）著作、馬肇椿、馬賢訳、華文出版社、一九八一年、二一一頁
『阿拉伯―伊斯兰文化史』（アラブ・イスラーム文化史）（エジプト）Muhammat Imin（艾哈邁德·爱敏―漢文訳）著作、納納忠　訳、商務印書館、二〇〇七年、共八冊本

『伊斯兰教各民族与国家史』（イスラーム教各民族と国家史）（ドイツ）Carl Brockelmann（卡尔・布罗克尔曼―漢文訳）著作、商務印書館出版、一九八〇年、六五〇頁

この中の『伊斯兰教简史』（イスラーム教簡略史）の作者（Henri Masse）は、パリ大学の教授であり、フランスでも有名な東方学者の一人である。『イスラーム教簡略史』は一九三〇年に出版された。漢文訳シリーズは一九五二年のフランス語第六版ロシア語から訳され、一九七八年商務印書館より出版された。全書は一六章に分かれており、各章には副見出し形式で内容の要点が記されている。また各期間に関係する地図もついている。本文の巻末には人物索引、漢文とロシア語の地名対比表、イスラーム教常用句表がある。また、状況に基づいて加えられた注訳も加えられている。書の中ではイスラーム教が起こる前のアラブ半島の状況、イスラーム教の発生と世界への伝播歴史、イスラーム教の教義、教法、教派、文化、宗教哲学思想の発展、イスラーム教の参考価値に対する研究と理解が記されている。書中には宗教内容以外にも政治、経済、軍事、文化、芸術、民族風習などが収められており、一四〇〇年近くのイスラーム教の西アジア、北アフリカ、東アフリカ、西南ヨーロッパ、中央アジア、南アジア大陸、東南アジア地区への伝播と発展状況、各時期各地区においてのイスラーム王朝及びそのシステムと概略が紹介されている。東西関係史に対して、特に近代史の部分に関する記述が多いといえる[20]。

『阿拉伯通史』（アラブ通史）（第一〇番）はPhilip Khuri Hittiの主要な著作の一つであり、一九三七年に出版された。その後改訂や重版が行なわれ、一九七〇年に第一〇版が出版された。この書には合計五二章があり、

作为闪族的阿拉伯人：闪族的摇篮阿拉比亚，阿拉伯半岛，见杜因人的生活，早期的国际关系，赛伯伊和南阿拉比亚，奈伯特王国和阿拉比亚，伊斯兰教兴起前夕的希贾兹，先知穆罕默德，《古兰经》，伊斯兰教——从服真主的意志的宗教，征服，扩张和殖民的时期，叙利亚的征服，伊拉克和波斯的征服，埃及，的黎波里和伯尔克的征服，新领土的管理，阿里和穆阿威叶争夺哈里发的职位。伍麦叶哈里发帝国：穆阿威叶建立王朝，伍麦叶王朝势力的顶点，伍麦叶王朝的行政和社会情况，伍麦叶人时代的文化生活，伍麦叶王朝的倾覆。阿拔斯王朝：建立，阿拔斯王朝的全盛时代，阿拔斯政府，阿拔斯王朝的社会，科学和文学的进步，教育，美术的发展，穆斯林的各教派。哈里发帝国的分割：西方小国的出现，各式各样的东方小王朝，阿拔斯哈里发帝国的崩溃，西班牙的征服，伍麦叶王朝在西班牙的王国，内乱，科尔多瓦的伍麦叶哈里发王国，政治的，经济的，教育的制度，小国的出现和格拉纳达的陷落，智力的贡献，艺术和建筑学。在西西里岛，埃及的十叶派哈里发王朝：法帖梅王朝，法帖梅王朝时代埃及的生活。东方和西方的军事接触：十字军战役，文化上的接触，麦木鲁克王朝——阿拉伯世界中世纪最后的王朝，智力的和艺术的活动，麦木鲁克王朝的终结，作为土耳其行省的阿拉伯国家。埃及和阿拉伯人的新月，改变着的场面：西方的冲击[21]

（セム族のアラブ人：セム族のゆりかごアラブ，アラビア半島，ベドゥインの生活，初期国際関係，イエメンと南アラビア，ナワート王国とアラビア，イスラーム教が起こる前のジャヒズ，預言者ムハンマド，『コーラン』，イスラーム教——真の主に服する宗教，征服，拡張と植民地時代，シリヤの征服，イラクとペルシャの征服，エジプト，トリポリとバークの征服，新領土の管理，アリとムアウィのカリフの地位をめぐる争い。ダルカスカリフ帝国，ムアウィの王朝，ダルカス王朝のピーク，ダルカス王朝の行政と社会状況，ダルカス人時代の文化生活、ダルカス王朝の転覆。アラス王朝：設立、アラス王朝の全盛期、アラス王朝政府、アラス王朝の社会、科学と文学の進歩、教育、美術の発展、ムスリムの各教派。カリフ帝国の分裂：西方小国の出現、様々な東方小王朝、アラスカリフ帝国の崩壊、スペインの征服、スペイン王国におけるダルカス王朝、内乱、コルドバのダルカスカリフ王国、政治、経済、教育制度、小国の出現とグラナダの陥落、知力の貢献、芸術と建築学。シチリア島、エジプトのシーア派カリフ王朝：ファティマ王朝、ファティマ王朝時代のエジプト生活。東方と西方の軍事接触：十字軍戦役、文化上の接触、マムルーク王朝の終結、トルコ省のアラブ国家。エジプトとアラブ人の新月、場面の変化：西方の衝突）

などが章節で論じられており、イスラーム教以前の時代、イスラーム教の始まりとカリフ政府、ダルカス帝国とアラス帝国、ヨーロッパのアラブ人、中世期時代最後のムスリム国家、オスマン帝国の統治と独立などの重要問題が扱われている。本書では初期アラブ人から、イスラーム教の始まり、アラブ国家の誕生、アラブ帝国の繁栄と衰退、アラブ人の文化科学上の成就など、アラブ人ヨーロッパにおける国家建設、他のムスリム国家、オスマン帝国、本世紀までのアラブ国家の発展趨勢など取り上げられている。同時に、アラブ人の文化科学方面の成就と西方への影響力なども取り上げられている。アラブ世界の発展を理解するうえで欠かすことができない参考書だといえる。

『历史上的阿拉伯人』（歴史上のアラブ人）の作者はイギリス人のアメリカ研究者の Bernard Lewis の著作である。内容は、伊斯兰教以前的阿拉伯、穆罕默德及伊斯兰教的起源、征服的时期、阿拉伯王国、伊斯兰帝国、伊斯兰起义、阿拉伯人在欧洲、伊斯兰教的文化、阿拉伯人的衰落、西方的影响、大事年表[22]（イスラーム教以前のアラブ、ムハンマド及びイスラーム教の起源、征服時期、アラブ王国、イスラーム帝国、イスラーム一揆、欧州におけるアラブ人、イスラーム教の文化、アラブ人の衰退、西方への影響、大事略年表）

など一〇編が収められている。

『阿拉伯 - 伊斯兰文化史』（アラブ - イスラーム文化史）の作者はエジプトのアラブ人学者Muhammat Iminである。本文化史は「黎明時期」「近午時期一」「近午時期二」「近午時期三」「正午時期一」「正午時期二」「正午時期三」「正午時期四」などの八冊に分かれている。各部分ごとに異なる時期のイスラーム史の発展時期に対する論述が収められている。

载述伊斯兰教产生前阿拉伯社会、文化、学术、宗教活动、以及伊斯兰初期的法律、教派及它与希腊、罗玛、波斯文化的关系。详细介绍了公元八世纪中叶至九世纪中叶百年间的清真寺教育及学术文化活动。阐述阿拔斯王朝前期（公元七五〇年〜八四七年）百年间的社会和文化的发展。详细介绍了公元八世纪中叶至九世纪中叶百年间的清真寺教育及学术文化活动。阐述阿拔斯王朝前期、即公元八世纪中叶至九世纪中叶教义学的产生和发展、以及各个伊斯兰教派系的发展史。阐述公元九世纪中叶至一一世纪初、阿拔斯王朝步入衰落阶段、而伊斯兰文化郄发展至鼎盛的历史。描述及分析了公元九世纪中叶至一一世纪初、经注学、圣训学、教法、历史学等方面的发展、以及各学科的代表人物。阐述了倭马亚王朝征服安德鲁斯至阿拉伯人被逐的八个世纪（公元七一一年〜一四九二年）、安德鲁斯的学术发展、社会生活、宗教等方面的历史。考察及介紹伊斯兰主要教派什叶派、逊尼派等在阿拔斯王朝后期的发展及分歧、以及它们的主要教义、名人及文学等。[23]

（イスラーム教から生じたアラブ社会、文化、学術、宗教活動、イスラーム教初期の法律、教派、教派とギリシャ、ローマ、ペルシャ文化の関係に対するレポートである。アラス王朝前期（西暦七五〇年～八四七年）百年間の社会と文化発展の説明、西暦八世紀の中旬から九世紀中旬までの百年間に及ぶ清真寺教育及び学術文化活動の詳細な紹介、アラス王朝前期である西暦八世紀中旬から九世紀中旬の教義学の生産と発展及び各イスラーム教派系の発展史の説明、西暦九世紀中旬から一一世紀初旬にかけてのアラス王朝の衰退期、イスラーム文化の発展と全盛期の歴史、西暦九世紀中旬から一一世紀初旬にかけての、経注学、聖訓学、教法、歴史学などの分野における発展及び各学科の代表人物の説明がなされている。ウマイヤ王朝がアンドリュースを征服し、アラブ人が追い出された八世紀間（西暦七一一年～一四九二年）に発展したアンドリュースの学術、社会生活、宗教などの分野の歴史の説明、イスラーム教派のシーア派、スンニ派などのアラス王朝後期の発展と分岐、彼らの主要な教義、名人及び文学などの考察もなされている。）

これ以外にも、本書は附録であるイスラーム教六〇〇年間（西暦一二、一三世紀から近代）までの啓蒙時期の学術及び宗教活動などを紹介しており、アラブ‐イスラーム文化の衰退の原因を分析している。この書の内容はアラブ‐イスラーム国家の政治、経済、社会、文化、学術活動、教派発展分野など、広範な分野を扱っているため、イスラーム歴史文化の重要な歴史書であるといえる。作者は中立の立場で客観的な意見を述べ、重大な歴史点の発展を総体的に見ている。アラブ人歴史発展の脈絡及びそれぞれの時代における立場、特色、成就などを論述している。アラブ人の長い歴史と発展過程における人類文明における貢献を体系的に展開し、厳粛な客観的態度で各時期におけるアラブ文化とイスラーム哲学思想を評価している。半世紀以来、アラブ史を最も簡潔に紹介している権威ある書といえる。

『伊斯兰教各民族与国家史』（イスラーム教各民族と国家史）の作者である（Carl Brockelmann、一八六八〜一九五六）は、ベルリンなどの大学のセム語教授を歴任しているイスラーム文献学者である。当該書の内容は、

伊斯兰教以前的阿拉伯；先知穆罕默德；穆罕默德和他的教义；阿拔斯王朝的最初几个哈里发；哈里发帝国的衰微和诸小王国的兴起；波斯人和土耳其人；伊斯兰教在西班牙和北非；十字军时代的近东和麦木鲁克人在埃及的兴起；土耳其人与蒙古人；哈里发制度的废除；奥斯曼帝国的起源及其扩张、直到素莱曼一世时代；帝国全盛时期奥斯曼人的文明；新波斯帝国的兴起和土波之间的冲突；奥斯曼帝国的衰落（直到十八世纪末叶）；奥斯曼帝国和埃及；十九世纪奥斯曼帝国和埃及的文化生活；北非；苏丹；波斯和阿富汗；土耳其；埃及；阿拉伯半岛；叙利亚、巴勒斯坦、外约和伊拉克；伊朗（波斯）和阿富汗[24]

（イスラーム教以前のアラブ、預言者ムハンマド、ムハンマドと彼の教義、アラス王朝の最初のカリフたち、カリフ帝国の衰退と諸小王国の始まり、ペルシャ人とトルコ人、スペインと北アフリカにおけるイスラーム教、十字軍時代の近東とエジプトにおけるマムルーク人の始まり、トルコ人とモンゴル人、カリフ制度の終わり、オスマン帝国の起源及びその拡張、スレイマン一世時代、帝国全盛期のオスマン人の文明、新ペルシャ

帝国の始まりと民族衝突、オスマン帝国の衰退（一八世紀末まで）、オスマン帝国とエジプト、一九世紀シリア、パレスチナ、外ヨルダン、イラク、イラン（ペルシャ）とアフガン）

などの章節が収められている。アラブ人とアラブ帝国、イスラーム帝国及びその崩壊、イスラーム教指導者として力量のあるオスマントルコ人、一九世紀のイスラーム教、第一次世界大戦後のイスラーム教国家などの問題が系統だって論じられている。

これらの訳書の資料は豊富であり、内容は詳細である。歴史に対する概論性のある刊行物としてムスリム学者の観点と国際学術界の観点を反映している部分があるが、まだ訳されていない部分も存在している。イスラーム教の通史著作は事実上中国世界イスラーム教研究の基礎となっており、その研究レベルの良し悪しが、イスラーム教学科の設立に直接関係している。イスラーム教研究が遅れているという状況を改善するために、国外学術界の代表的な関係書、通史や専門テーマ著作の翻訳が続いている。十数年のたゆまぬ努力により、中国の世界イスラーム教研究は目覚ましい進歩を遂げた。そのため現在ではイスラーム教研究の学術著作が存在している。国際学術界にも進出し始めているため、世界イスラーム教の各分野研究の基礎を堅く据えることもできている。

二　中国人研究者の研究

中国イスラーム教とムスリムの歴史分野の研究を比較してみると、中国は世界イスラーム歴史分野に対する研究基礎が弱いといえる。二〇世紀以前には研究成果はないと言っても過言ではなく、二〇世紀の四〇年代になってようやく二冊の本が出版された。

水子立『世界回教史略』（上下巻）北平牛街清真書報社、一九二三年（一九三〇年再版）上巻三七頁、下巻四〇頁。
袁東演『回教発展史略』南京回教青年学会、一九四六年、四五頁。

この中で、水子立の『世界回教史略』は文語体で書かれており、上下巻の二巻に分かれている。

（上巻）穆罕默德略纪、大食国记、文米亚政府记、大食国分裂记、东西大食国记、十字军战记、土耳其记。（下巻）中国回教记、印度回教记、亜洲西部回教国合记、亜拉伯近世记、南洋群岛回教记、非洲回教国记、回教史总论、回教兴起后与诸教之关系、回教与世界之将来[25]

（ムハンマド伝記、大食国記、メディア政府記、大食国分裂記、東西大食国記、十字軍戦記、トルコ記が上巻に収められている。下巻にはアラブ近代と他の地区におけるイスラーム教の発展史略、中国回教記、インド回教記、アラブ近世記、南洋群島回教記、アフリカ回教国記、回教史総論、回教が起こった後の諸宗教との関係、回教と世界将来）

などが収められている。当該書はムハンマド誕生を紀元の開始としており、歴史上の出来事に対してムハンマドの誕生が基準として叙述されている。

袁東演『回教発展史略』では、

阿刺伯的文明；回教帝国的革命；回教对世界的贡献；回教的土耳其人；回教徒与十字军战争；土耳其的复兴；回教的进入中国；印度的回教[26]（アラブの文明、回教帝国の革命、回教の世界に対する貢献、回教のトルコ人、回教徒と十字軍戦争、トルコの復興、回教の中国伝来、インドの回教）

本書では、回教の発展歴史、コーランの教旨、アラブの文明、回教の世界に対する貢献などのテーマをめぐって議論が行なわれた。

以上の二つの本は中国ムスリム学者が系統だってイスラーム教史を研究していく上での先駆けとなる作品であり、内容は豊富で資料も充実している。二〇世紀初期年代のムスリム青年に広範な影響を与えており、必読書と見なされている。

一九四九年以降の中国人研究者らの研究成果として、八〇年代に金宜久が編集出版したものを挙げる。

『伊斯兰教概论』（イスラーム教概論）青海人民出版社、一九八七年、四五四頁
『伊斯兰教史』（イスラーム教史）中国社会科学院出版社、一九九八年、六一九頁

『伊斯兰教概论』（イスラーム教概論）書は、

伊斯兰教的兴起和传播、伊斯兰教的基础（《古兰经》和圣训）、伊斯兰教的信仰和制度、伊斯兰教法、教派、学派、教义学、苏菲神秘主义、伊斯兰教与社会生活（政治、经济、伦理道德、文化）、近现代

伊斯兰教社会思潮和社会运动、伊斯兰教在中国〔27〕

（イスラーム教の始まりと伝達、イスラーム教の基礎（『コーラン』と聖訓）、イスラーム教の信仰と制度、イスラーム教法、教派、学派、教義学、スーフィー神秘主義、イスラーム教と社会生活（政治、経済、倫理道徳、文化）、近現代イスラーム教社会思潮と社会運動、中国におけるイスラーム教）

などが扱われている。巻末には七つの附録と索引があるので、調査、検索、参考に便利である。この書の学術性、知識性、可読性などの特色がある。特に教法学、教義学、スーフィー派主義などの分野に対する系統だった紹介と探索が行なわれており、イスラーム教に対する理解と研究を行なう点での一定の参考価値があると見なされている。

『イスラーム教史』は四編一四章となっている。

第一编　伊斯兰教的兴起、共二章、叙述了伊斯兰教初期至四大哈里发时期的历史。第二编　伊斯兰教的全面发展、共五章、述及早期伊斯兰教的概况、伊斯兰教体制的形成、伊斯兰教各分支学科的产生和发展、教派、学派、苏菲神秘主义的兴起及彼此间的争论和交互影响、哈里发制度的形成和解体等。第三编　伊斯兰教在各地的传播、共五章、论及伊斯兰教在北非和西班牙、中亚、南亚、东南亚、东非、西非和中国的传播、发展及其特色。第四编　近现代伊斯兰教、共二章、概述了一八世界以来伊斯兰教的社会思潮和社会运动、政教关系、发展趋向〔28〕

（第一編はイスラーム教の始まりが収められており計二章である。イスラーム教初期から四大カリフの歴史を扱っている。第二編はイスラーム教の全面的な発展であり計五章である。早期イスラーム教の概況、イスラーム教体制の形成、イスラーム教各学科の生産と発展、教派、学派、スーフィー神秘主義の始まり及びその争論と交互影響、カリフ制度の形成と解体などが扱われている。第三編はイスラーム教の伝達であり計五章である。北アフリカとスペインにおけるイスラーム教、中央アジア、南アジア、東南アジア、東アフリカ、西アフリカ、中国への伝達、発展及びその特色が扱われている。第四編は近現代イスラーム教であり計二章である。一八世紀以降のイスラーム教社会思潮と社会運動、政教関係、発展と趨勢）

などが扱われている。本書の一部はイスラーム教世界史の一部であり、時間を経度、地区と国を緯度とし、全体的に系統だってイスラーム教の始まり、発展、伝達の歴史を紹介している。この書はイスラーム教が始まるアラブ社会から、現在の各国におけるイスラーム教の状況と特色を扱っている。その内容は教派の分裂と発展、イスラーム教の書籍、教法、教義、人物、教制、教職にまで及んでいる。同時にイスラーム教の祝日、礼習、聖地、遺跡、建築、文学、芸術なども取り上げている。イスラーム教に対する全面的な考察と同時に、イスラーム教と政治、社会、経済、文化関係に対する深い分析を行なっているので、いくつかの重要な事件と学術問題に対して新しい見解を提出している。『イスラーム教史』について「本书内容丰富，立论稳妥，叙述简明，吸收了中外伊斯兰学者近一〇年来的最新研究成果，其作用远远超出教科书的范围，是当代中国学者了解伊斯兰教历史的教佳读本。」（本書の内容は豊富であり、立論は正確、叙述は簡明であるため、中国国内外イスラーム学者のここ一〇年間における最新研究成果が収められており、その影響は教科書を超え、当代中国学者がイスラーム教を理解するうえで最も優れた書であるといえる）[29]と、評価している人たちもいる。

二年後に同じ名前の書が出版された。

王懐徳、郭宝華合作著作『伊斯兰教史』（イスラーム教史）寧夏人民出版社、一九九二年、四八二頁

当該書の内容は、

伊斯兰教产生前的阿拉伯半岛、伊斯兰教的兴起、前四代哈里发时期、马亚王朝、阿巴斯王朝、《古兰经》和〝圣训〞、伊斯兰教的教义、教法、教派的形成与发展、伊斯兰教的神秘论者・苏菲派、中世纪的伊斯兰文化、中世纪末期的伊斯兰教、近代伊斯兰教运动、伊斯兰教在中国、二十世纪的伊斯兰教[30]

（イスラーム教誕生前のアラブ半島、イスラーム教の始まり、前四大カリフの発展時期、マヤ王朝、アッバース王朝、『コーラン』と『聖訓』、イスラーム教の教義、教法、教派の形成と発展、イスラーム教の神秘論者―スーフィー派、中世期イスラーム文化、中世紀末のイスラーム教、近代イスラーム教運動、中国におけるイスラーム教、二〇世紀のイスラーム教）

など一五章の内容で論述が進行している。イスラーム教の境界と理解において、思想体系・社会制度・生活方式、そして「全てに寛容」なイスラーム教、イスラーム教で最も重要な内容の説明がなされている。他の分野に関しても簡潔明瞭な説明で筋道が整っているため要点が際立っている。この書は歴史発展の脈略を主線にしており、宗教と知識系統、完全性、教義、教法、礼儀、教派などの内容を扱い、自身の発展

過程に論述を加えているので、伝統的な歴史書とは異なる。簡単にいえば、この書の一部は歴史の概論的著作といえるので、教科書に適しているといえる。

これ以外に、歴史専門テーマの研究も発展したため、学術レベルの高い著作が出現した。

馬明良『简明伊斯兰教史』（簡明イスラーム教史）経済日報出版社、二〇〇一年、六四七頁
王宇潔『伊朗伊斯兰教史』（イランイスラーム教史）寧夏民出版社、二〇〇六年、一九二頁
呉雲貴、周燮藩合作著作『近现代伊斯兰教思潮与运动』（近現代イスラーム教思潮と運動）社会科学文献出版社、二〇〇一年、四九三頁

この中で、馬明良の書は『イスラーム教の起源と伝播』と『中国におけるイスラーム教』の上下二編となっている。内容は、

（上篇）穆罕默德时代（六一〇～六三二年）—伊斯兰教的兴起；四大正统哈里发时代（六三二～六六一年）—伊斯兰教的巩固；倭马亚时代（六六一～七五〇年）—伊斯兰教的发展；阿拔斯时代（七五〇～一二五八年）—伊斯兰教的大发展；奥斯曼土耳其时代前期（一四世紀—近代）—伊斯兰教的进一步传播；伊斯兰教在印度次大陆和东南亚以及东非、西非的传播；近现代伊斯兰教—西方的挑战与现代复兴。

（下篇）唐宋时期—伊斯兰教在中国的早期传播；蒙元时期—伊斯兰教在中国的广泛传播；明清时期—伊斯兰教在挫折中发展；古代中国穆斯林在科技文化上的贡献；民国时期—伊斯兰教在新形势下进一步发展。[31]

〈上編〉ムハンマド時代（六一〇～六三二年）—イスラーム教の起こり起源、四大正統カリフ時代（六三二

〜六六一年）―イスラーム教の強化、ウマイヤ時代（六六一〜七五〇年）―イスラーム教の発展、アラス時代（七五〇〜一二五八年）―イスラーム教の大発展、オスマン帝国の形成（一四世紀〜近代）―イスラーム教の更なる発展、イスラーム教の東南ヨーロッパへの伝播、インド大陸と南アジア及び東アフリカのイスラーム教、西アフリカへの伝播、近現代イスラーム教―西方の挑戦と現代復興となっている。

〈下編〉、唐宋時代―中国における早期イスラーム教の伝播、蒙元時代―中国における広範な伝播、明清時代―イスラーム教の発展、古代中国科学技術文化におけるムスリムの貢献、民国時代―イスラーム教の新しい形勢とその発展）

などの章節がある。本書ではイスラーム教の誕生から現代イスラーム復興運動に至るまでの説明が系統だって行なわれており、西暦六一〇年〜二〇世紀九〇年代までの一四〇〇年近いイスラーム教の発展史が収められている。イスラーム教の歴史上重大な政治事件、重要歴史人物、イスラーム文化と教派起源の全体的な探求、イスラーム世界の全盛期と衰退の原因分析が行なわれている。同時に本書は中国少数民族、回族、サラ族、ウイグル族、東郷族、バオアン族の形成と発展に対して独特な見解を出している。中国におけるイスラーム教の各時代の発展特色について新しい概況と総括を提出している。

王宇潔の書の内容は、

什叶派概述（从政治分野到教派分化、什叶派的形成和各支派的出现、什叶派的宗教信仰、什叶派的宗教实践、什叶派教学法与宗教学者体制）；什叶派伊斯兰教在伊朗的确立（什叶派与苏非派、萨法维王朝建立前的历史、萨法维王朝前期的宗教政策、萨法维王朝的宗教政治体制、什叶派乌勒玛地位的确立）；一八‐二〇世纪初什叶派伊斯兰教在伊朗的发展（空位期的宗教政治状况、恺加王朝早期王权与乌勒玛阶层的合作与冲突、乌苏勒学派的胜利、恺加王朝后期的社会的宗教）；巴列维王朝的什叶派伊斯兰教（礼萨汗时期的政教关系、巴列维国王时期的政教关系、霍梅尼的宗教革命思想、阿里・沙亚提的宗教政治思想）；伊斯兰革命与伊斯兰共和国的实践（伊朗伊斯兰革命、伊斯兰政府的确立与巩固、教法学家统治的内在矛盾、教法学家统治的现实困境、伊斯兰革命对邻国的影响）；结语　从稳遁伊玛目到教法学家政府[32]

（シーア派の概略（政治分野から教派分裂、シーア派の形成と各派の出現、シーア派の　宗教信仰、シーア派の宗教実践、シーア派の学法と宗教学者体制）、シーア派イスラーム教のイランでの確立（シーア派とスーフィー派、サファビー王朝前期の宗教政策、サファビー王朝の宗教政治対策、シーア派のウルでの地位確立）、一八〜二〇世紀初めのイランにおけるシーア派イスラーム教の発展（空位期の宗教政治状況、ガージャル王朝の王権とウル段階の協力と衝突、ウスール学派の勝利、ガージャル王朝後期社会の宗教）、パーレビ王朝のシーア派イスラーム教（レザー・パフラヴィー時代の正教関係、パーレビ国王時期の正教関係、ホメイニの宗教革命思想、アリ・シャヤティの宗教政治思想）、イスラーム革命とイスラーム共和国の実践（イランイスラーム革命、イスラーム政府の確立と強化、教法学者統治の内在的矛盾、教法学者の統治における現実的困難、イスラーム革命と隣国への影響）、結論として、イマームから教法学者政府）

などが章節でまとまられている。本書はイスラーム教シーア派の起こりを説明しており、シーア派がイラン国家の助けを得て壮大に発展した歴史、時間を超えてシーア派がイマームで第一位となった始まり、一五世紀にサファビー人がイランで設立したシーア王朝、イマームの統治前が扱われている。同時にシーア派イスラーム教の教義、教法学、宗教体制についての説明もなされている。主要な研究は基本的にサファビー王朝、ガージャル王朝、パーレビ王朝に基づいたイランにおけるイスラーム共和国が時系列で扱われており、シーア派がイランで国教となってから、二〇世紀後半に再び国教として確立されるまでの宗教と政治が相互に及ぼす関係を整理している。

呉雲貴、周燮藩合作著作の内容は、

導言（穆斯林社团的历史发展、伊斯兰教的社会政治学说、伊斯兰教与社会）；近代开端的改革与复兴（奥斯曼帝国最初的改革、埃及的伊斯兰教、伊斯兰教圣地与瓦哈比运动、南亚・东南亚和非洲的宗教复兴、伊朗的什叶派伊斯兰教）；伊斯兰现代主义与复兴运动（一九世纪的伊斯兰教、伊斯兰现代主义与泛伊斯兰主义）〔33〕（導入（ムスリム社団の歴史発展、イスラーム教の社会政治学説、イスラーム教と社会）、近代初期の改革と復興（オスマン帝国最初の改革、エジプトのイスラーム教、イスラーム教聖地とワッハーブ派運動、南アジア・東南アジアとアフリカの宗教復興、イランのシーア派イスラーム教）、イスラーム現代主義と復興運動（一九世紀のイスラーム教、イスラーム現代主義とイスラーム主義））

などの章節となっている。本書は近代以来のイスラーム世界の各種社会思潮と運動、広がっていくイスラーム主義、イスラーム現代主義、民族主義、社会主義、イスラーム原教主義などを扱っている。この分野の最新の進展として、本書は実際のイスラーム教史におけるイスラーム復興運動に対する歴史を回顧するだけでなく、清朝近代以来、植民地主義の背景で生じた種々の思想と歴史脈絡から、現代の学術的帰納と解析を行なっているので、前時代の総括的著作といえる。

世界各地域のイスラーム教歴史研究分野において、アフリカイスラーム教研究が国内学界では軽視されており、アフリカイスラーム教を専門に研究する学者はいないといえる。現在、アフリカイスラーム教のの研究はアフリカの歴史、文化、政治研究の範囲内にとどまっており、アフリカ歴史、文化、政治研究から生まれる副産物となっている。アフリカに対する宗教的な学者、特にサハラより南のアフリカイスラーム教に対する専門研究を行なっている学者はいないといえる。西スーダンのイスラーム教運動に対する研究は、目下国内の関係する学術成果はアフリカ通史研究に一部分見られ、一般的に一つの章節でまとめられている。重複する紹介、軽い考察、社会革命の角度から宗教研究が扱われている。

李維健の主催する国家社会科学基金青年項目による『西苏丹伊斯兰运动研究』（西スーダンイスラーム運動の研究）においてこの部分が補填されている。この項目は一九世紀西アフリカのイスラーム教運動がテーマとなっており、史論結合の著作方法が採用されている。イスラーム運動の歴史が説明され、一定の分析と評論がなされている。その内容は三つの方面に展開している。一．一九世紀西アフリカイスラーム運動の発生の原因及び背景。二．一九世紀西アフリカで発生した九回の大規模な聖戦運動の重点叙述。三．一九世紀のイスラーム運動の結果と性質が及ぼす総括と結論、そして西アフリカイスラーム運動により大きく変化した西アフリカにおけるイスラーム教の生存環境と状態、それにより生じた重要な結果を扱っている。特に難しい点として、当該研究は以前の西アフリカイスラーム運動学者を通して、聖戦運動の性質の探索過程の展示を行なって、先人の基礎の上に自身の見方を提出しており、一九世紀西イスラーム運動の根本的な属性を認め、新スーフィー教団をイスラーム復興運動の基本的な役割としているところである。イスラーム教ウル段階では、この運動を通して政権を掌握したので、イスラーム教法を西アフリカ社会の基本制度と法律規範にしたいと考えた。現在に至るまであるイスラーム教は西スーダン国家の政治、経済、文化などの各方面において、重要な作用を発揮しているので、この研究項目は中国において世界に向けてアフリカ国家政治、経済、文化交流過程の強化のアピールを強めるために理解しなければならない人文背景であるといえる。アフリカのイスラーム教が強い発展趨勢を保つことにより、アフリカの特色が鮮明なアフリカイスラーム文化が形成された。このことはアフリカと中国の外交において非常に重要な位置を占めており、他の国家との競争も激しくなったが、文化理解、政治、経済交流などを基礎として、更なる政治経済の交流が促進された。アフリカイスラーム教の研究は中国のアフリカ歴史文化の理解を深めるだけでなく、中国とアフリカの交流を助ける点で大きな働きがある。

注●

〔1〕参照 陳垣『回回教入中国史略』（初版『北京大学研究所国学門月刊』一九二七年第二五巻第一号、原題『回回教の中国への伝達の源』、後刊『東方雑誌』一九二八年第二五巻、改名して今に至る）。

〔2〕参考 金吉堂『中国回教史研究』成達師範出版部出版、一九三五年、一頁（目録）（二二四頁）。

〔3〕参考 傳統先『中国回教史』（商務印書館出版、一九四〇年、一五六頁）。

〔4〕馬以愚『中国回教史鑑』（長沙：商務印書館、一九四一年初版：上海：商務印書館、一九四八年改訂本）。

〔5〕参考 白寿彝『中国回教小史』（『辺政公論』雑誌での発表、一九四三年：商務印書館出版、一九四四年改訂本：収入『中国伊斯兰教史存稿』（中国イスラーム教史存稿）寧夏人民出版社出版、一九八二年、一四一頁）。

〔6〕白寿彝『中国伊斯兰史纲要』（中国イスラーム史綱要）（重慶：文通書局、一九四六年八月初版：

一九四七年三月再版、七三頁)。
〔7〕参照 白寿彝『中国伊斯兰教史纲要参考资料』(中国イスラーム教史大要参考資料)、文通書局、一九四八年、目録。
〔8〕馬良俊『考証回教歴史』(新疆石印出版社、一九四九年出版;新疆社会科学院宗教研究所『新疆(ウイグル)宗教研究資料』第五編集中全文刊印、一九八一年;新疆(ウイグル自治区)人民出版社出版社、一九九四年再出版、二四四頁)。
〔9〕参照『禹貢』『回教与回族专号』(回教と回族専門号)(第五巻第十一期、一九三六年)『回教専門号』(第七期第四期、一九三七年)。
〔10〕参考 周燮藩 李林『伊斯兰教研究』(イスラーム教研究)記載 卓新平編集『中国宗教学三〇年(一九七八〜二〇〇八)』中国社会科学出版社、二〇〇八年一〇月版、三五二頁。(四一九頁)。
〔11〕参考 馮今源『中国的伊斯兰教』(中国のイスラーム教)寧夏人民出版社、一九九一年、一頁(目録)。
〔12〕参考 秦恵彬『中国的伊斯兰教』(中国のイスラーム教)商務印書館、一九九七年、一頁(目録)。
〔13〕参考 米寿江『中国伊斯兰教简史』(中国イスラーム教簡略史)宗教文化出版社、二〇〇〇年、一頁(目録)
〔14〕杨桂萍、马晓英 合作『清真長明』宗教文化出版社、二〇〇七年、一頁(目録)。
〔15〕参考 馬通『中国伊斯兰教派与门宦制度史略』(中国イスラーム教派と門宦制度の歴史)寧夏人民人民出版社、一九八三年、目録(三九一頁)。
〔16〕参考 余振貴『中国历代政权与伊斯兰教』(中国歴代政権とイスラーム教)寧夏人民出版社、一九九六年、目録(四八〇頁)。
〔17〕林松「试论伊斯兰教對形成我国回族所起的决定性作用」(詩論イスラーム教の中国回族形成における決定性の作用について)『社会科学戦線』一九八三年第三期、二〇〇〜二一〇頁。
〔18〕馬汝領『再论伊斯兰教与回回民族形成的关系』(再討論イスラーム教と回回民族の形成関係について)『寧夏大学学報』一九八四年第三期、三三一〜三三七頁。
〔19〕南文淵『论伊斯兰文化在回族形成中的主导作用』(イスラーム文化における回族形成の主導作用)『回族

研究』一九九一年第三期、三一～三八頁。

〔20〕参考『伊斯兰教简史』（イスラーム教簡略史）（フランス）Henri Masse（昂里・马塞—漢文訳）著作、王懐徳／周禎祥訳、商務印書館、一九七八年、（二四九頁）。

〔21〕参考『阿拉伯通史』（アラブ通史）（アメリカ）Philip Khuri Hitti（希提—漢文訳）著作、馬堅訳、商務印書館、一九七九年、目録（六四九頁）。

〔22〕『历史上的阿拉伯人』（歴史上のアラブ人）（アメリカ）Bernard Lewis（伯纳德・刘易斯—漢文訳）著作、馬肇椿、馬賢訳、華文出版社、一九八一年、目録（二一一頁）。

〔23〕参考『阿拉伯—伊斯兰文化史』（アラブ・イスラーム文化史）（エジプト）Muhammat Imin（艾哈迈德・爱敏—漢文訳）著作、納納忠訳、商務印書館、二〇〇七年、共八冊本、目録。

〔24〕参考『伊斯兰教各民族与国家史』（イスラーム教各民族と国家史）（ドイツ）Carl Brockelmann（卡尔・布罗克尔曼—漢文訳）著作、商務印書館出版、一九八〇年、目録（六五〇頁）。

〔25〕参考 水子立『世界回教史略』北平牛街清真書報社、一九三三年（一九三〇年再版）、一頁・目録。

〔26〕袁東演『回教発展史略』南京回教青年学会、一九四六年、二頁・目録（四五頁）。

〔27〕金宜久『伊斯兰教概论』（イスラーム教概論）青海人民出版社、一九八七年、一頁・目録（四五四頁）。

〔28〕参考 金宜久『伊斯兰教史』（イスラーム教史）中国社会科学院出版社、一九九八年、目録（六一九頁）。

〔29〕余振貴、杨懐中『中国イスラーム教文献訳著大要』寧夏人民出版社、一九九三年版、第三九八頁。

〔30〕王懐徳、郭宝華合作著作『伊斯兰教史』（イスラーム教史）寧夏人民出版社、一九九二年、四八二頁。

〔31〕馬明良『简明伊斯兰教史』（簡明イスラーム教史）経済日報出版社、二〇〇一年、一頁・目録（六四七頁）。

〔32〕王宇潔『伊朗伊斯兰教史』（イランイスラーム教史）寧夏民出版社、二〇〇六年、一頁・目録（一九二頁）。

〔33〕呉雲貴、周燮藩 合作著作『近現代伊斯兰教思潮与运动』（近現代イスラーム教思潮と運動）社会科学文献出版社、二〇〇一年、一頁・目録（四九三頁）。

第五章　教〈経、法、義、派〉学分野の研究

イスラーム教学はイスラーム宗教学分野の学術属性に関係するものとして定義されるが、広い意味での「イスラーム教学」には経学（経注学、聖訓学など）、教法学、教義学、教派学などの諸分野が含まれてくる。その諸分野において呉雲貴は『伊斯兰教义学』（イスラーム教義学）の専門書の中であるイスラーム教義学はイスラーム宗教学科における高等課程であり、学生は一般的に経注学、聖訓とイスラーム教法の基本課程を修了してから教義学を学び始めると述べている。イスラーム教義学はイスラーム信仰の内学科であり、その学習条件にはイスラーム信条の正確性に対する確信が絶対条件となる。[1]「教義学」は理性思弁形式でムスリムの信仰を説明する過程で形成されたイスラーム教伝統学科の一つである。イスラーム教義学派中国ムスリムに重視されており、明清時代以来の経堂教育と漢文訳著の主要な内容となっている。本分野の学術研究に関係して李林は専門論文の中で「当代中国学者対于伊斯兰教义学的研究直至二〇世纪八〇年代才逐渐恢复，其研究方法局限在于〝哲学研究〟的框架内。自二〇〇〇年进入〝发展－转型〟期以来，伊斯兰教义学研究出现了新的变化，不仅出现了一批新成果，而且逐渐正视伊斯兰教义学的宗教特质，而不再单纯局限在哲学研究范围内，其中一些研究体现出教内人士教义学研究特有的宗旨与关怀。其他传统伊斯兰以及现代人文学科与社会科学都对当代伊斯兰教义学及教义学研究提出了重大挑战，但这些挑战蕴含着两者自我超越与自我转化的契机。」（当代中国学者はイスラーム教義学の研究を二〇世紀八〇年代から徐々に復活させており、その研究方法は「哲学研究」の枠内に収められる。二〇〇〇年になり「発展―転型」期に突入すると、イスラーム教義学研究には新しい変化が生じる。新しい成果だけでなく、イスラーム教義学の宗教特質の正視が含まれるようになり、単純な哲学研究の範囲ではなくなった。その中のいくつかの研究では教内人士の教義学研究における特有の宗旨と関心が含まれている。その他の伝統イスラーム及び現代人文学科と社会学科は当代イスラーム教義学及び教義学研究に対する重大な挑戦を提示している。しかし、これらの挑戦を含む両者の見解は自我を超えた転化の契機と見なすことができる」[2]と述べている。イスラーム教法学もイスラーム教学の重要な組成要素であるため、当代中国のイスラーム教法の研究は、一九四九年から今に至るまでの創始、改新、発展の三つの時期に分けられ、中国的な特色が主要な学科体系となっている。目下イスラーム教法研究をどのように現代学問の方法論に転換するかという問題に直面している。伝統的なイスラーム教法学者と現代の西方イスラーム教法研究学者の影響により、当該分野は二つの大きな学術伝統、「伝統派」と「学術派」が形成されている。未来中国のイスラーム教法研究は「伝統派」と「学術派」を超えていくとともに、融合することにより、当代中国イスラーム教法研究体系にあった方法を形成していく必要がある[3]。

第一節　中国のイスラーム研究を中心とする

一　教　派

中国では、教派、門宦に関係する研究がイスラーム教学における重要な位置を占めているといえる。イスラーム教が中国に伝播されてから、中国のイスラーム教には段々と教派特有の体系が表れてきた。それを「三大教派」、「四大門宦」と呼ぶことができる。「三大教派」は格底目（カディム）、依赫瓦尼（イワニ）、西道堂である。「四大門宦」または「四大スーフィー学派」は虎夫耶（Hufuye）、嘎德林耶（Jude Linye）、哲赫忍耶（Zhehe Renye）、库布忍耶（Kubu Renye）である。教派、門宦分野の研究は改革開放後に徐々に進んでいったが、その研究方法など多方面に限界があり、全面的な展開には至らなかった。二一世紀になると、この分野には新しい変化が生じ、新しい成果が出現するとともに、系統だった学科体系が形成された。この時期に代表的な成果を収めた馬通の二冊の本が出版された。

馬通『中国伊斯兰教派与门宦制度史略』（中国イスラーム教派門宦制度史略）寧夏人民出版社、一九八三年、三九一頁
馬通『中国伊斯兰教派门宦溯源』（中国イスラーム教派門宦起源）寧夏人民出版社、一九八六年、一六六頁

この中の『史略』で、作者はイスラーム教と中国のいくつかの民族の密接な関係、教派と門宦の広範な影響、中国のイスラーム教の発展と影響について論じており、イスラーム教の中国における発展及びその門宦制度を詳細に紹介している。[4]『溯源』（起源）書の内容は、

苏非、依禅与门宦；赫达叶通拉希与马守贞；华哲·阿布都·董拉希与祁、马、鲜三门；马明心与阿布杜·阿·哈里格·阿则孜·阿·米斯介吉；马灵明与巴布派；西道堂与白道堂；瓦哈比耶与伊赫瓦尼；东南沿海的伊斯兰史迹与西北地区的拱北[5]

（スーフィー、依禅、門宦赫達葉通拉希（Hedda Yantah）と馬守貞、華哲・阿布都・董拉希（Huazhe Abdu Dong Rashi）馬、鮮三問、馬明心、阿布杜・阿・哈里格・阿則孜・阿・米斯介吉（アブドゥル・ア・ハリグ・

アズール・ア・ミーゼス）、馬霊明、バーブ派、西道堂、白道堂、ワハビエ・イクファァニ、東南沿海のイスラーム教史跡と西北地区の拱北）

などが章節で扱われている。本書は中国イスラーム教学派の歴史起源の探求を主要なものとしており、スーフィー派、赫達葉通拉希（Hedda Yantah）及び華哲・阿布都・董拉希（Huazhe Abdul Dong Rashi）などの学派の具体的な状況及び彼らと門宦の関係を紹介している。

この二冊の本の内容は全面的に一致しており、一定の系統性、科学性、知識性を有しているため、読者は中国イスラーム教と門宦の誕生、発展、その社会にあるシステムを理解することができる。同時にイスラーム教の研究作業に対する資料提供という役目も果たしている。この姉妹作は中国イスラーム教研究教派門宦の研究基礎として据えられている。馬通氏の研究は学術界でも高い評価を受けている。『史略』が出版された年に、高占福が論文を発表している。中国の歴史的要素により、ほとんどの史籍においてこの分野の記述がなく、中国イスラーム教派と門宦制度を紹介している専門的な著作もないといえる。馬通の著作が出版されることにより、中国イスラーム教研究はいくつかの問題を克服し、空白部分を補塡したといえる。著名な史学者である白寿彝氏はこの書を「经过多年辛勤努力，搜集了有关的丰富材料，为中国伊斯兰教史和回族史开拓了一个新的园地，在史学工作上是贡献的。」（多年の努力により、関係する豊富な資料が収集され、中国イスラーム教史と回族史に新しい分野が開拓されたので、史学作業に大きく貢献した）[6]と評価している。改革開放四十年来「学術価値が最も高い作品」[7]といえる。

教派研究方面の研究で突出している別の学者は勉維霖である。以下にその成果を挙げる。

勉維霖『宁夏伊斯兰教派概要』（寧夏イスラーム教派概要）寧夏人民出版社、一九八一年、一三一頁
勉維霖『中国回族伊斯兰宗教制度概论』（中国回族イスラーム宗教制度概論）寧夏人民出版社、一九九七、四六〇頁

この『宁夏伊斯兰教派概要』（寧夏イスラーム教派概要）は、作者による五〇年代末の調査を基礎としており、寧夏地区のイスラーム教五教派門宦を紹介しているが、文章が比較的少なく、発行量も多くなかったため、今まで重視されなかった。次の、勉維霖は『中国回族伊斯兰宗教制度概论』（中国回族イスラーム宗教制度概論）を編集した。当該書の内容は、

信仰纲领、天命五功、节日庆典、家庭和人生礼仪、婚姻制度、丧葬制度、饮食制度、清真寺的建制结构、掌教制度、寺坊制度、经堂教育、苏非派广泛传入、苏非派教义思想、苏非派功修礼仪、苏非派教职和道统承传、苏非门宦教职权和经济结构、伊赫瓦尼维新运动、伊赫瓦尼革新主张、赛莱菲耶、西道堂穆斯林大家庭、回族伊斯兰教文化运动、当代回族伊斯兰教发展特点[8]

（信仰原則、天命五功、祝日祭典、家庭、人生礼儀、婚姻制度、葬式制度、飲食制度、清真寺の建設制度構成、教育制度、寺坊制度、経堂教育、スーフィ派教義思想の広範な伝播、スーフィ派教義思想、スーフィ派功修礼儀、スーフィ派教職と道統伝承、スーフィ門宦権と経済構成、イフワナ維新運動、イフワナ革新主張、セレフィエール、西道堂ムスリム大家庭、回族イスラーム教文化運動、当代回族イスラーム教発展特徴）

などの章節である。作者は信仰と修行、社会と家庭生活、組織と教育、スーフィ派、回族イスラーム教維

新運動、当代回族イスラーム教などの回族イスラーム宗教制度の歴史変化と現状、それらに関わる事柄の科学分析研究などを総合的に論述している。本書からは、回族イスラーム教の全体的な発展趨勢、異なる時代における発展と変化、社会環境への適合、特に教派の発展などを見ることができる。

三大教派の一つ格底目（カディム）は中国では「老教」、「遵古派」と呼ばれており、イスラーム教が中国に伝播された後に形成された伝統を指し、明末から清初期後に発生した門宦及び新教派としてそれぞれ中国ムスリムの社団がある。関係する論文を以下に挙げる。

馮増烈「“格底目”八议」（「格底目」（ガディム）八議）『西北民族学院学報』一九八四年第一期
馮今源「中国伊斯兰教教坊制度初探」（中国イスラーム教教坊制度初探求）『世界宗教研究』一九八四年第一期
李興華「格底木史初探」（格底木（ガディム）史初探求）『甘粛民族研究』一九八五年第一、二期

この中の「中国伊斯兰教教坊制度初探」（中国イスラーム教教坊制度初探求）の文中では、唐の時代に中国に伝わった一〇〇〇年余りのイスラーム教の歴史、特に、ガディム等教派の発生、発展歴史を扱っている。この長い歴史時期において、中国イスラーム教はガディム教派等いくつかの宗教組織制度が誕生することになる。これらの教派制度はイスラーム教本質の特色だけでなく、イスラーム教の信仰、制度、伝統習慣も残している。また中国歴史社会の発展条件としての中国特色も帯びている。これらは中国回回民族の形成と発展に対する一定の作用を持っている。これらのガディム教派等のイスラーム教派制度は中国イスラーム教の重要な内容の一部といえる。[9]

三大教派のもう一つ依赫瓦尼（イワハニ）は中国では「新興教」、「遵経派」と呼ばれている。一九世紀

末に誕生した「凭経行教」、「尊経革俗」を指す新教派である。関係する論文を以下に挙げる。

馬克勛「中国伊斯兰教伊赫瓦尼派的倡导者：马万福」（中国イスラーム教イワハニ派の提唱者――馬万福）
馬占彪「试论马万福及其依赫瓦尼教派」（詩論馬万福及びイワハニ教派）
劉德文「中国伊斯兰教依赫瓦尼与瓦哈比派的关系」（中国イスラーム教イワハニとワハビ派の関係）

「中国伊斯兰教依赫瓦尼派的倡导者――马万福」（中国イスラーム教（依赫瓦尼）イワハニ派の提唱者――馬万福）の論文では、馬万福の経名奴海（一八五三～一九三四年）は甘粛東郷族自治県果園からメッカを訪れたため、人々は果園罕智（東郷地区では名士に名称をつける習慣がある）と呼んだと記されている。馬万福は近代中国イスラーム教の著名な学者、活動家であり、イワニハ派の提唱者としてイスラーム教活動の「維新」を推し進めるうえで大きな役割を果たし、中国内外のムスリムに大きな影響を与えた。しかし、彼の人生に対する系統だった文字記録はないため、論文の中では馬万福（果園）の親族と知人を訪問しての調査した資料に基づく整理と論述が行なわれている。[10]

西道堂は中国イスラーム教の三大教派の一つであり、イスラーム伝播方式の本土化を注目した（?）ものは、学術界では漢学派と言われている。最も早く紹介された分野は以下の論文である。

関連吉「西道堂歴史概述」『世界宗教研究』一九八二年第三期
朱剛『中国伊斯兰教西道堂信仰述评』（中国イスラーム教西道堂信仰述評）『青海民族学院学報』一九八二年第四期
甘敏岩『甘肃伊斯兰教西道堂历史与现状调查：以伊斯兰教如何与社会发展相适应为主』（甘粛イスラーム西道堂歴史と現状調査――イスラーム教の社会発展における適合）『西北民族研究』一九九四年第二一期

この分野を研究している学者の論文には、李寛『他者眼光与自我阐述：伊斯兰教西道堂研究史』（他者眼光と私の論述――イスラーム教西道堂研究）（二〇一二年中央民族大学修士学位論文）がある。本論文によると、西道堂研究群体は二種類に分けることができる。西道堂と非西道堂である。前者は研究を「自我論述」の表現としている。後者は「他者の目」を観点としている。両方とも西道堂の歴史を論じている。本文は二者の研究を比較、討論、論述している。「他者の目」と西道堂の「自我論述」は互いを引き立てる形で西道堂の歴史研究を構成している。二者の間には一致する部分もあれば、不一致の部分もある。しかし、大部分は西道堂及び西道堂の精神を積極的に肯定して宣伝している。「自我」と「他者」の交流により、西道堂の発展が促され、西道堂の研究史も豊富になっている。[11]

前述で紹介した馬通の専門書もこの分野の研究内容に関係しているといえる。一九八七年青海民族学院民族研究所により、西北民族学院西北民族研究所が共同編集した『西道堂史料辑』（西道堂史料編集）（西北民族学出版、一九八七年、二六七頁）の内部資料名義印刷発行は、現在に至るまで、西道堂を論述している専門的な唯一の論集であるといえる。書中には二〇世紀八〇年代に至るまでの西道堂研究に関係する資料と文章が計一六編収められているので、西道堂を研究する上での必読書であり、重要な価値を有する参考書であるといえる。最近では中華書局が出版する『马启诗联赏识』（馬啓西詩聯賞識）（二〇〇四年、二二九頁）が、学術界の新しい観点をいくつか反映している。一九九四年五月と一九九五年七月には二人の専門学者が西道堂に対して半月に及ぶ学術考察を行なった。これは中国イスラーム教研究史上初めてのことであり、その考察と成功の発表は続いており、影響力も現在まで続いている。関係する論文を以下に挙げる。

陸進賢、陸集賢「中国伊斯兰教西道堂」（中国イスラーム教西道堂）『阿拉伯（アラブ）世界』一九九四年第二期
甘敏岩「甘粛伊斯兰教西道堂历史与现状调查：以伊斯蘭教与社会发展相适应为主」（甘粛イスラーム西道堂歴史と現状調査――イスラーム教と社会発展における適合）『西北民族研究』一九九四年第二期
馬徳良、於謙遜「刘智思想对西道堂影响浅析」（劉智思想の西道堂影響に対する分析）『世界宗教研究』、一九九五年第一期
金宜久「刘智思想在中国穆斯林中的影响」（劉智思想の中国ムスリムにおける影響）『甘粛民族研究』一九九六年第三～四期
丁宏「西道堂模式：一个宗教派别的社会实践及带给我们的思考」（西道堂モデル――一つの宗教派閥の社会実践及び私たちに与える思考）『中央民族大学学報』一九九六年第五期
馬平「中国回族的〝普埃布洛〟：甘南临潭西道堂尕路提大房子研究」（中国回族的「プエブラ」――甘南臨譚西道堂ガルティの大家屋研究）『回族研究』一九九七年第二期
馬平「甘南藏区拉仁关回族〝求索玛〟的群体研究」（甘南サラ地区ラレングアン回族「ソーマ」の群体研究）『イスラーム文化論集』中国社会科学出版社、二〇〇一年

この中の『中国伊斯兰教西道堂』（中国イスラーム教西道堂）の論文において、著者は二十数年に及ぶ民族宗教奉職者として、甘南民族地区で二八年間働いた記録が収められている。中国社会主義文化教育と経済建設などの各方面に対してイスラーム教西道堂教派が有する独特の見解と措置を認識しており、哲学者、宗教家、社会学者として顕著な成果を得てきた。著者は調査訪問、翻訳と資料収集を基礎として論文を書いている。[12]「甘粛伊斯兰教西道堂历史与现状调查：以伊斯兰教与社会发展相适应为主」（甘粛イスラーム西道堂歴史と現状調査――イスラーム教と社会発展における適合）では社会変革と絶えず生じる変化における宗教の適合、歴史上の宗教発展における客観的な規律などの指導思考を中心に研究を実施している。[13]『刘智思想对西道堂影响浅析』（劉智思想の西道堂影響に対する分析）は、中国にイスラーム教が伝播してからの千三百年余りの歴史を扱っている。イスラーム教の中国大陸への伝播、定着、発展、結果という長い歴

史過程と発展の道、中国の伝統文化との融合を論じている。明清イスラーム学者の漢文注釈イスラーム教経典著作として、イスラーム教の基本精神を説明している。その中で西道堂などの分野で生じた影響などが問題として論述されている。[14]『西道堂模式：一个宗教派别的社会实践及带给我们的思考』（西道堂モデル――一つの宗教派閥の社会実践及び私たちに与える思考）では、西道堂は清朝光緒に生じた甘粛臨譚の中国イスラーム教派の一つであると説明されている。そのサラ族、教民数万人が含まれる甘粛、青海、寧夏、ウイグルなどの省区である。一つの宗教派閥として、西道堂は創設と発展の過程において独特なモデルを形成した。西道堂は中国イスラーム教派の中で唯一国外のイスラーム教学派の思想的な影響を直接受けることなく形成された。西道堂は伝道者馬啓西篤信がイスラーム教を伝えたことから始まり、その理論解釈なども加えられ、馬啓西による研究も進行していった。[15]『中国回族的〝普埃布洛〟：甘南臨潭西道堂尕路提大房子研究』（中国回族の「プエブラ」――甘南臨譚西道堂ガルティの大家屋研究）では、西道堂の歴史における集合生活で使用された大家屋から独特の民族遺跡を紹介しており、西道堂のイスラーム群体における特定の歴史条件下での特定組織で維持される集団の利益により表される独特な文化魅力及びその影響などの問題を論述している。[16]

上記論文はすべて西道堂の早期の歴史、教派または門宦問題に対する分析と研究である。西道堂の紹介において、高占福の成果が連続して発表されている。

高占福『刘智宗教思想对西道堂教派的影响』（西道堂教派の影響に対する劉智宗教思想）『寧夏社会科学』一九九〇年第二期

高占福『刘智的宗教思想对西道堂经济的发展』（西道堂経済発展に対する劉智の宗教思想）『西北民族研究』一九九三年第一期

高占福『关于西道堂〝大家庭组织〟的调查与研究』（西道堂「大家庭組織」に関する調査と研究）『甘粛民族研究』一九九九年第二期

清末から民國初期にかけて、甘粛臨譚の旧城西鳳の中国イスラーム教派―西道堂が出現し、形成されて以来、社会各界から大きな注目を集めてきた。中国イスラーム教の歴史上珍しいことである。西道堂は中国イスラーム教派の中でも特に注目を集めた。その主要な理由は二つある。一つは派を形成した主要な宗教思想は南京にあると劉智が述べていることである。他の派は主に国外宗教思想の影響を受けているが、創始者は中国イスラーム教の大小様々な派の創始者の中でも前例がない。二つ目に堂内教民は経済財産などの私的概念を放棄して、共同の進行と共同の生活を営むという独特な組織形式と「新社会のモデル」であるという点である。上記論文の劉智によるイスラーム教学説は西道堂派の影響に対して簡潔に論じている。劉智宗教思想と西道堂の起源の関係、馬明仁の経済活動、西道堂の歴史と現状などの問題に対する論述が収められている。彼の研究は社会学の分野にも関わっている。

西道堂の第三教主馬明仁の長子馬富華と西道堂敏生光前教長による著作を以下に挙げる。

马富春「刘介廉先生的宗教译著对以后伊斯兰教派的影响」（以後のイスラーム教派の影響に対する劉介廉氏の宗教訳著）『阿拉伯（アラブ）世界』一九八三年第一期
敏生光「刘智思想与西道堂」（劉智思想と西道堂）『回族研究』一九九一年第四期
敏生光「伊斯兰教〝烏玛〟制度对西道堂的影響」（西道堂の影響に対するイスラーム教「ウマ」制度）『世界宗教研究』一九九五年第一期

この中の馬富春の論文では、劉智などの先輩学者の宗教訳著に対する評価がなされている。明末から清初期にかけて、中国イスラーム教派学者の王岱輿、馬注、馬徳新などの学者が多大な努力を払い、イスラーム教義の訳書を学び、漢文、アラビア語、ペルシャ語に精通するとともに、『正教真詮』、『清真大学』、『清真指南』、『大化総帰』などの著作に対する考証がなされた。馬啓西、馬明仁、敏志道などは劉智などの学者の影響を受け西道堂を継承し、学術角度から西道堂の歴史活動を論文にしている。[17]敏生光はイスラーム教制度、思考、西道堂の形成と発展関係を深く論じている。

二　門宦

論文と専門書が出現することにより、文献資料の収集と整理に大きな進展が見られ、研究分野は広く深く進展したので、国際学会からも重視されるようになった。それぞれの門宦と歴史論文を以下に挙げる。

楊懐中「十八世纪哲赫耶穆斯林的起义」（論十八世紀（哲赫耶）Zheheyeムスリムの一揆）『寧夏大学学報』一九八一年第一期、一六～二三頁
陳慧生「试论清代白山派和黑山派之间的斗争及其影响」（詩論清代白山派と黒山派間の闘争とその影響）『新彊社会科学研究動態』一九八〇年第三七期、[18]
馬辰『马元章与哲罕林耶教派的复兴活動』（馬元章と（哲罕林耶）Jehlinye教派の復興活動）[19]
馬福海『嘎的林耶门宦杨门始末』（（嘎的林耶ジュード・リネイ）門宦の一部始終）
馮今源「关于门宦教派问题刍议」（門宦教派の問題論議）『新彊大学学報』第一九八五年第四期、一一六～一二三頁

上記の論文はみな「西北五省伊斯兰教学术会议论文集」（西北五省イスラーム教学術会議論文集）に収められている。各教派の門宦には西道堂の資料整理と研究成果が豊富に収められている。

王守礼「新疆依禅派研究」（新彊依禅派研究）『新彊社会科学研究』一九八三年三期

陳国光「回回二五世到中原考：关于新疆伊斯兰神秘主义在内地传布问题」（回回二五世到中原考――新疆イスラーム神秘主義の内地伝播問題）『世界宗教研究』、一九八五年第一期
陳国光『新疆伊斯兰教史上的伊斯哈克耶：兼论中国哲赫忍耶门宦的来源』（新疆イスラーム教史上の（伊斯哈克耶）イスハーク――同時検証（哲赫忍耶）Zhehe Renye 門宦の起源）『世界宗教研究』一九八七年第一期
陳国光「中亚纳合西班底教团与中国新疆和卓、西北门宦」（中亜（纳合西班底）ナエサイバンディー教団と中国新疆和卓、西北門宦）『世界宗教研究』一九八八年第一期
周燮藩「伊斯兰教苏菲教团与中国门宦」（イスラーム教スーフィ派教団と中国門宦）『世界宗教研究』一九九一年第四期
王懐徳「苏菲派的演变与门宦制度形成的特点」（スーフィ派の変化と門宦制度形成の特徴）『西北五省（区）伊斯兰教　学术讨论会（西安会议）资料汇集』（西北五省（区）イスラーム教学術討論会（西安会議）資料収集）甘粛省図書館歴史文献部編集、一九八三年）
王懐徳「略论依禅派的形成及其特点」（略論依禅派の形成とその特色）金宜久編集『当代中国宗教研究精选丛书：伊斯兰教卷』（当代中国宗教研究精選叢書――イスラーム教巻）民族出版社、二〇〇八年
潘志平「中亚和新疆和卓的盛衰」（中亜と新疆和卓の盛衰）中国社会科学出版社、一九九一年
劉正寅『和卓家族兴起前伊斯兰教派在西域的活动及其政治背景』（和卓家族が起こる前のイスラーム教派の西地域活動及びその政治背景）『世界宗教研究』一九九一年第四期

西北門宦の時期から新疆（ウイグル）の依禅派に至るまでを扱ったものの中でスーフィ教団の起源論文を以下に挙げる。

さらに、いくつかの論文はスーフィ教団からスーフィ主義学説の研究をしており、世界イスラーム教の研究集結となっている。認定された門宦がスーフィ教団の中国西北地区に枝分かれしているので、門宦と教派の区別はつきにくい状態である。

三　経堂教育

中国ムスリム宗教教育制度の最初の提唱者は、明時代陝西経師の胡登洲である。彼は弟子を集めて講義を行ない、経典学習を提唱した。その弟子たちの時代から、自宅ではなく清真寺で生徒を招いての経典教育が始まった。講義が経堂教育の主な形となった。宗旨は各地清真寺における経師、門宦、ムスリムに対する宗教知識の伝授である。この教育体系は早い段階から発展し、清末と民国初期、辛亥革命前後から今日に至るまで、四〇〇年余りの歴史がある。経堂教育には異なる発展時期があり、時代の流れに順応して絶えず発展してきた。その後、二〇世紀から今に至るまで、基礎からの改良と発展が続いたが、特に西北地区では、中世期の状況を残した形が主流教育体系として受け入れられてきた。

ムスリム宗教教育問題は絶えず教内外人士の様々な影響を重視してきたが、学術研究において、経堂教育の研究成果はあまり多くはない。二〇世紀三〇〜四〇年代で最も代表的な翻訳作品は馬堅のものである。

（シリア）K. A. Totah（托太哈―漢文訳）『回教教育史』馬堅 訳 イスラーム文化学会編集、商務印書館、一九四六年版、一五六頁

本書は

学校、教员与学生、课程、教授法与学校礼仪、阿拉伯文的教育学名著、阿拉伯的妇女与教育、阿拉伯的教育哲学及阿拉伯人对于教育的贡献[20]

（学校、教員と学生、課程、教授法と学校礼儀、アラブ文の教育学名著、アラブの婦女と教育、アラブの教育哲学及びアラブ人の教育に対する貢献などのイスラーム教の教育発展歴史）

が章節で論じられている。これ以外にも、中国イスラーム教教育関係では王静斎の「中国回教经堂教育的检讨」（中国回教経堂教育の検討）、龍士謙「中国回教寺院教育之沿革及课题」（中国回教寺院教育の沿革と課程）、希拉倫丁（ヒレンディン）「经堂用语研究」（経堂用語研究[21]）などいくつかの編と論文が挙げられる。特に他の分野の研究状況と同じで、文革期間には目立った研究成果はなかったが、八〇年代になると論文が発表され始める。例を挙げる。

馮増烈『明清时期陕西伊斯兰教的经堂教育』（明清時期陝西イスラーム教の経堂教育）『寧夏大学学報』一九八一年第一～二期

この論文には経堂教育の起源と始まりが説明されており、清真寺の組織と経堂教育の構成関係が論じられている。また経堂境域教授課程、中国形式の宗教専門用語「経堂語」と経堂文字「小兒錦」、これには経堂教育の代表人物である胡登洲及びその弟子に伝えられた教えの歴史が含まれる。この論文は中国イスラーム教教育制度に対する全面的な深い考察がなされた代表的な作品といえる。八〇年代には代表的な研究成果の一つとして、清の康熙時代の回族ムスリム学者趙燦編集の経学経の伝統系譜が整理されて出版された。

（清）趙燦『経学系伝譜』青海人民出版社、一九八九年

当該書は、清代の康熙時代の回族ムスリム学者趙燦編集著作。『伝譜』の主要な内容は明朝と清朝前期中国回族、サラ族の著名なイスラーム経師と彼らの間では継承関係及びその社会活動である。清代の康熙時代に完成し、四部のみの写本として伝えられている。一九八七年に楊永昌と馬継祖が共同で整理、訳注、句読点付けを行ない、以前に出版された『伝譜』の前文本文を『真回破衲痴』とし、順番に八編「叙」、「系統総図」、「閲譜正義凡例」を記した。著者の序文の宗旨をイスラーム教義の訓戒とし、それぞれ「告天下万世之学者」、「勉天下万世之学者」、「録考城郷耆公議戒約」、「録蘊善先生規序」と名づけた。これ以外に、舍蘊善氏の紹介である二編章「収録門人法」及び「授学教徒法」が収められている。『伝譜』には二七名の著名な経師の系譜が収められており、前太師胡老先生、馮海二先生、海文軒、舍蘊善、皇甫経などが紹介されている『伝譜』の経師は、すべて時の人として認知されている優秀な宗教学者である。伝譜の本文末には「赴都紀事」、「為主賢徳之郷耆紀事」、「劣師紀事三条」、「附経堂八咏」、「附当今皇上万寿書」などが補填されている。[22] 本書は明末と清初期の中国ムスリム社会と経堂教育の実際の状況が反映されているので、経堂教育の発展変化と経師、学者思想の重要な著述となっている。

一九九〇年に済南で開かれた第六期全国回族史討論会において回族教育史が再び注目され、会議論文が山東省民族委員会から編集出版された。

山東省民族委員会編集『中国回族教育史論集』山東大学出版社、一九九一年

この中の多くの文章には経堂教育が含まれている。これ以外に『中国穆斯林』（中国ムスリム）などの雑誌が、経堂教育と著名な経師を紹介した王永亮の「回族经堂教育的产生和早期形态」（回族経堂教育の誕生

と早期形態）など研究成果論文を発表した。二一世紀に得られた研究成果の例を挙げる。

張学強『西北回族教育史』甘粛教育出版社、二〇〇二年、三〇三頁
楊文炯「女学：经堂教育的拓展与文化传播承角色的重心位移」（女学――経堂教育の開拓と文化伝播における役割の重心移動）『回族研究』二〇〇二年第一期
王伏平「海思福対中国经堂教育的贡献」（海思福対中国経堂教育の貢献）『回族研究』、二〇〇七年第四期

張学教の『西北回族教育史』では、

西北回族与西北回族教育；唐、宋、元时期西北回族先民的教育；明清时期的西北回族经常教育；清代甘宁青伊斯兰苏菲门宦的教义及功修礼仪；民国时期（一九一二〜一九四九）西北回族教育的发展；陕甘宁边区的回族教育；影响西北回族教育历史发展的因素探折；发展西北回族教育的几点建设[23]（西北回族と西北回族教育、唐、宋、元時代の西北回族先住民の教育、明清時代の西北回族教育、清代甘粛青イスラームスーフィ門宦の教義及び功修礼儀、民国時代（一九一二〜一九四九）の西北回族教育発展、陝甘粛地区の回族教育、西北回族教育歴史発展の要因の分析、西北回族教育のいくつかの提案）

などが章節で扱われている。著者は当該分野の研究について主要な啓発として、西北回族教育史民族研究及び西北回族教育研究の一つの重要な部分としており、民族教育学及び回族学の学科発展を推し進めるだけでなく、さらに重要なものとして、歴史研究を通して現在の西北地区回族教育に対するサービスを行なっている。

郵便はがき

料金受取人払郵便

神田局
承認

8080

差出有効期間
2020年1月
31日まで

切手を貼らずに
お出し下さい。

101-8796

537

【受 取 人】

東京都千代田区外神田6-9-5

株式会社 **明石書店** 読者通信係 行

お買い上げ、ありがとうございました。
今後の出版物の参考といたしたく、ご記入、ご投函いただければ幸いに存じます。

ふりがな お 名 前	年齢	性別

ご 住 所 〒 -

TEL ( ) FAX ( )

メールアドレス	ご職業（または学校名）

＊図書目録のご希望 □ある □ない	＊ジャンル別などのご案内（不定期）のご希望 □ある：ジャンル（ □ない

籍のタイトル

本書を何でお知りになりましたか？
□新聞・雑誌の広告…掲載紙誌名[ ]
□書評・紹介記事……掲載紙誌名[ ]
□店頭で □知人のすすめ □弊社からの案内 □弊社ホームページ
□ネット書店 [ ] □その他[ ]

本書についてのご意見・ご感想
■定　価 □安い（満足） □ほどほど □高い（不満）
■カバーデザイン □良い □ふつう □悪い・ふさわしくない
■内　容 □良い □ふつう □期待はずれ
■その他お気づきの点、ご質問、ご感想など、ご自由にお書き下さい。

本書をお買い上げの書店
市・区・町・村 書店 店]

今後どのような書籍をお望みですか？

今関心をお持ちのテーマ・人・ジャンル、また翻訳希望の本など、何でもお書き下さい。

ご購読紙 (1)朝日 (2)読売 (3)毎日 (4)日経 (5)その他[新聞]
定期ご購読の雑誌 [ ]

協力ありがとうございました。

意見などを弊社ホームページなどでご紹介させていただくことがあります。 □諾 □否

ご 注 文 書◆ このハガキで弊社刊行物をご注文いただけます。
□ご指定の書店でお受取り……下欄に書店名と所在地域、わかれば電話番号をご記入下さい。
□代金引換郵便にてお受取り…送料+手数料として300円かかります(表記ご住所宛のみ)。

	冊
	冊

定の書店・支店名

書店の所在地域
都・道 府・県 市・区 町・村

書店の電話番号 ( )

楊文炯の論文では、二〇世紀九〇年代前後の西北地区の都市ムスリム社会における伝統経堂教育の発展―女学の始まりと発展が人々の注目を集める文化現象となったことなどが論じられている。本文は清真寺女学の歴史を遡っており、特に都市文化における西北地区都市回族ムスリム女学生の成長背景などの問題を扱っている。[24]

王伏平の論文では、清末から民国初期に至る中国の著名な回族イスラーム教経文学者、翻訳家であった海思福（一八三二～一九二〇）の一生の写本、注解、イスラーム教経典翻訳を多数紹介して、中国イスラーム教教育事業に力を注いでいる。二〇〇七年に海思福氏の没後八十八周年を迎えたので、本文資料に触れ、海思福氏の中国イスラーム教経堂教育に対する貢献の概略を記念講演した。[25]

二〇〇七年に蘭州で『中国经堂教育问题研讨会』（中国経堂教育の問題研究討論会）が開催された。討論会では中国経堂教育の発展歴史、問題対策及び未来発展方向の論文発表がなされた。[26]

「创制与文化振兴：伊斯兰教中国本土生长的历史启示」（制度創造と文化振興――イスラーム教中国本土での成長歴史の啓示）
「创堂教育的百年发展」（経堂教育の百年発展）
「创堂教育的现状与思考」（経堂教育の現状と思考）
「创堂教育未来发展的方向」（経堂教育の未来発展方向）
「创堂教育发展的新理论、新视角、新境界」（経堂教育の発展新理論、新視角、新境界）

さらに、

丁士仁『中国伊斯兰经堂教育』（中国イスラーム経堂教育）甘粛人民出版社、二〇一三年、三三六頁

丁士仁の書は上中下三巻に分かれている。上巻は理論巻である。賢人と経験ある学者及び若い学者の中国経堂教育の三十余りの文章が収められている。その中には丁士仁本人の四編研究論文及び付録資料が含まれている。中巻は脈絡巻である。中国経堂教育の発生、発展、伝承、刷新の歴史軌跡、学術流派、重点地区と重大事件、下巻は伝記巻である。これらの数百年における近現代の各地清真寺坊の世に知られていない人々の、献身的な経堂教育、著作や筆跡を残さず名誉も利益も求めない育人育徳育心、宣教、授知、啓知、学生と教師の育成、教民の益、など民間の言い伝えに残る経学教師たち（寿命を全うしている、八〇～九〇歳代）の人物伝記、正確な資料を基にした伝記、先人追想、学生激励、模範育成、業績伝承、正教伝承が収められている。[27]

もう一つ提示すべきものとして、経堂教育で発展してきた「小経」が近年注目を集めている。「小経」は中国ムスリム用のアラビア語で書かれており、経堂語と漢文でも一部分記録されている。別名「消経」、「小兒経」とも呼ばれている。中国ムスリムはアラビア語とペルシャ語では「消化経典」という意味があり、中国イスラーム教経堂教育において広く採用されている。だいたい二〇〇〇年から、南京大学の劉迎勝が「小経」課程研究を組織して、西北へ実際に何度も赴き、「小経」の代表的な文献資料を集めた。それに伴い研究成果も現れている。例を以下に挙げる。

劉迎勝「关于中国部分穆斯林民族中通行的〝小经〟文字的几个问题」（中国部分ムスリム民族で使われていた「小経」文字に関するいくつかの問題）『回族研究』二〇〇一年第四期

韓中義「小经文献与伊斯兰教相关问题研究」（小経文献とイスラーム教関係の問題研究）『世界宗教研究』二〇〇五年第三期
韓中義「小经文献与语言学相关问题初探」（小経文献と言語学の関係する問題の初探求）『西北民族研究』二〇〇七年第一期
韓中義、朱亮「关于中国穆斯林经学文献印行的考察：以小经《开达尼》为例」（中国ムスリム経学文献印刷発行の考察——小経『開達尼』の例）『北方民族大学学報（哲学社会科学版）』二〇一二年第四期、一一八〜一二五頁
虎隆「〝消经〟《正大光明》与普洱马阿訇」（「消経」『正大光明』と普洱馬アホン）『回族研究』二〇〇六年第三期
虎隆「也谈〝消经〟开以达尼」（「消経」開達尼の討論）『回族研究』二〇〇七年第一期

この中で劉迎勝の論文では、本文において「小経」の名称、意義及び使用概況が分析されている。著者は甘粛で「小経」刊行物や文献、各種語彙表、参考書を収集し、「小経」刊行物の論述と「小経」の研究を展開しているので、回族学とイスラーム学において重要な学術的な意義を持っているといえる。[28]「小经文献与伊斯兰教相关问题研究」（小経文献とイスラーム教関係の問題研究）において、「小経」は回民族が使用する一種のアラビア語母音系ピンイン文字を提供した。小経の訳されたことにより、より内容の豊富な文献が書かれ、中国イスラーム教研究の重要な観点の研究と論述がなされた。[29]「小经文献与语言学相关问题初探」（小経文献と言語学の関係する問題の初探求）では、小経文献と言語学が関係する問題において、過去に直面した難しい問題に対する意義のある探索を提出した。学術界は「経堂語彙」（小経語彙）及びその発生時間、構成規則などに対して価値のある探索と研究をすすめてきた。この論文は更に一歩進んだ参考と有益な手がかりを提供している。文中には研究を基礎とした上での模索と収穫が扱われている。[30]「关于中国穆斯林经学文献印行的考察——以小经《开达尼》爲例」（中国ムスリム経学文献印刷発行の考察——小

経『開達尼』の例）では、小経の「開達尼」が例として挙げられており、経学文献の民間印刷発行刊行物、翻訳、版元の変化、校勘などの内容が扱われており、ムスリム民間知識の伝播継承方法を説明している。[31]「也谈"消经"开以达尼」（「消経」開達尼の討論）では、近年の国内のイスラーム教と「消経」の学者による西北ムスリムコミュニティーのイスラーム教法経典「消経」、「開達尼」の研究で生じたいくつかの問題を扱っており、歴史研究を行なう際の事実追及の根拠となっている。「消経」、「開達尼」の原本と調査資料に基づき、著者、著述時間、印刷場所、内容、翻訳、版本元などの関係する問題及びムスリムのピンイン文字――「消経」の関係と意義に対する考証と解釈を行なっているため、この経典に関係する問題が一層クリアーにされることが期待できる。[32]

第二節　世界のイスラーム研究を中心とする

一　「コーラン」の研究

国外のイスラーム教学の学術史を整理するに際して、国外で成果を収めた翻訳の紹介から始める必要がある。その中で一番重要なのは疑問の余地なく『コーラン』（قرآن qurʾān）あるいは『クルアーン』）である。『コーラン』はイスラーム教の基本経典であり、イスラーム教研究の基礎作業になるので、漢文版は研究に対する大きな助けになる。二〇世紀二〇年代から新しい訳本が出版され、今日まで新しい訳本が出版され続けている。

『汉译古兰经』（漢文コーラン）姫覚弥 総編集、上海愛麗園広倉学館印刷（石刻系列本）、一九三一年

『古兰经译解』（コーラン訳解）王静斎 訳本、上海水祥印書館、一九四六年（再版東方出版社、二〇〇五年、八七二頁。）

『古兰经』（コーラン全訳本）馬堅 訳本、中国社会科学出版社、一九八一年、四九三頁

『古兰经国语译解』（コーラン国語訳解）時子周（英語版からの訳注）中華学術院回教研究所理事会出版、一九五八年、九〇八頁

『古兰经中阿文対照详注译本』（コーランと漢文アラブ語の対照訳注訳本）（米国）閃目氏・仝道章（英語版からの訳注）訳林出版社、一九八九年、

『古兰经译注』（コーラン訳注）李静遠／馬金鵬（英語版からの訳と紹介、其子張その意志の継承）世界華人出版社、二〇〇四年

『古兰经简注』（コーラン簡潔注解）馬仲剛（以《圣训》注释《古兰经》的中文译本，『聖訓』注解『コーラン』の漢文訳本）、宗教文化出版社、二〇〇五年

『古兰经注』（コーラン注）（『伊本・凯西尔《古兰经》注』（イブン・カシール『コーラン』注））孔徳軍 訳著、中国社会科学出版社、二〇〇五年

この中の『汉译古兰经』漢文コーランは姫覚弥[33]の編集、李虞辰アホン起草であり、漢文学者樊抗甫とアラブ文学者薛子明アホンが相互考察と文字装飾を行なった。一九二〇年に完成している。上海愛麗園広倉が印刷発行したのが一九三一年である。この書はシリーズとして印刷発行され全部で八冊、合計三〇巻一一四章で経名、巻、章名及び翻訳校正単位の名称が分かりやすい形で記載されている。哈少夫、岑春煊、鄭源の作の順番が愛麗園主人哈同作の順番となっている。この書の「凡例」では、訳本は「アラビア語文

を主体として、ヨーロッパ語訳、日本語訳を参考にしており、簡潔明瞭であるとともに事実をしっかりとらえている」[34]と述べられている。訳本はアラビア語原文を主体としており、ムハンマド・アリの英訳本及び坂本健一の日本語訳本を参考にしている中国で最も早い漢文訳本『コーラン』の一つである。[35]

『古兰经译解』(コーラン訳解)の訳解の訳者である王静斎[36]はイスラーム学術研究、イスラーム教経典翻訳を専門としており、『訳解』は王静斎の二〇年に及ぶ研究の成果として、重要な著作の一つであるといえる。文語文、経堂語、白話文翻訳出版甲、乙、丙の三種類の異なる文体版本である。その中の白話文訳には附録で「略解」、「附説」及び一九四三条の注釈があり、最も実際的な漢文『コーラン』の一つと見なされている。[37]

中国現代ムスリム学者で翻訳家馬堅[38]の中で最も重要で影響力のある著述は、彼の現代漢文版『コーラン』である。馬堅『コーラン』の訳文は経典原著を忠実に翻訳しており、文字は簡潔流暢で、学術界とムスリム読者の支持を集めている。馬堅氏の現代漢文版『コーラン』は一九八一年に中国で出版され、印刷数は一〇万冊を超えている。一九八七年にはサウジアラビア王国により馬堅訳『コーラン』は優秀漢文訳本として推薦され、世界各地で発行された。今日に至るまで世界で最も大きな影響力を持つ『コーラン』漢文訳本として存在している。[39]

英語から翻訳した『コーラン』の訳者である時子周(一八七九〜一九六九)は中国現代のムスリム学者、翻訳家である。彼は退職後に英文版の『コーラン』を翻訳解説し、約七〇万字の「コーラン国語訳解説」として一冊に纏めた。出版後は香港ムスリム信者に大きな影響を与えている。[40]

もう一つの英語版からの『コーラン』訳注の訳者である仝道章(一九一八〜一九八二)は中国現代ムス

リム学者、翻訳家、新聞記者である。早くから海外で学び、一九五〇年にアメリカで生活し、東南アジア『伊斯兰之光』（イスラームの光）雑誌の編集者となる。晩年には英語版から訳著『コーラン』とその『古兰经中阿文对照详注译本』（コーランと漢文アラビア語の対照訳注訳本）を出版し海外中国文人ムスリムに一定の影響を与えている。[41]

李静遠（一九一四～一九八三）は英語版からの『コーラン』翻訳と紹介を行なった中国現代ムスリム学者で、翻訳家である。晩年に英語版の『コーラン』翻訳と紹介を始めたが、完成することなくこの世を去った。其子張が遺志を継承し、二〇年の時間をかけて翻訳と校閲を行なった。二〇〇一年に全書一六〇万字の『古兰经译注』（コーラン訳注）が完成した。二〇〇四年には世界華人出版社が出版を行ない、民間と学術界に強烈な反響を呼び起こした。馬金鵬（一九三一～二〇〇一）は『コーラン』の研究と訳注に力を注いだ中国現代イスラーム学者であり、翻訳家、北京大学の副教授である。早くから北京成達師範学校とエジプト・アル・アザハル大学で学んだ。帰国後はイスラーム学術の研究を専攻し、訳著とアラビア語を教えた。馬金鵬は勤勉であり、言語、宗教、歴史、文化など各領域においての著作がある。晩年は『コーラン』の研究と訳注に力を注ぎ、一〇年近くの時間をかけて『古兰经译注』（コーラン訳注）を一冊に纏め、学界に大きな影響を与えた。[42]

『古兰经简注』（コーラン簡潔注釈）の訳注馬仲剛は若手ムスリム学者、翻訳家である。英米文学を専攻し、一九八二年に中国イスラーム学院で学び、卒業後は昆明イスラーム教学院の教師となり『コーラン』『聖訓』を教えながら、『コーラン簡潔注釈』の翻訳作業を行なった。『コーラン簡潔注釈』の一部は『聖訓』注釈『コーラン』の漢文訳文となっている。その特色として、各頁の文末に『聖訓』の注解があること、注釈文字が簡潔明瞭であること、話し言葉で分かりやすいこと、混乱しやすい人称代名詞には注釈が加えられていること、理解が難しい経文には括弧で注釈が加えられ、経文と注釈の区別が示されていることなどが挙げられる。当該訳本は以前の訳本と比較して明らかに異なる特色がある。[43]

『コーラン』は孔徳軍（一九七二〜）の訳著である。彼は中国当代若手イスラーム学者、翻訳家のイマームであり、漢文文学修士でもある。著作には『伊斯兰人权与西方人权对比研究』（イスラーム人権と西洋人権の比較研究）、『伊斯蘭复兴简史』（イスラーム復興簡略史）、『穆斯林的信仰』（ムスリムの信仰）などが挙げられる。その訳著は『古兰经注』（コーラン経注）、『伊本・凯西尔〈古兰经〉注』（イブン・イブン・カシール〈コーラン〉注）があり、学術界に広範な影響力がある。[44]

二　教法、教義研究

『コーラン』の訳注研究には、イスラーム教法の研究が不可欠である。アラビア語教法の中国文音訳シャリアの意味は道路であり、『コーラン』と聖訓の関係する内容を根拠にしている。生活と行動に対する法律規定として、ムスリムを「真主对于人类生活的全部诫命」（真主の人類生活全てに対する戒命）と見なしている。一定の意義で考えるなら、イスラーム教法は理解できず、イスラーム教は理解できないとしている。

中国学術界のイスラーム教法学の研究の始まりは遅く、基礎も弱いといえる。研究初期段階では、中国の教法学研究の成果は数えるほどしか代表作がない。例を以下にあげる。

『偉嘎業』王静斎翻訳、天津伊光月報社、一九三一年、一九三五年上下分けての印刷出版。
王静斎 編訳 馬塞北 整理『選択訳解偉嘎業』天津古籍出版社、一九八六年
丁蘊訳『汉译伊雷沙德』（漢文訳イレイシャード）北平清真南寺、一九三四年
Muteadi-Abdu（阿卜杜勒・穆泰阿迪――漢文訳、アブドゥルムタイアディ――日本語訳）著作、林興智翻訳『回教继承法与其他继承法之比较』（回教継承法と他の継承法の比較）商務印書館、一九四六年
（エジプト）胡祖利著、龐士謙訳『回教法学史』月華文化サービス社、一九五〇年

この中の『回教继承法与其他继承法之比较』（回教継承法と他の継承法の比較）はイスラーム教法学著作である。著者はMuteadi-Abdu（アブドゥルムタイアディ）で原文はアラビア語である。この書は一九四二年熊振宗により翻訳され、重慶で『回教文化』季刊誌第一巻として二～四期に渡って連続連載されたが、冊子としては印刷されなかった。その後林興智訳として、一九四六年一一月に商務印書館から初めて印刷発行された。本書の内容は、

伊斯兰继承法的基本内容和理论；古埃及、古代东方民族、阿拉伯蒙昧时代、犹太、古希腊、西罗马的继承法以及现代继承法，法兰西式和社会主义式的继承法；伊斯兰继承法和古代、现代的各种继承法作比较[45]
（イスラーム継承法の基本内容と理論:旧エジプト、古代東方民族、アラブ未開時代、ユダ、旧ギリシャ、西ローマの継承法及び現代継承法、フランス式と社会主義式の継承法、イスラーム継承法と古代、現代の各種継承法の比較）

などが章節で扱われている。著者の論拠としていることは、いくつかの法律が優秀である理由を表明し、信仰に頼らずに理論を基にするということである。そこからイスラーム教継承法が他の継承法の基本観点より優れている理由を論証している。この書はイスラーム教法学に関する数少ない著作の一つであり、イスラーム教法学思想を研究理解する上での重要な材料といえる。

『回教法学史』書は全部で六つの部分に分かれている。内容は次のように分けられる。

> 穆圣时代的教法；《古兰经》；《古兰经》中基本教法部门（拜功、斋戒、朝觐与副朝、天课、宣誓、饮食、战争、条约、俘虏、附奴隶制度、战利品、附《古兰》所提及战役、婚姻、离婚、孤儿、遗嘱、探友礼节、闺中礼节、继承法、商事法、刑法、门弟子时代的教法）；政治背景；《古兰》与圣训；本周的立法要点；本周特点；教法主持者；法学派别的树立；假设问题；学术与文化；本周的法学家；哈奈菲派的法学家；本周的剖取现状；简化工作的偏差[46]
>
> （ムハンマド時代の教法：『コーラン』：『コーラン』における基本教法部門（拝功、斎戒、参拝と副朝、日課、宣誓、飲食、戦争、条約、捕虜、奴隷制度、戦利品、『コーラン』の提示する兵役、婚姻、離婚、遺言、友人礼節、女性礼節、継承法、ビジネス法、刑法、門下生時代の教法）。政治背景：『コーラン』と聖訓：本周の立法要点：本周の特色：教法司会者：法学派閥の樹立：仮定問題：学術と文化：本周の法学家：ハナフィー派の法学者：本周の現状分析、作業簡素化によるずれ）

などが章節で扱われている。著者はムハンマド時代の教法、門下生時代の教法、小弟子と再伝弟子時代の教法、アッバース朝前期の教法、アッバース朝後期の教法、トルコ人執政以来の教法などの問題をム・シェンから現在までのイスラーム教法発展過程から論じている。

以上が主要な教内訳作品である。二〇世紀八〇年代後半に入ると、教法学演技分野は急速な進歩を遂げた。イスラーム教法での漢文の使用により中国社会科学院イスラーム教研究室の学者たちに大きな理解がもたらされたからである。例を以下に挙げる。金宜久編集『伊斯兰教概论』（イスラーム教概論）（青海人民出版社、一九八七年）。本書の内容は上記章節の紹介となっている。この書は教法学方面の専門書ではないが、教法学諸内容に対する系統だった紹介、探索、理解が論じられているので、イスラーム法を研究するにあたって一定の参考価値があるといえる。この後、教法学の学者として呉雲貴が認められるようになってくる。彼が中国社会科学出版社で出版翻訳した研究著作を以下にあげる。

（イギリス）Cousin,M.A.（庫尔森—漢文訳）著 呉雲貴 訳『伊斯兰教法律史』（イスラーム教法律史）（当該書原本初版一九六四年、一九七一年再版、一九七八年出版通俗本）、中国社会科学出版社、一九八六年、二一一頁
呉雲貴『伊斯兰教法概略』（イスラーム教法概略）中国社会科学出版社、一九九三年、一〇九頁
呉雲貴『真主的法度：伊斯兰教法』（真主の法度——イスラーム教法）中国社会科学出版社、一九九四年版、一一八頁
呉雲貴『当代伊斯兰教法』（当代イスラーム教法）中国社会科学出版社、二〇〇三年、四〇六頁

この中の『伊斯兰教法律史』（イスラーム教法律史）は現代西方研究イスラーム法制史の名著の一つといえる。前著は英文である。イギリス学者N.J. Coulsonの著作の"A History of Islamic Law"（イスラーム教法史）である。

伊斯兰教法的起源；中世纪时期的教法学说和实践；近现代伊斯兰教法[47]（イスラーム教法の起源、中世期の教法学説と実践、近現代イスラーム教法）

などの三編に分かれている。『コーラン』立法を始まりとして、イスラーム教法のアラブ部落からの始まりを概略し、四代カリフ時代、ウマイヤ時期、アッバース前期を経てのスンニ派四大教法学派と「古典」教法理論体系の形成歴史を扱っている。一〇世紀を起点として、中世期イスラーム教法の理論と司法実践、教法の統一性とその複雑さを論じている。各教派の法律学説を紹介し、国家政権と神聖法律、イスラーム社会と神聖法律の相互関係を分析している。一九世紀欧州からの移民がイスラーム国家に侵入したことによる、現代イスラーム教法、イスラーム教法に影響を与える外来法の影響、教法伝統の継承と改革なども論じられている。本書はイスラーム法制史の基礎著作として、重要な参考価値があり、西洋英語国家において主流であり、英米などの大学では参考書の一つと見なされている。

『真主的法度：伊斯兰教法』（真主の法度――イスラーム教法）書の内容は、

伊斯兰教法的产生和发展（教法的基础――《古兰经》，四大哈里发时期的司法实践，倭马亚王朝的司法实践和司法制度，早期教法学派与圣训派，教法学理论和教法学派的定型）；中世纪伊斯兰教法的体系和司法制度（婚姻家庭，遗产继承，商事交易，瓦克夫法，刑事法规，法庭与审判程序，什叶派教法体系）；近现代伊斯兰教法的改革（改革的历史背景，商法、刑法和民法，婚姻家庭法，遗产继承法，瓦克夫法，司法制度的改革，教法理论体系的修订，原教旨主义的教法主张[48]）

（イスラーム教法の生産と発展（教法の基礎――『コーラン』、四大カリフ時期の司法実践、ウマイヤ王朝の司法実践と司法制度、早期教法学派と聖訓派、教法学理論と教法学派の定型、中世期イスラーム教法の体系と司法制度（婚姻家庭、遺産継承、ビジネス交易、ワクフ法、刑事法規、法廷と審判過程、シーア派教法体系）、近現代イスラーム教法の改革（改革の歴史背景、商法、刑法と民法、婚姻家庭法、遺産継承法、ワクフ法、司法制度の改革、教法理論体系の改訂、源教主義の教法主張））

などの章節に分けられる。著者はイスラーム法の起源、民法、商法、刑法、婚姻家庭、遺産継承などの法律法規規定の内容を紹介し、異なる教派、学派の法学理論観点及び現代法制改革の趨勢などの内容を扱っている。

『当代伊斯兰教法』（当代イスラーム教法）書の内容は、

　传统伊斯兰教法概述；传统伊斯兰政治学说；伊斯兰教法的改革趋势；现代伊斯兰政治思想；原教旨主义与伊斯兰教法；伊朗革命与伊斯兰教法；国家政权与官方伊斯兰化；穆夫提、法特瓦与伊斯兰教法的解释；多元文化社会下的伊斯兰教法；宗教权端主义与伊斯兰教法[49]

（伝統イスラーム教法概略、伝統イスラーム政治学説、イスラーム教法の改革趨勢、現代イスラーム政治思想、原教主義とイスラーム教法、イラン革命とイスラーム教、国家政権と公式なイスラーム化、ムフティ、ファトワとイスラーム教の解釈、多様文化社会下におけるイスラーム教法、宗教極端主義とイスラーム教法）

などの章節である。著者は宗教形態、趨勢と功能、外部社会環境の制約とその影響、宗教自身の発展変化、反対に社会進展により生じる正負両方向の影響と効果、人類各種宗教と人類社会の相互生存発展創造に不可欠な条件を論じ、現地イスラーム教法問題の研究を試している。[50] 彼の著作と翻訳のシリーズ教法学著作は当該分野にとって巨大な推進作用があった。

この時期には他の学者の翻訳及び研究成果が相次いで出版された。例を以下にあげる。

（イラク）Oubaidula（欧拜杜拉―漢文訳）著　賽生発 訳『伟嘎耶教法经解：伊斯兰教法概论』（偉嘎耶教法経解――イスラーム教法概論）寧夏人民出版社、一九九三年
（別訳： 馬正平 訳、宗教文化出版社、一九九九年。 丁秉全、師明学 訳、中国社会科学出版社、二〇〇八年、五六二頁）
高鴻鈞『伊斯兰教法：传统与现代化』（イスラーム教法――伝統と現代化）社会科学文献出版、一九九六年一〇月出版；清華大学出版社、二〇〇四年九月改訂本）。[51]
張秉民 編集『伊斯兰教法哲学』（イスラーム教法哲学）寧夏人民出版社、二〇〇二年、三八九頁
青年翻訳グループ翻訳『伊斯兰教法』（イスラーム教法）（上、中、下、一九九八年、内部出版発行）。

この中の『偉嘎耶法経解』（二〇〇八年中国社会科学出版の図書）の著者はオバデュラである。この一部はイスラーム教法学方面の学術名著であり、スンニはムスリムの常用教法教材の一部である。この書は祖父 Burhan Shariat Mahmoud 著作の “al-wiqayah”（偉嘎耶法経解）の訳注本であり、清潔巻、婚姻法巻、貿易巻、奴隷契約巻などの四巻に分かれている。その中の簡略本『偉嘎耶教法』別名『穆赫泰赛尔·伟嘎耶』（ムフタイサイアル・偉嘎耶）は、スンニ派ムスリム常用教法著作の一つである。王静斎選択漢文翻訳版『偉嘎耶』

が一九三一年の天津版本となった。一～二巻二九章だけを選択し、原著内の関係する社会法律の各章節を除き、礼儀、斎戒、日課、参拝などをテーマにしている。これ以外に馬塞北が整理した新しい版本『選択詳細解説偉嘎耶』がある。一九八六年に天津の古典出版社で扱われた。この『偉嘎耶教法経解』の訳著は今に至るまで最も整った訳本として知られており、イスラーム文化古文書の整理、イスラーム文化研究の促進に対して重要な学術価値があるといえる。

張秉民編集の『伊斯兰教法哲学』（イスラーム教法哲学）はイスラーム教法哲学誕生以前のアラブ、『コーラン』によるイスラーム教法哲学への形成発展、現在に至るまでの状況、イスラーム教法哲学に対する歴史からの変化、基本規律と特徴の角度により生じた段階的な整理、歴史、社会、政治、文化などの方面からイスラーム教法哲学背景、異なる流派と代表人物の哲学思想により影響を受けた当時の歴史背景に対する考察がなされている。[52]

二一世紀に入ると、国内のイスラーム教法学の考察が深くなされるようになったため、いくつかの理論深度と時代特色を持つ論文が登場した、その中の代表的なものを以下に挙げる。

馬宗正「宗教法文化中的神学法治理念：兼及伊斯兰教法中国本土化対法治理念建构之影响」』（宗教法文化における神学法治理念――及び法治理念建設の影響に対するイスラーム教法中国本土化の考察）『西北民族研究』二〇〇六年第一期

呂耀軍「〝伊智提哈德〟与伊斯兰教法的形成、发展及严格」（「イチチハド」とイスラーム教法の形成、発展及び厳格さ）『西北第二民族学院学報』二〇〇五年第三期

馬進虎「伊斯兰法创制困难的思想渊源」（イスラーム法創制が困難な思想起源）『長安大学学報』二〇〇五年第二期

馬明賢「当代伊斯兰法的复兴与改革」（当代イスラーム法の復興と改革）『西亚非洲』（西アジア・アフリカ）二〇〇五年第一期

敏敬「伊斯兰法浅识及其现实意义」（イスラーム法の簡略及びその意義）『世界宗教文化』二〇〇五年第二期
楊経徳「伊斯兰法与伊斯兰教法关系辨析」（イスラーム法とイスラーム教法関係の分析）『雲南民族大学学報』、二〇〇三年第三期
朱虹「面对法律全球化的伊斯兰法形态」（法律のグローバル化に対するイスラーム法の形態）『人権』二〇〇三年第四期

上述成果の分析から分かるように、この四〇年の成果を見ると、中国のイスラーム教法の研究は徐々に成熟に向かっていることが分かる。最初の段階から発展し、一定の規模による専門研究が行なわれるようになり、中国特色と現実に主要な注意を払うという特徴を有したイスラーム教法研究が形成された。

もう一つの非常に重要な研究分野はイスラーム教義学である。経典を基にして、対立する観点の否定と疑問を明らかにして、教義の基本信条を確立している。関係する「教義学」をムスリムの理性的思考方法で説明するという信仰の過程で形成されたイスラーム教伝統の学科である。イスラーム教義は中国ムスリムに重視されており、明と清の時代以降の経堂教育と漢文訳著の主要な内容となってきた。関係する本分野の学術研究史の問題について学者はこのように分析している。「当代中国学者对于伊斯兰教义学的研究直至二〇世纪八〇年代才逐渐恢复，其研究方法局限于〝哲学研究〟的框架内。自二〇〇〇年进入〝发展-转型〟期以来，伊斯兰教义学研究出现了新的变化，不仅出现了一批新成果，而且逐渐正视伊斯兰教义学的宗教特质，而不再单纯局限在哲学研究范围内，其中一些研究体现出教内人士教义学研究特有的宗旨与关怀。其他传统伊斯兰以及现代人文学科与社会科学都对当代伊斯兰教义学及教义学研究提出了重大挑战，但这些挑战蕴含着两者自我超越与自我转化的契机。[53]」（当代中国学者のイスラーム教義学の研究は、二〇世紀八〇年代から徐々に回復し、その研究方法は「哲学研究」の枠内にとどまらず、二〇〇〇年になると「発展―転

型」として知られるようになった。これ以降イスラーム教義学研究には新しい変化が生じ、新しい成果だけでなく、イスラーム宗教特色が正視されるようになったため、哲学範囲内を飛び越え、教内の人士教義研究者特有の宗旨と関心が表れるようになり、その伝統イスラーム及び現代人文学科と社会科学は当代イスラーム教義学及び教義学に対して重大な挑戦が提出された。しかし、そうした挑戦には二者の自己超越と自己転換の契機という意味合いもある。）教義学はイスラーム教内では一般宗教学研究、教義学、神学と見なされており、必要不可欠なものである。

中国におけるイスラーム教義学の研究において基礎となる国外研究成果の翻訳及び訳注を以下に挙げる。

Omar Nasafiyyah（欧麦尔・奈赛斐—漢文訳）著 Selden Tifftasani（赛尔顿丁・太费塔萨尼—漢文訳）注釈 "Sharh al-'Aqa'id a — -Nasafiyyah" [54] の訳著について
最初の漢文訳本：
楊仲明 訳『教心経注』北平秀真精舎出版、一九二四年（一九四一年重印）
馬堅 訳『教典诠釋』（教典解釈）上海文通書局、一九五一年
馬堅 訳『教义学大刚』（教義学大要）昆明翻訳出版（白話分漢文訳本）、一九四五年

その中の馬堅翻訳の『経典解釈』は中国ムスリムの経典と見なされている。『奈賽斐経典解釈』（Sharh al-'Aqa'id a-Nasafiyyah）の解釈、この書の著者であるSelden Tifftasani（赛尔顿丁・太费塔萨尼—漢文訳）（セルディング・テフィタサニ）（一三一二〜一三八九）は、当時この地であるイスラーム権力を有しており、イスラーム教義学、哲学、論理学、アラブ文学、修辞学に対して深い造詣がある。本書は思考推理とロジック推理の方法論証によりアラーの存在は唯一であり始まりがないという点を説明している。またイスラームの宇

宙観、認識論、スンニ派によるアラーと世界、信仰と反逆、前提と自由、人類能力と行動などの問題、イスラーム教が派遣した預言者と『コーラン』の意義、四大カリフの継承とイマーム選挙教理、教制などの問題を論じている。この書は一六世紀末に中国に伝わり、経堂教育の教本として使用されてきた。劉智はこの書を彼の『天方典礼』の参考書目に加えており、『教典釈難』と呼んでいる。一八七〇年に馬徳新が新刊を印刷し、『教典釈難経解』と呼ぶようになった。一八九三年に馬連元はこの書の抜粋本を印刷し『天方釈難要言』と呼んでいる。一九二四年には北平秀真精舎が楊仲明の訳した旧漢文の訳本を出版し『教心経注』と呼んだ。一九四五年に昆明翻訳が馬堅の白話文漢文訳本を出版した。その訳本は一八章七九節に分かれており『教义学大刚』（教義学大要）と呼ばれていた。一九五一年に上海文通局が再出版し、訳者が名を変えて『教典解釈』とした。

八〇年代後半になると、呉雲貴がこの分野で突出した成果をおさめる。彼は相次いで論文と研究著作を発表した。例を挙げる。

呉雲貴「逊尼派宗教思想形成的基本标志」（スンニ派宗教思想形成の基本標示）『世界宗教研究』、一九八四年第三期
呉雲貴「伊斯兰教义学的三部早期文献」（イスラーム教義学の三部早期文献）『回族研究』、一九九三年第四期
呉雲貴『伊斯兰教教义学』（イスラーム教教義学）中国社会科学出版社、一九九五年、一三八頁

『伊斯兰教教义学』のイスラーム教教義学はアラビア語を漢文に訳したものである。意味するところは、

用以自然哲学为主的人类理性思维和直觉论证伊斯兰信条的内涵和外延，使穆斯林更好地理解《古兰

经》、信仰真主、履行代治使命。教义学并非产生于先知穆罕默德时期，而是在后圣门弟子时代。阿拔斯时期，受希腊哲学思想和其他宗教哲学影响，穆斯林中出现了一批在坚持伊斯兰信条前提下研究哲学的学者，并逐渐形成教义学。伊斯兰教义学在伊斯兰宗教学科中属高级课程，学生一般在学习了《伊斯兰教法》《圣训》和《经注学》诸基本课程后才开始学习教义学。伊斯兰教义学是伊斯兰信仰的内学科，其学习的前提条件是必须确信伊斯兰信条的正确无误性和它的普世性[55]

（自然哲学をもって人類理性思想とイスラーム信条の内奥と外延を直覚的に論証し、ムスリムに『コーラン』、信仰真主、履行大治使命を理解させるというものである。教義学はムハンマドの時代に作られたものではなく、後世の弟子たちにより作られた。アッバース時代に、ギリシャ哲学思想と他の宗教哲学の影響を受けたため、ムスリムの中にもイスラーム信条を前提に研究を行なう哲学者が現れ、徐々に教義学が形成されていった。イスラーム教義学はイスラーム宗教学科において高等課程に位置しており、学生は「イスラーム教法」「聖訓」「経注学」などの基本課程を学び終えた後に教義学を学ぶ。イスラーム教義学はイスラーム信仰の内学科であるので、その学習条件としてイスラーム信条に対する正確無比性と普遍性を確信している必要がある。）

この書は中国学者研究教義学の第一部専門書であり、歴史発展の足掛かりとして、アラブイスラーム国家の各時期における代表的な教義学派とその信仰体系を紹介している。文章は分かりやすく、内容は明快であるため、研究教義学の基礎的な作品であるといえる。

最近のイスラーム教義学に注目している文章は以下のものがある。

馬秀梅「伊斯兰教义学及其在中国的传承系统」（イスラーム教義学及び中国伝承系統）『回族研究』、二〇〇四年第三期
賈建平「哈瓦利吉派与伊斯兰教义学」（ハワーリジュ派とイスラーム教義学）『世界宗教研究』、二〇〇五年第四期
賈建平「〝凯拉姆〟和伊斯兰教义学」（「カラム」とイスラーム教義学）『中国社会科学院研究生学報』、二〇〇五年第六期

これ以外にもイスラーム教義学の専門書がいくつか存在する。哲学に関係する専門書は一般的に教義学の専門書と見なされる。

三　教派、主義の研究

教派についていえば、疑問の余地なくシーア派がイスラーム教における二大派閥の一つを占める。全世界ムスリムの約一〇%がこの派に属している。シーア派はスンニ派とは異なる形態であり、イスラーム教に多様性のある表象と更に豊富な信仰内奥を作り出している。中国近隣のイラン、イラク、レバノン、インド、パキスタンなどの国の大部分のムスリムはシーア派である。

シーア派の学術研究方面についていえば「长期以来，什叶派研究没有得到国内学界足够的重视。伊朗伊斯兰革命后，学者门出版和发表了一些有关什叶派研究的译著、著作与论文。二〇世纪九〇年代以来，这方面的论著开始大量出现。二〇〇三年以来，什叶派成为中东研究中心的热点。目前，在历史研究，什叶派支派、教义、教法和宗教制度研究以及政治角度的研究等方面，出现了大量成果，然而，总体而言，国内的什叶派研究，还相对潜后。[56]」（長期的に見て、シーア派研究は国内学会であまり重視されていなかった。イランイス

ラーム革命後に学者がシーア派に関係する研究訳著、著作、論文を出版し始めた。二〇世紀九〇年代以降になると、この方面の論文や著作が大量に出現した。二〇〇三年以降は、シーア派は中東研究の中心テーマとなった。現在、歴史研究において、シーア派を支持する派、教義、教法、宗教制度研究及び政治角度の研究などの分野において大量の成果が現れた。その後、総合的にいえば、国内のシーア派研究も深まってきた）といわれている。纏めると、国内のシーア派問題に関する研究成果は、非常に少ないといえる。代表的なものは、王宇潔が担当する国家社会科学基金青年項目が成果を挙げている。

王宇潔『宗教与国家：当代伊斯兰教什叶派研究』（宗教と国家――当代イスラーム教シーア派研究）社会科学文献出版社、二〇〇六年、三三五頁

本書の内容は、

現代伊朗国家的建立、逊尼派国家中的阿拉伯什叶派、什叶派与黎巴嫩多宗教国家的建立、南亚政治变局中的什叶派、世俗化革命到伊斯兰革命、伊斯兰革命的地区影响与再思考、黎巴嫩什叶派社团与地区政治、巴基斯坦：伊斯兰国家还是逊尼派国家、伊朗伊斯兰共和国的发展与挑战、什叶派的复兴、伊斯兰国家中的少数派、多元宗教社会中的少数派、伊斯兰教与国家、各国什叶派穆斯林人口及比例、中东国家逊尼派与什叶派人口（二〇〇六年）[57]

（現代イラン国家建設、スンニ派国家におけるアラブ・シーア派、シーア派とレバノンの多宗教国家の建設、南アジア政治変局におけるシーア派、世俗化革命からイスラーム革命、イスラーム革命が各地域に与えた影響と再思考、レバノン・シーア派社団と地区政治、パキスタン、イスラーム国家なのかスンニ派国家なのか、

イラン・イスラーム共和国の発展と挑戦、シーア派の復興、イスラーム国家における少数派、多様化宗教社会における少数派、イスラーム教と国家、各国シーア派ムスリム人口及び比率、中東国家スンニ派とシーア派人口（二〇〇六年））

などが章節に分けて載せられている。書の中では、中東、南アジアなどの地域における伝統シーア派ムスリム社団の生活、アメリカなどの地域における新シーア派社団、現代民族国家建設、イスラーム運動の起源、二一世紀の挑戦と危惧などを三つに分けて論じている。シーア派の現在の社会的な処遇、現代民族国家との関係などについて系統だった解説と分析を行なっている。本書はシーア派を切り口としてイスラーム教と政治間の複雑な関係、イスラーム教と現代民族国家関係についての多様化された理解、思考宗教と政治の関係が提供する別の道筋を論じている。

イスラーム教主義の研究においてスーフィー主義の研究が一番特徴的であるといえる。イスラーム教神秘主義はスーフィー主義と呼ばれており、その起源は西暦八世紀のイスラーム教内部の豪華な生活と権力争いに対する消極的な反抗から始まり、「理性化」体制宗教の背理、崇高な道徳規準、禁欲苦行という現在の特徴が形成された。九世紀になると、スーフィー主義の理論と実践開始型という形により、彼らと宗教上層の軋轢も日に日に激しくなった。一一世紀以降になると、ガザーリーがスーフィー主義の思想を組織するようになり、スーフィー派の正統学者との合流を促進した。一二世紀後半になると、スーフィー主義儀式と活動の組織化の発展により、様々なスーフィー教団がイスラーム世界に見られるようになった。特に諸地域における発展は勢いを増し、一六世紀になると最高潮を迎えた。イスラーム世界におけるスーフィー主義の生活は五百年ほど続く。スーフィー教団では「教中の教」と呼ばれ、ある地域のスーフィー教団はイスラーム教と同一視される。現在のイスラーム世界ではスーフィー主義が徐々に復活しており、無視できない問題になっている。

国内のスーフィー主義の研究は始まったばかりであるといえる。スーフィー主義はイスラーム教の発展と伝播に力を注ぐだけでなく、その内部の近代的な思考と運動を持続する影響力を有している。そのため、スーフィー主義とイスラーム教法はイスラーム研究における二大重要基礎テーマといえる。ある意味において、スーフィー主義が理解できなければイスラーム教も理解できないといえる。スーフィー主義の研究は資料収集と実地考察ともに難易度が非常に高い。国外学術界では、その研究の始まりとして、イスラーム教の他のテーマの研究を始めることにある。二〇世紀初頭になると、それぞれがスーフィー著作の整理、翻訳、注釈を始め、スーフィーの神秘主義思想を深く論じた。ここ十数年間で一層深い研究が行なわれるようになり、総合的な学術著作が出版された。総合的に見ると、国際学術界ではスーフィー主義の研究を専門的に行なっている専門家は多くはなく、学術専門書もこの分野は少ないといえる。さらにいえば、中国学者によるスーフィー主義の研究は始まったばかりである。スーフィー主義の学術性の分析に関していえば、国内学界ではここ三〇年で有名な著作が出版され続けている。最も早く出版されたのが金宜久編集の『伊斯兰教概论』（イスラーム教概論）がある。中国イスラーム教のアホン教派研究、スーフィー主義の追随研究を行なっている。アラブとペルシャのスーフィー著作翻訳解説についていえば、神秘主義の研究を行なっている学者がいる。

金宜久『伊斯兰教苏菲神秘主义』（イスラーム教スーフィー神秘主義）中国社会科学出版社、一九九五年

この書は、

苏菲派的起源、发展过程，苏菲派的神秘主义体系，苏菲功修道路，苏菲派与逊尼派，苏菲派与逊尼派，什叶派的区别[58]

（スーフィー派の起源、発展過程、スーフィー派の神秘主義体系、スーフィー功修道、スーフィー派とスンニ派、シーア派との違い）

など全面的に系統だった論述を行なっている。書中の内容は豊富であり、著者の長年の研究成果が表れているので、学術レベルは非常に高いといえる。これ以外にも、以下のものがある。

李琛『阿拉伯现代文学与神秘主义』（アラブ現代文学と神秘主義）社会科学文献出版社、二〇〇〇年、三二〇頁
唐孟生「印度苏菲派及其历史作用」（インド・スーフィー派及びその歴史作用）経済日報出版社、二〇〇二年、三〇三頁
張文德『中亚苏菲主义史』（中央アジア・スーフィー主義史）中国社会科学出版社、二〇〇二年

この中の李琛の著書の内容は、以下のように分類される。

东西方的神秘主义；负有先知使命的纪伯伦；舍赫鲁布的隐士作家努埃麦；以《均衡论》为指导的思

想修士哈基姆；艺术再现苏非人学的米斯阿迪；弘扬积极人生的马哈福兹；点染生命意义的白雅梯；以神秘主义阐释诗艺的沙布尔；运用苏非神话的法格海；重构苏非文化的黑托尼[59]
（東西の神秘主義、預言者の使命を負うジブラン、シェフヘルの隠遁作家ヌエマ、「均衡論」を思想指導した修士ハキム、芸術再現スーフィーのミサディ、積極的な人生を発揚したマハフーズ、生命の意義を彩った白い光の階段、神秘主義を誌的に解釈したサブール、スーフィー神話を引用したファーゲル、再構築スーフィー文化のブラックトニー）

などが章節で扱われている。本書の著者は神秘主義と文学の関係から資料を入手し、「個別の事例」研究方法を引用して、研究作家の大量作品、各種豊富な研究資料及びアラブ社会、イスラーム文化伝統の理解、関係作家へのインタビュー、アラブ現代文学と神秘主義の問題を論じている。

張文徳の書は、中東アジアスーフィー主義の三大教団、その異なる地区、遊牧民族や地方政権の関係などを論じ、スーフィー主義の中央アジア社会政治と思想文化における影響などの問題を分析している。

纏めると、李琛の著書の一部はスーフィー主義を研究しており、当代アラブ文学に影響を与えているので、重要な参考資料といえる。元文琪などの訳著はスーフィー主義神秘詩の研究に対して、特にルミ(Rumi)のマスナヴィ（the Masnavi）は原始的な資料を提供している。唐孟生と張文徳の著作はこの学術分野における新たな突破口となった。近代の代表的な研究は周爕藩主催の社会基金項目及びその成果が挙げられる。

周爕藩『苏非之道：伊斯兰教神秘主义研究』（スーフィーの道——イスラーム教神秘主義研究）中国社会科学出版社、二〇一二年、四七二頁この本の内容は以下のように分類される。

什么是苏非主义（神秘主义定义、宗教史上的神秘主义、苏非主义的自我诠释、现代的苏非主义学术研究）；苏非主义的起源及其早期发展（苏非主义的起源、早期的苏非、哈拉智：冲突和殉道、苏非主义的巩固和发展）；苏非的〝道〟（道乘的基础、精神旅程：〝站〟与〝状态〟、〝真爱〟与〝混化〟、道乘修持的形式、完人：人的完美、圣徒和奇迹）；苏非教团的形成时期（苏非主义与民间宗教、教团组织的形成、传承世系和流派、教团礼仪和修道方式）；苏非神智学（苏赫拉瓦迪与照明学说、伊本·阿拉比与〝存在单一论〟、伊本·赛卜尔因与〝绝对单一论〟、伊本·法里德的神秘诗、加拉鲁丁·鲁米及其《玛斯纳维》、伊本·阿拉比以后的发展）；苏非教团（苏非教团的宗教意义、卡迪尔教团、库布拉教团、鲁米和毛拉维教团、奈格什班迪教团、尼玛图拉希教团、契斯提教团、沙兹里教团、近代以来的新苏非教团）；苏非主义在各地（苏非主义在埃及、苏非主义在马格里布、苏非主义在土耳其、苏非主义在中亚、苏非主义在南亚、苏非主义在东南亚、苏非主义在东南欧、苏非主义在东非、苏非主义在西非、苏非主义在中国、当代伊斯兰世界中的苏非教团[60]）

（スーフィー主義とは何か（神秘主義の定義、宗教史上の神秘主義、スーフィー主義の自己解釈、現代のスーフィー主義学術研究）、スーフィー主義の起源と早期発展（スーフィー主義の起源、早期のスーフィー、ハラジ、衝突と殉教、スーフィー主義の強化と発展）スーフィーの「道」（道の基礎、精神旅程：「駅」と「状態」、「真愛」と「混化」、道における修練形式、完人、人としての完全、聖徒と奇跡）、スーフィー教団形成時期（スーフィー主義と民間宗教、教団組織の形成、伝承系統と流派、教団礼儀と修道方法）スーフィー神智学（スクラバディと照明学説、イブンアラビと「存在単一論」、イブンサイプルの「絶対単一論」、イブンファリッドの神秘詩、ガラルディン・ルミの「マスナヴィー」、イブンアラビ以後の発展）、スーフィー教団（スーフィー教団の宗教意義、カディール教団、クブラ教団、ルミとマウラウイ、ネグネバンディ教団、ニマトラライ教団、チシュティー教団、シャズリ教団、近代以来の新スーフィー教団）、スーフィー主義の地域（エジプトのスーフィー主義、マグレブのスーフィー主義、トルコのスーフィー主義、中央アジアのスーフィー主義、南アジアのスーフィー主義、東南アジアのスーフィー主義、東南ヨーロッパのスーフィー主義、東アフリカのスーフィー主義、西アフリカのスーフィー主義、中国のスーフィー主義、当代イスラーム世界のスーフィー主義）

などが章節で扱われている。その内容は、スーフィー主義の歴史、思想、新スーフィー主義の発展となっている。中国イスラームスーフィー主義を論じているだけでなく、様々な派のスーフィー主義がどのように伝わってきたのか、スーフィー思想の中国における伝播、ウイグル依禅派などの問題に対する詳細な考察とスーフィー主義に対する研究が行なわれている。その研究は主にスーフィー主義の歴史、思想、儀式、組織、影響などに対する全面的で多角度からの整理と研究である。この総合的研究は中国学者がスーフィー主義を進めていく上での基礎となった。

上記の成果を見ると、国内では既にスーフィー主義の研究に対する分類が行なわれているといえる。現有の成果は学術の基本的な段階とはいえ、大きな影響力がある。スーフィー主義に関心を寄せる学者は増えているため、さらに多くの専門書が出版されていくことが予想される。スーフィー主義はイスラーム教研究の重要な分野になっていくと筆者は考えている。[61]

最後に紹介したいのは、漢訳波斯経典文庫編集部が編集した『波斯经典文库』[62]（ペルシャ経典文庫）は、古代ペルシャ文学の大量な経典作品を収め、計一八冊から成っている。

《果园》（共一巻）、《蔷薇园》（共一巻）、《鲁拜》（共一巻）、《鲁达基诗集》（共一巻）、《列王记全集》（共六巻）、《玛斯纳维全集》（共六巻）、《哈菲兹抒情诗全集》（共二巻）[63]

（『果園』（計一巻）、『薔薇園』（計一巻）、『魯拜』（計一巻）、『ルダキ詩集』（計一巻）、『列王記全集』（計六巻）、『マスナヴィー全集』（計六巻）、『ハフィズ抒情誌全集』（計二巻）

である。

注●

〔1〕参考 呉雲貴『伊斯兰教义学』（イスラーム教義学）中国社会科学出版社、一九九五年、（一三八頁）。
〔2〕李林「当代中国イスラーム教義学研究の問題と反思」『中国穆斯林（ムスリム）』、二〇一一年第三期、一八～二一頁。
〔3〕参考 李林「当代中国イスラーム教義学研究の問題と反思」『中国穆斯林（ムスリム）』、二〇一一年第三期、一八～二一頁。
〔4〕本著作について五三頁で紹介した。
〔5〕参考 馬通『中国伊斯兰教派门宦溯源』（中国イスラーム教派門宦起源）寧夏人民出版社、一九八六年、一頁・目録（一六六頁）。
〔6〕「白寿彝氏序文」馬桶『中国イスラーム教派門宦史略』寧夏人民出版社、二〇〇〇年版。
〔7〕葛壮「二〇世紀国内有关伊斯兰教义史的重要研究论著及其影响」（二〇世紀国内のイスラーム教歴史の重要研究論著及びその影響）『当代宗教研究』、二〇〇四年第四期、四八～五五頁。

〔8〕勉維霖『中国回族伊斯兰宗教制度概论』（中国回族イスラーム宗教制度概論）寧夏人民出版社、一九九七年、一一頁・目録（四六〇頁）。

〔9〕参考 馮今源「中国伊斯兰教教坊制度初探」（中国イスラーム教教坊制度初探求）『世界宗教研究』一九八四年第一期、来源「中国社会科学ウェブサイト」。

〔10〕馬克勛「中国伊斯兰教依赫瓦尼派的倡导者：马万福」（中国イスラーム教イワハニ派の提唱者—馬万福）（http://blog.sina.com.cn/s/blog_4e5455270100drvv.html）

〔11〕参考 李寛『他者眼光与自我阐述：伊斯蘭教西道堂研究史』（他者眼光と私の論述——イスラーム教西道堂研究史）二〇一二年中央民族大学修士学位論文。

〔12〕参考 陸進賢、陸集賢『中国伊斯兰教西道堂』（中国イスラーム教西道堂）『アラブ世界』一九九四年第二期、四八～五〇頁。

〔13〕甘敏岩「甘肃伊斯兰教西道堂历史与现状调查：以伊斯兰教如何与社会发展相适应为主」（甘粛イスラーム西道堂歴史と現状調査——イスラーム教と社会発展における適合）『西北民族研究』一九九四年第二期、四二～四七頁。

〔14〕馬徳良、丁謙『刘智思想对西道堂影响浅析』（劉智思想の西道堂影響に対する分析）『世界宗教研究』、一九九五年第一期、一八～二六頁。

〔15〕丁宏『西道堂模式：一个宗教派别的社会实践及带给我们的思考』（西道堂モデル——一つの宗教派閥の社会実践及び私たちに与える思考）『中央民族大学学報』一九九六年第五期、四九～五三頁。

〔16〕馬平『中国回族的〝普埃布洛〟：甘南临潭西道堂尕路提大房子研究』（中国回族的「プエブラ」——甘南臨譚西道堂ガルティの大家屋研究）『回族研究』一九九七年第二期、一～一九頁。

〔17〕参考 馬富春「刘介廉先生的宗教译著对以后伊斯兰教派的影响」（以後のイスラーム教派の影響に対する劉介廉氏の宗教訳著）『アラブ世界』一九八三年第一期、九三～九八頁。

〔18〕「白山派と黒山派」研究動向について最新参考資料：陳躍「清代新疆和卓研究回顾与展望」（清代新疆和卓研究回顧と展望）『雲南師範大学学報』二〇一七年、第四九巻、第一期、一〇～一六頁。

〔19〕資料：Chinasufi.cn（聖伝真道）ネットワーク http://www.chinasufi.com/forum.php?mod=viewthread&tid=85442

〔20〕（シリア）（K. A. Totah）『回教教育史』馬堅 訳 イスラーム文化学会編集、商務印書館、一九四六年版。

〔21〕これらの論文は丁士仁『中国伊斯兰经堂教育』（中国イスラーム経堂教育）甘粛人民出版社、二〇一三年、三三六頁））に掲載された。

〔22〕参考（清）趙燦『経学系伝譜』青海人民出版社、一九八九年、目録。

〔23〕参考 張学強『西北回族教育史』甘粛教育出版社、二〇〇二年、三〇三頁。

〔24〕参考 楊文炯「女学：经堂教育的拓展与文化传承角色的重心位移」（女学――経堂教育の開拓と文化伝播における役割の重心移動）『回族研究』二〇〇二年第一期、二五～三三頁。

〔25〕参考 王伏平「海思福对中国伊斯兰教经堂教育的贡献」（海思福対中国イスラーム教経堂教育の貢献）『回族研究』、二〇〇七年第四期、一〇一～一〇三頁。

〔26〕これらの論文は『中国経堂教育問題研究討論会』論文集に掲載された。（内部資料）

〔27〕参考 丁士仁『中国伊斯兰经堂教育』（中国イスラーム経堂教育）甘粛人民出版社、二〇一三年、目録（三三六頁）。

〔28〕劉迎勝「关于我国部分穆斯林民族中通行的〝小经〟文字的几个问题」（中国部分ムスリム民族で使われていた「小経」文字に関するいくつかの問題）『回族研究』二〇〇一年第四期、二〇～二六頁。

〔29〕韓中義「小经文献与伊斯兰教相关问题研究」（小経文献とイスラーム教関係の問題研究）『世界宗教研究』二〇〇五年第三期、三五～四〇頁。

〔30〕韓中義「小经文献与语言学相关问题初探」（小経文献と言語学の関係する問題の初探求）『西北民族研究』二〇〇七年第一期、一六四～一七五頁。

〔31〕韓中義、朱亮「关于中国穆斯林经学文献印行的考察：以小经《开达尼》为例」（中国ムスリム経学文献印刷発行の考察――小経『開達尼』の例）『北方民族大学学報（哲学社会科学版）』二〇一一年第四期、一一八～一二五頁、一一八～一二四頁。

〔33〕姫覚弥（一八八七～一九六四）漢族学者、編集者、上海愛麗園総管、倉聖明智大学学長等の職歴があった。中国で最も早い漢文訳本『コーラン』の一つは彼が翻訳を主宰した。

〔34〕『汉译古兰经』（漢文コーラン）姫覚弥（一八八七～一九六四総編集）、上海愛麗園広倉学館印刷（石刻系列本）、一九三一年、「凡例」。

〔35〕参考『汉译古兰经』（漢文コーラン）姫覚弥（一八八七～一九六四総編集）、上海愛麗園広倉学館印刷（石刻系列本）、一九三一年。

〔36〕本著二〇頁で紹介した。

〔37〕参考『古兰经译解』（コーラン訳解）王静斎 訳本、上海水祥印書館、一九四六年（再版東方出版社、二〇〇五年、八七二頁。）

〔38〕本著二二頁で紹介した。

〔39〕参考『古兰经』（コーラン全訳本）馬堅 訳本、中国社会科学出版社、一九八一年、四九三頁。

〔40〕参考『古兰经国语译解』（コーラン国語訳解）時子周（英語版からの訳注）中華学術院回教研究所理事会出版、一九五八年、九〇八頁。

〔41〕参考『古兰经中阿文対照详注译本』（コーランと漢文アラビア語の対照訳注訳本）（美）閃目氏・仝道章（英語版からの訳注）訳林出版社、一九八九年、八三〇頁。

〔42〕参考『古兰经译注』（コーラン訳注）李静遠／馬金鵬（英語版からの訳と紹介、其子張その意志の継承）世界華人出版社、二〇〇四年、八三八頁。

〔43〕参考『古兰经简注』（コーラン簡潔注解）馬仲剛（以《圣训》注释《古兰经》的中文译本,『聖訓』注解『コーラン』の漢文訳本）、宗教文化出版社、二〇〇五年。

〔44〕『古兰经注』（コーラン注）『伊本・凯西尔《古兰经》注』（イブン・カシール『コーラン』注）孔徳軍 訳著、中国社会科学出版社、二〇〇五年。

〔45〕Muteadi-Abdu（阿卜杜勒・穆泰阿迪――漢文訳、アブドゥルムタイアディ―日本語訳）著作、林興智 翻訳『回教继承法与其他继承法之比较』（回教継承法と他の継承法の比較）商務印書館、一九四六年、目録。

〔46〕（エジプト）胡祖利 著、龐士謙 訳『回教法学史』月華文化サービス社、一九五〇年、目録。
〔47〕（イギリス）Cousin,M.A.（庫爾森—漢文訳）著 呉雲貴 訳『伊斯兰教法律史』（イスラーム教法律史）（当該書原本初版一九六四年、一九七一年再版、一九七八年出版通俗本）、中国社会科学出版社、一九八六年、目録。
〔48〕呉雲貴『真主的法度：伊斯兰教法』（真主の法度——イスラーム教法）中国社会科学出版社、一九九三年版、目録。
〔49〕呉雲貴『当代伊斯兰教法』（当代イスラーム教法）中国社会科学出版社、二〇〇三年、目録。
〔50〕呉雲貴『当代伊斯兰教法』（当代イスラーム教法）中国社会科学出版社、二〇〇三年、目録、（四〇六頁）。
〔51〕書評 王磊「〈伊斯兰教法：传统与现代化〉評価」（〈イスラーム教法——伝統と現代化〉評価）『世界歴史』二〇〇六年第五期、一三四～一三五頁。
〔52〕張秉民 編集『伊斯兰教法哲学』（イスラーム教法哲学）寧夏人民出版社、二〇〇二年、目録（三八九頁）。
〔53〕李林「当代中国伊斯兰教义学研究的问题与反思」（当代中国イスラーム教義学研究の問題と再考）『中国穆斯林』（中国ムスリム）二〇一一年第三期、一八～二一頁。
〔54〕本教義学について『教典釈難』（劉智）『教典釈難経解』（馬復初）『天方釈難要言』（馬聯元）など訳著版がある。
〔55〕呉雲貴『伊斯兰教教义学』（イスラーム教教義学）中国社会科学出版社、一九九五年、目録（一二八頁）。
〔56〕李福泉「三〇年来国内伊斯兰教什叶派研究述评」（近三〇年の国内イスラーム教シーア派の研究論述）『江南社会学院学報』、二〇〇九年第一一期第四号、三五～三九頁。
〔57〕参考 王宇潔『宗教与国家：当代伊斯兰教什叶派研究』（宗教と国家——当代イスラーム教シーア派研究）社会科学文献出版社、二〇〇六年、目録（三三五頁）。
〔58〕金宜久『伊斯兰教苏菲神秘主义』（イスラーム教スーフィー神秘主義）中国社会科学出版社、一九九五年。
〔59〕李琛『阿拉伯现代文学与神秘主义』（アラブ現代文学と神秘主義）社会科学文献出版社、二〇〇〇年。
〔60〕周燮藩『苏非之道：伊斯兰教神秘主义研究』（スーフィーの道——イスラーム教神秘主義研究）中国社

会科学出版社、二〇一二年、目録（四七二頁）。
〔61〕参考 孫振玉『王岱輿　刘智评传』南京大学出版社、二〇〇六年、一頁（前言）。
〔62〕参考 商務印書館「汉译波斯经典文库」『新阅读』（新しく読む）、二〇一八年第二期、六六頁。
〔63〕『波斯经典文库』（ペルシャ経典文庫）（全一八冊）湖南文芸出版社、二〇〇一年（商務印書館最版、二〇一七年）。

第六章　哲学と政治分野の研究

第一節　哲学分野の研究

一　哲学思想研究——回儒学研究

中国イスラーム社会全体の歴史はアラブ、ペルシャ、突厥（テュルク）、中東ムスリム移民の変化により齎されたものである。明と清の時代において、中国イスラーム教共同体は長期中国化と本土化した後、文化思想と中国イスラーム教の意識は発展期を迎えることになる。この期間に中国イスラーム教ではイスラーム経典と儒家などの多種文化が現れたことにより、儒教とイスラーム教の二つの文化を重んじる文化気質的な知識分子が現れた。彼らがイスラーム哲学を基礎として、宋と明の理学の影響を全面的に受けた状態の儒教を加えることにより、中国の新しい学説体系——中国イスラーム哲学を作りあげた。特殊な意義で考えると、中国イスラーム哲学は儒教とイスラーム教の両方の文化の間で密接な関係があることを証明しているといえる。その代表的な人物には王岱輿、張中、伍遵契、馬注、劉智、馬徳新、馬連元などのムスリム学者がいる。彼らは中国イスラーム思想史上において、重大な歴史意義思想の啓蒙運動を推し進めた。王岱輿と劉智は中国イスラーム学体系の創設に非常に大きく貢献したイスラーム学者であるといえる。王岱輿はこの学術体系の主要な開拓者であり、彼の想像力により思想啓蒙運動の目的、内容、形式、道などが整えられた。劉智の思想は終始一貫して王岱輿が切り開いたイスラーム教義と中国儒家学説を結合させる道を探索し、その規範化、洗練化に努め、思弁性を高めた。王岱輿と劉智思想はイスラーム教、イスラーム神学、イスラーム哲学、イスラーム論理学、イスラーム政治学の基礎として、儒家思想、特に宋と明の理学批評が加わって誕生した[1]。

「伊斯兰哲学与阿拉伯哲学之关系、伊斯兰哲学史与伊斯兰思想史的区分是当代中国伊斯兰教哲学－思想研究中的两个主要问题。围绕第一个问题形成了两种截然不同的观点，一是‘名异实同说’，一是‘名实皆异说’。由于‘伊斯兰’的含义远远超出‘阿拉伯’一词，因此伊斯兰哲学不能等同于以阿拉伯文记载的哲学。区分两者有助于突破‘从铿迭到伊本・鲁西德’的旧框架，以含义更为宽泛的‘伊斯兰哲学’或‘伊斯兰思想’重新审视伊斯兰思想的历程。同时，国内学界一般将与伊斯兰信仰相关的理性思辨划分为三项内容，即伊斯兰自然哲学、伊斯兰教义学以及苏菲神秘主义思想。狭义的‘伊斯兰哲学’概念仅相当于在古希腊哲学影响下产生的伊斯兰自然哲学。故应采纳涵盖面更广的‘伊斯兰思想’，非易于造成误解与混淆的‘伊斯兰哲学’。一九四九年以来，在长达六〇余年的时间里，当代中国伊斯兰哲学－思想研究形成了一条内在主线，即围线‘伊斯兰哲学’的名称与内涵展开的各种‘正名’与‘求实’运动[2]。」（イスラーム哲学とアラブ哲学の関係、そしてイスラーム哲学史とイスラーム思想史の区別についていえば、中国イスラーム教哲学―思想研究には二つの主要な問題がある。第一の問題は異なる二つの観点から形成されている。一つは「名は異なるが中身は同じといえるもの」、もう一つは「本当に異なるもの」である。「イスラーム」の意味には「アラブ」という単語から大きく離れているため、イスラーム哲学はアラブ文記載の哲学と同等に扱うことはできない。この両者と区分するにあたり「キンディーからイブン・ルシードまで」の古い枠組み、より広い意味が含まれる「イスラーム哲学」や「イスラーム思想」といったイスラーム思想を改めて詳しく見る歴程である。同時に国内学界でもイスラーム信仰に関係する理性思考区分は三項目の内容があると考えている。イスラーム自然哲学、イスラーム教義学、スーフィー神秘主義思想である。狭義の「イスラーム哲学」の概念は、古代ギリシャ哲学の影響下で生じたイスラーム自然哲学に相当する。より広い意味を包含する「イスラーム思想」はよく「イスラーム哲学」と誤解されたり、混同されたりする。一九四九年以来、六十年余りの時間が経過しており、当代中国イスラーム哲学—思想研究は一筋の主線が形成されている。「イスラーム哲学」の名称と内在を取り巻いて、各種の「正名」と「求実」の運動が推し進められている。）と李林研究者が論じている。

近年は漢文イスラーム教文献書籍の研究に力を注いでいる中国の研究者がいるため、既に一定の研究成果が表れている。ここ数年において、中国国内ではこの分野における沢山の論文と専門書が出版されている。代表的な論文を以下に挙げる。

余振貴「从〝清真大学〟试论王岱舆宗教哲学思想的特点」（「清真大学」から試論する王岱輿宗教哲学思想の特徴）『甘粛民族研究』一九八二年第四期

馮今源「〝来复铭〟析」（「来復銘」分析）『世界宗教研究』一九八四年第四期（記載『三元集馮今源宗教学術論著文選』寧夏人民出版社、一九八五年、五五～七七頁）

金宜久「论刘智的〝复归〟思想」（劉智「復帰」思想を論じる）『世界宗教研究』一九九〇年第一期

伍貽業「王岱舆到刘智的启示和反思：一七世纪中国伊斯兰教思潮」（王岱輿から劉智の啓示と回顧——一七世紀中国のイスラーム教思潮）『中国回族研究』一九九一年第一期

羅万寿「试析中国伊斯兰哲学的〝真一〟说」（中国イスラーム哲学の「真一」説の試析）『西北民族研究』、一九九六年第一期馮今源の文中で論述されている「来復銘」は中国イスラーム教の碑銘である。明嘉靖七年（一五二八）に山東済南清真南大寺の石刻であり、この寺の世襲教育として陳思により書かれた。一九四七年六月号『月華』の雑誌には、奚利福氏の旧作「教門金石文」には第二十七「来復銘」の一文が掲載されている。この文の前半部には真主の「賜命吾人」が語られており、総括として「来」とある。後半では「以事其天」と語られており、総括として「復」とある。これを「来復銘」と呼んでいる。碑文は計一五五文字であり、基本的に四字韻の文体となっている。字面上ではイスラーム教教義は語られていないが、事実上は「附儒以行」のイスラーム教であるといえる。銘文の前半の一部分は宋と明の理学における周敦頤「太極図説」の概念と張載の哲学思想を引用しており、イスラーム教の真主に対する開始本質と万物の創造者という「大能」の理論を含みつつ論じている。後半の一部分は心を借りるという説と修練、主を敬うという教えが記されているので、真主を体感するとともに「ここで創造者と歩む」ことができる。全文の前後を照らし合わせ、簡潔明瞭に中国ムスリム学者が提出したイスラーム教の「カラーム」観点と宋と明の理学が融合した教義解説著作であり、明末から清初期にかけてイスラームと儒教という二種類の文化の融合研究により生じた碑石といえる〔3〕。

伍貽業の文中では、一七世紀の清の時代の中国社会思潮が説明されているので、学術界でも常に注目されている。この百年間において、古代中国社会の政治、経済、文化学などの諸分野において前代未聞の大きな変化が生じたといえる。一つの分野として、利馬竇、湯若望、徐光啓、李之藻などを介して「西学」が中国に入ってきたことにより、「西学東漸」が生じた。別の分野では、儒学内部に重要な変化が生じた。顧炎武、黄宗羲、王夫之、唐甄などが続いて「王学」に対する批判を提出したため、中国伝統社会と封建専制主義に対する理性的な解析がなされた。誰もが同意するように、この時代は「ヨーロッパ文化芸術復興と似通っている」時代である。この激動の時代に、学者は過去の討論において重要であったテーマをほぼ見過ごしている。それは、中国イスラーム教出現の動向、情報、変化、一七世紀中国のイスラーム教思潮特色、これらがこの時代を補填し、この時代の一つの側面となったことなどである[4]。これらのテーマに対して深い認識を持つ必要がある。

この分野における代表的な専門書がある。

金宜久『中国伊斯兰探秘：刘智研究』（中国イスラーム探秘——劉智研究）東方出版社、一九九九年、三四九頁
沙宗平『中国天方学：劉智哲学研究』北京大学出版社、二〇〇四年、三〇四頁
楊桂萍『馬徳新思想研究』宗教文化出版社、二〇〇四年、二二五頁
呉艶冬『中国回族思想家評術』宗教文化出版社、二〇〇四年、二一四頁
梁向明『刘智及伊斯兰思想研究』（劉智及びイスラーム思想研究）蘭州大学出版発行、二〇〇四年、一八九頁
孙振玉『王岱與及其伊斯兰思想研究』（王岱輿及びイスラーム思想研究）蘭州大学出版社、二〇〇〇年、一五六頁
孙振玉『马德新及其伊斯兰思想研究』（馬徳新及びイスラーム思想研究）蘭州大学出版社、二〇〇二年、一四九頁
孙振玉『王岱與　刘智评传』南京大学出版社、二〇〇六年、五〇六頁
刘一虹『回儒对话：天方之经与孔孟之道』（回儒対話——天方之経と孔孟之道）宗教文化出版社、二〇〇六年、二四六頁
刘一虹『回儒对话：明清时期中国伊斯兰哲学思想研究』（回儒対話——明清時代中国イスラーム哲学）『中国哲学』、二〇〇五年第九期
刘一虹「回儒对话：天方之经与孔孟之道」（回儒対話——天方之経と孔孟之道）『哲学動態』、二〇〇六年第八期
金宜久『王岱輿思想研究』民族出版社、二〇〇八年、四四八頁

この中の金宜久の『中国伊斯兰探秘：刘智研究』（中国イスラーム探秘——劉智研究）書の内容は以下の

ように分けられる。

刘智生活的时代（汉学派，生平和著作，思想渊源之一（苏非主义），思想渊源之二（儒释道））；思想模式（先天后天说，“造化”，摹本）；“真”论（“真”，“一而三，三而一”，“一”，性理和色象）；“光”论（“光”，五十世传光说，珠丸神光映像说，人性品第等级说，至圣人极说，光的神秘性）；“性理”论（“性”和“理”，人性，人性“机能，身，心，性，人性与情欲，人性论的含义”）；“世界”论（大世界，“阿而实”（宝座）和“库而西”（脚凳），元气，两仪，四象，小世界，灵性，天人一贯，来降复升）；“认识”论（“认主”，“默而识之”，“觉”和“照”概念）；“四统”论（“世统”，“国统”，“道统”，“化统”，道，教，法，道与道统）；“复归”论（“复归，万有弃形归真，“归证至真”人极）；宗教，伦理观（尽人合天法程，天道五功，人道五典，尽人道以合天道）；神秘观（《五更月》，《天方字母解义》，通与碍）；思想载体（匾额，对联，西道堂，“种”，“花”，“果”）[5]

（劉智時代の生活（漢学習派、生涯と著作、思想起源の一つ（スーフィー主義）、別の思想起源（儒釈道））、思想モデル（先天後天説、「創造者」、模写）、「真」論（「真」、「一つは三つ、三つは一つ」、「一」、性理と特色）、「光」論（「光」、五十世伝光説、珠丸神光映像説、人性品第等級説、聖人級説、光の神秘性）、「性理」論（「性」と「理」、人性、人性「機能、身、心、性、人性、情欲、人性論の意義」）、「世界」論（大世界、「アシ」（王座）と「クシ」（足の灯）、元気、両儀、四象、小世界、霊性、天人一貫、来降復昇）、「認識」論（「認主」、「黙して学ぶ」、「覚」、「照」の概念）、「四統」論（「世統」、「国統」、「道統」、「化統」、道、教、法、道と道統）、「復帰」論（「復帰」、万物全ての帰るべき形、「帰証至真」人極）、宗教、倫理観（天人合一に努める、天道五功、人

道五典、天道に努める）、神秘観（「五更月」、「天方字母解義」、通過と障害）、思想媒体（横学、対連、西道堂、「種」、「花」、「果」））

の章節に細かく分けられている。著者は系統だった仕方で中国の著名な回族学者劉智（約一六六〇年〜約一七三〇年）の生涯、著作、思想を紹介しており、劉智の宗教哲学思想、イスラーム教思想の再現、非儒教の道などの見方を論じている。

楊桂萍の『馬徳新思想研究』は、楊桂萍の博士論文を基礎として改訂を加えて完成させたものである。現在に至るまで一部分は馬徳新思想の学術専門書と見なされており、その研究の幅、深さ、人物評価などが重要な突破口となった。馬徳新は清朝後期に存在した雲南イスラーム教と回族の指導的な人物であり、その著作は当時と後の時代に大きな影響を与えている。馬徳新の一生は学術と政治を繋がったものであった。一つの分野として学術の深い研究を行ない、大量の内容を記し、イスラーム教と儒家思想の結合を推し進めた理論著作を発行し、中国イスラーム教文化の発展に大きく貢献した。別の分野として、彼は社会の動乱の中で生まれたため、雲南の激烈な政治争いと民族衝突に巻き込まれ政治、民族、宗教、文化各方面の現実的な矛盾に直面した。その紆余曲折の厳しい人生の荒波の中、彼は公正、平和、理性の発展方向を探索し、悲劇の終わりを強く願ったという点が挙げられる。このように複雑で、多彩な経歴のある思想豊かな歴史上の人物であるため、正確な資料を捜し出すのが難しいといえる[6]。

呉艶冬の『中国回族思想家評術』書の内容は以下のように分けられる。

中国古代回族思想形成的社会历史过程的与基本特点；元朝时期的回族思想家及其社会思想；元朝时期的回族科学家及其自然哲学思想；明代著名的回族思想家及其思想；明末至清中叶的回族思想家群体；清代后期的回族思想家及其思想[7]

（中国古代回族思想形成における社会歴史過程と基本特色、元朝時代の回族思想家及びその社会思想、元朝時代の回族科学家及びその自然哲学思想、明代の著名な回族思想家及びその思想、明末から清中期における回族思想のグループ、清代後期の回族思想家及びその思想）

などが章節で論じられている。本書は中国歴史上著名な回族思想家及び彼らの宗教哲学思想、社会政治観、論理観などに対する評術であり、一部分は回族思想発展軌道及びその代表人物に対する専門書となっている。

孫振玉の『王岱輿　劉智評伝』の内容は以下のように分けられる。

明清回回理学概说（明清回回理学兴起的历史与文化背景，明清回回理学的思想内容、特点和意义）；王岱舆评传；刘智评传；副传马德新评传[8]

（明清の回回理学概説（明清回回理学の起源と歴史と文化背景、明清回回理学の思想内容、特色と意義）、王岱輿評伝、劉智評伝、副伝馬徳新の評伝）

などいくつかの大きな内容に分けられる。本書は三位一体を主としている。この学術体系はイスラーム学者に大きな影響を与えた。王岱輿はこの学術体系における主要な開拓者である。訳著の目的、任務、内容、形式などを独創的に探索している。劉智は更に規範化、精密化を推し進め、その思弁性を高めた。馬徳新は補塡、整理による刷新を行ない、後期の発展に積極的な作用を与えた。本書は、この回族歴史上の三人物の生涯と思想及びその貢献に対する系統だった評術を行ない、その典型事案から、回回理学の多分野における積極的な意義を深く論じている。

劉一虹の『回儒対話——天方之経与孔孟之道』の内容は以下のように分類できる。

经堂教育与采辑书目；王岱舆与《正教真诠》、《清真大学》；伍遵契与《归真要道》；马注与《清真指南》；刘智与《天方性理》、《天方典礼》；马德新与《四典要会》、《大化总归》；结语（汉文译著的理论成就、中国苏非思想的特性、儒学的宗教性与中国伊斯兰思想、比较哲学研究方法探析）[9]

（経堂教育と編集書目、王岱輿と「正教真詮」、「清真大学」、伍遵契と「帰真要道」、馬注と「清真指南」、劉智と「天方性理」、「天方典礼」、馬徳新と「四典要会」、「大化総帰」、結論（漢文訳著の理論成就、中国スーフィー思想の特性、儒学の宗教性と中国イスラーム思想、哲学研究法の分析比較））

などの章節に分けらえている。「回儒対話」は、中国ムスリムに関係するものを指し、儒家伝統思想を主体とした文化背景におけるイスラーム教義思想を基礎としており、中国古代哲学思想を運用して、アラブイスラーム教思想概念と中国本土の伝統哲学理論、その特殊性の表し方、共通性、両者の間における補塡性質を持っている。書中では王岱輿、劉智などの学者思想体系に対する研究が行なわれている。

金宜久の『王岱輿思想研究』書の内容は、以下のように分けられる。

王岱輿从事学术活动的时代背景；王岱輿的生平及其师承关系；伊斯兰思想对王岱輿的影响；王岱輿与中国传统文化王岱輿的著作及其思想结构；论〝真一〟；论〝数一〟；论〝体一〟；论〝三一〟；论教道；论慎修[10]

（王岱輿の学術活動の時代背景、王岱輿の生涯及びその伝承関係、イスラーム思想に対する王岱輿の影響、王岱輿と中国伝統文化、王岱輿の著作及びその思想構成、「真一」論、「数一」論、「体一」論、「三一」論、教道論、慎修論）

などが章節で論じられている。著者は、明清以来の中国イスラーム思想と中国文化思想を分けることができない重要な構成部分と見なしており、王岱輿が中国特色を有するイスラーム宗教哲学思想分野を設立し、その分野を開拓していったと述べている。しかし、彼の思想は中国文化思想宝庫では重要な位置を占めていないため、十分に反映されておらず、中国文化思想宝庫でしかるべき位置を獲得することが問題となっている。著者はこの本を通して王岱輿の思想を体系的に研究している。

李興華「汉文伊斯兰教译著的宗教学」（漢文イスラーム教訳著の宗教学）『青海民族大学学報』一九九七年第三期
梁向明「刘智的伊斯兰人性論」（劉智のイスラーム人性論）『中国穆斯林』（中国ムスリム）二〇〇二年第五期
沙宗平「大化循環、尽終返始：清初期回族思想家劉智哲学観初探」『回族研究』二〇〇二年第二期

王岱輿と劉智思想の研究成果が定期刊行で発表されたことを考えると、二〇〇〇年以後のこの分野に関する研究論文成果は着実にあがっているといえる。例としてスーフィー思想に対して研究出版された漢文訳著の影響分野に関する文章を以下に挙げる。

その中の李興華の文は、明清時代のムスリム学者が漢文イスラーム教訳著において、豊富な宗教学思想を解説している。主要なものとして三つに分類される。宗教構成、宗教宗旨、宗教区別である。文中ではこの点が系統だって解説されており、この種の宗教学体系が生み出した中国思想への影響を認めつつしている。[11]『大化循環、尽終返始――清初期回族思想家劉智哲学観初探』では、論文において劉智思想に対する解説、認識が行なわれている。劉智のイスラーム教教義学という立場から出発して、中国イスラーム教義思想の神聖使命感の伝達、中国伝統文化と系統だった回教教義学の深い研究、回族の先賢王岱輿などの学術研究成果を吸収し、その上に構築した「真一説」を基礎とした「人諭」を主要な内容としている、幅広く奥の深いイスラーム哲学である。[12]本文では劉智が作り出した中国イスラーム学術思想体系の過程を論じており、中国伝統儒家思想とその基本概念がどのように吸収されて変化していったのかが、詳しく考察されている。

近年、海外の学者[13]は既に劉智、王岱輿などの中国ムスリム「漢文訳著」運動の代表人物の著作を研究範囲に含めている。中国伝統文化とイスラーム文化の融合により生じた漢文イスラーム教文献書籍も注目度が深まっている。ある学者たちは、漢文イスラーム文献は多様化するイスラーム思想に貢献しており、他の言語文献と同様の重要な地位を占めるべきであると考えている。例えば、国外の村田幸子（Sachiko Murata）、ウィリアム・C・チッティック（Willam C. Chittick）と杜維明が共同で出版した“Chinese Gleams of Sufi Light:Wang Tai-yu`s Great Learning of the Pure and Real and Liu Chih`s Displaying the Concealment of the Real Realm" と "The Sage Learning of Liu Zhi:Islamic Thought in Confucian Terms" などの専門書がある。村田幸子（Sachiko Murata）、ウィリアム・C・チッティック（Willam C. Chittick）の基本的な観点は以下の通りである。

Since that time we have had a good deal of interaction with Chinese scholars and students of Islam. It is clear to us that many Chinese are not able to see the teachings of the Huiru as continuous with those of mainstream Islam. The major reason for this seems to be the break in the transmission of Huiru thought brought about by events in the twentieth century. Chinese Muslims have had to re-learn their own religious tradition because of the disappearance of the educational systems that sustained it. Mostly they rely on outside sources, often written by Western historians.

I will draw from the most outstanding of the Chinese Muslims philosophers, Liu Zhi. His Tianfang xingli sets down the Huiru worldview in a systematic and meticulous manner. The book allows us to see the basic principles briefly and succinctly, and it also explains the detailed implications of these principles. The brilliant manner in which Liu Zhi expressed his philosophical vision seems to be unparalleled among Huiru authors. In fact, I doubt if any text in any Islamic language can rival Tianfang xingli in portraying the various dimensions of Islamic thought and practice in such a systematic, succinct, and all-comprehensive manner.

What then is the Huiru worldview? In brief, it is identical with the worldview discussed by countless books written in Arabic, Persian, and other languages by great Muslim teachers, people who were known as theologians, Sufis, or philosophers, and sometimes as all three. In theoretical terms this worldview is expressed most briefly as the three principles of Islamic thought: unity, prophecy, and return.〔14〕

（この時期から中国のイスラーム教学者たちとの交流が盛んになった。多くの中国学者は回儒学と主流イスラーム教学説を同じ伝承とは見なしていない。その主要な原因は二〇世紀に起きたある出来事により、回儒思想の伝播の中断と断絶が生じたからである。イスラーム教の関係する系統だった教育はなくなったが、中国のイスラーム教信徒は新たに再度必ず自分の宗教思想伝統と文化思想を学んでいる。彼らは使用する資料の大部分は外部から入手し、特に西洋歴史学者の作品が多い。

私は中国で最も有名なムスリム哲学者である劉智の考察から始めた。彼の「天方性理」は回儒世界観を一つの系統だった緻密な模範と見なしている。この書はいくつかの基本原則を簡明に論述し、これらの原則により引き起こされるいくつかの詳細な推論を解説している。劉智は哲学的に優れた方法で回儒著者の志を見通している。事実、系統だった形で、簡潔に全体的な方法であるイスラーム思想を描いているか、また度重なる実践という過程を経ているかという観点で、一冊のイスラーム哲学著作が「天方性理」と比較できるかどうかを私は考えている。回儒世界観とはいったい何なのだろうか？　簡単にいうと、回儒世界観と偉大なムスリム教師、神学家とSufisの著作における思想解説が一致しているということである。専門的にいえば、この世界観は三種類のイスラーム思想の基本原則と説明できる。統一、預言、回帰である。）

回儒学研究は筆者（アリム・トヘテイ）が長い年月行なった研究課題の一つで、以下の研究を発表した経験がある。


「王岱輿和劉智在儒伊文化基礎上対伊斯蘭哲学的貢献」（儒学・イスラーム文化に基づく王岱輿・劉智のイスラーム哲学に対する貢献）『新疆大学学報（哲学・人文社会科学版）』第三五巻第六期、一〇四～一〇七頁、二〇〇七年。

「回儒世界观与中国伊斯兰研究的当代价值」学术研讨会议综述」（「回儒世界観及び中国イスラーム研究の現在価値」学会の概要）『回族研究』第三期、八四～九〇頁、二〇一二年。

「「回儒学」何为可能？」（「回儒学」とその可能性）『宁夏社会科学』第一期、七九～八五頁、二〇一三年。

「儒家、儒教対中国伊斯蘭教的影響――従個体和整体的角度探討与研究」（儒家、儒教の中国イスラーム教に対する影響――個人と全体の角度からの探求と研究）陳明 編集『原道（第一四輯）』首都師範大学出版社、一二四～一三四頁、二〇〇七年。

「伊思蘭学者劉智的「元気」与日本儒家伊藤仁斎的「一元気」思想：朱子学「理」、「気」学説的批判与重建」（イスラーム学者劉智の「元気」と日本儒家伊藤仁斎の「一元気」思想：朱子学「理」、「気」学説の批判とその再建）『回族研究』、一一月第一期、八六～九〇頁、二〇一〇年。

「朱子学本体思想範疇的中介化過程――以明末清初学者王岱輿、劉智宇宙論思想為中心」（朱子学本体論の中間化過程――明末清初の学者王岱與、劉智の宇宙論思想に中心として）『雲南民族大学学報』、第六期、一〇五～一〇八頁、二〇一〇年。


筆者の以上の論文ではイスラーム教の「華化」あるいは「化華」をめぐる問題は、従来中国学術界の中で重要な論点となってきた。しかし、この問題は依然として解決できないでいる。その理由は、「本土化」の過程の中で主流の文化、すなわち儒学が演じた役割とは何だったか？――イスラーム教が儒教化されたのか、それとも中国のムスリムが「儒教を教化」してイスラーム教を本体にしたのか？――という問題がいまだに存在するからである。これを筆者は、宋明性理学とイスラーム学者王岱輿・劉智思想の関係性をめぐる研究によって、問題の解決を試みた。筆者はアジア文化圏におけるイスラーム哲学と儒教思想の関係について関心を持ちつつ、日本江戸時代の素行学・仁斎学・徂徠学と中国の回儒学（イスラーム儒学―筆者）

における朱子学の受容・批判と変容を比較検討することに取り組んでいる。日本の素行学・仁斎学・徂徠学に括られる学者と、いわゆる回儒学者は、ほぼ同時期に生まれ、同時期に活躍している。彼らは同じ東アジア文化圏の中でも、中国儒学文化圏とは異なった文化圏に属していた。例えば、古学者荻生徂徠は日本文化圏を背景とし、回儒学者劉智はイスラーム文化圏を背景としていた。両者の思想的な成立背景を考えたとき、非常に大きな近似性を有していることに気付かされる。すなわち両者とも、漢字文明としての「中華」の強い影響を受けた周縁的文化に展開した思想であり、とりわけ朱子学という自然・道徳に及ぶ壮大な学的体系との関わりで成立したという点にその共通性を見出すことができる。一方、両者が属する文化圏の相違は、同じ朱子学の受容と変容の仕方において、質的に大きな差異ももたらしている。その共通点と差異点を比較検討することは、複数の文化圏において支配的な文化が、周辺の文化圏において、どのような個性的な文化発展を遂げるかを考察するために、格好の研究課題である。日本の素行学・仁斎学・徂徠学と回儒学を思想的に比較考察しようとする試みは、これまで殆どなされて来なかった。それは両者の間に直接の交流がなかったことと、日本におけるイスラーム儒学研究の立ち後れによる。

二　国外イスラーム哲学の研究を中心とする

イスラーム哲学はイスラーム教と関係のある哲学の基本問題学説の体系といえる。"Encyclopedia of Routledge's Philosophy"（『簡明ルートレッジ哲学百科全書』）によれば、イスラーム哲学とはイスラーム文化を枠組とした哲学学派であり、宗教事務やムスリムと関係があるとは限らないイスラーム宗教研究の一部であると述べられている。長い期間を経て信念、理性、哲学、イスラーム教の宗教教学の間で協調体制が取られてきた。イスラーム哲学研究が学科を超えた研究分野であり、宗教学、政治、社会などの多方面に影響を及ぼしているからである。[15]

中国のイスラーム哲学分野についていえば、一定の楽観的な成果が得られている。二〇世紀初頭の三〇～四〇年代に馬堅氏が早くも翻訳している。

（エジプト）Mohammed Abdullah（穆罕默徳・阿布笃—漢文訳）著作、馬堅 訳『回教哲学』商務印書館出版発行、一九三四年

（ドイツ）Dr.T.J.de Boer（第・博尓—漢文訳）著作"History of Philosophy in Islam"、馬堅 訳『伊斯兰教哲学史』（イスラーム教哲学史）中華書局出版社、一九五八年

『回教哲学』の原著者は、エジプトの近代イスラームの著名な学者であるMohammed Abdullah（ムハンマド・アブダビ）である。この書は、ベイルートロイヤルスクールで著者が教職についていた時に書かれたもので、

後に著者が整理編集して出版され、アル・アハザル大学の哲学課教材と見なされていた。一九三三年に馬堅がエジプト及びカイロで全書を漢文に訳し、訳者が原稿を改訂して出版発行した。『回教哲学』はスンニ派の観点からイスラーム教義学の基本問題を系統だって論証しており、哲学討論の基本信仰と教義、イスラーム教の純潔性の擁護、各種異端学説に対する反対、全体的な概念、範囲、原理を論じている。さらにイスラーム一神論研究の各種観点に対する総括的な紹介をしている。このため、イスラームに関する基本的な知識がなければ、この本を理解することは難しいといえる。[16] しかし、イスラーム哲学の角度から考えれば、この書が発行されたことにより、本世紀のイスラーム一神論の研究は促進され、大きな影響があったといえる。中国ムスリムに対してイスラーム哲学を理解させるための重要な資料を提供したともいえる。

五〇年代以降、アラブ哲学の研究が続いている。両者の区別に関して、馬堅は「イスラーム哲学はアラブ哲学である。この哲学家はイスラーム教政権の下で成長した。そして絶対多数の信仰がイスラーム教であるので、人々はこの哲学をイスラーム哲学と呼ぶ。哲学家はすべてアラブ帝国の臣民であり、彼らの哲学論文はすべてアラブ語で書かれている。イスラーム哲学とアラブ哲学は名前は違うが、実質同じものである」[17]と述べている。これは国際学術界でも主流となっている意見である。改革開放以後、特に九〇年代次々と出版されていく。まず翻訳された著作を以下に挙げる。

（アメリカ）Maajid Nawaz（马吉德・法赫里―漢文訳）（マジド・ファーリ）『伊斯兰哲学史』（イスラーム哲学史）陳中耀訳、上海外国教育出版社、一九九二年、二〇五頁

（日本）井筒俊彦『伊斯兰思想历程：凯拉姆・神秘主义・哲学』（イスラーム思想歴程――ケラーム・神秘主義・哲学）秦恵彬訳、今日中国出版社、一九九二年、二七二頁

（穆萨・穆萨威―漢文訳）（ムサヴィ）『阿拉伯哲学：从铿迭到伊本・鲁世德』（アラブ哲学――キンディーからイブン・ルシード）蔡徳貴、仲躋昆訳、商務印書館、一九九七年、一七九頁

これらの著作の主要な内容は以下の通りである。哲学の定義、哲学の研究課題、哲学に含まれるもの、最初に誰が哲学という言葉使用したのか、哲学家の作業方法、哲学家の条件などである。

中国学者が編集した研究成果を以下に挙げる。

蔡徳貴『阿拉伯哲学史』（アラブ哲学史）山東大学出版社、一九九二年、四三三頁

秦恵彬『伊斯兰哲学百问』（イスラーム哲学百問）今日中国出版社、一九九四年、五〇五頁

李振中、王家瑛『阿拉伯哲学史』（アラブ哲学史）北京言語文化大学出版社、一九九五年、三六五頁

陳中耀『阿拉伯哲学』（アラブ哲学）上海外語教育出版社、一九九五年、三七八頁

蔡徳貴 主編『阿拉伯近現代哲学研究』（アラブ近現代哲学研究）山東人民出版社、一九九六年、二九七頁

蔡徳貴 主編『当代伊斯兰阿拉伯哲学研究』（当代イスラームアラブ哲学研究）人民出版社、二〇〇一年、六三三頁

劉一虹『当代阿拉伯哲学思潮』（当代アラブ哲学思潮）当代中国出版社、二〇〇一年、二三五頁

王家瑛『伊斯兰宗教哲学史』（イスラーム宗教哲学史）民族出版社、二〇〇三年、一〇六一頁

張秉民 編集『简明伊斯兰哲学史』（簡明イスラーム哲学史）寧夏人民出版社、二〇〇七年、三六三頁

この中で蔡徳貴の書は計一八章である。内容は主要な哲学家のキンディー、ラーズ、ファラビー、イブン・シーナ、アンサリ、イブン・バズェ、イブン・チューフィリー、イブン・ラシッド、イブン・ハルドゥンなどを扱っている。本書はアラブ世俗哲学に対する有益な考察を行なうとともに、イスラーム教哲学及び各教派の教法学派、スーフィー派、ムスタアリー派、精誠同志社、アシュアリー派系統も紹介している。[18]本書は中国国内で初めて全面的に系統だってアラブ哲学史の発生、発展、変化を論じた著作である。

陳中耀の書の内容は以下のように分けられる。

阿拉伯哲学的产生、阿拉伯哲学的发展、阿拉伯哲学从兴旺到衰落、伊斯兰教教派和早期的经院哲学、穆尔太齐赖派、神秘主义（苏非派）哲学、艾什阿里主义、伊斯兰泰斗加扎利、第一位系统的阿拉伯哲学著述家铿迪、主张物质永恒论的哲学家、精诚兄弟社的数理哲学、阿拉伯哲学家之王伊本・西那、唯理主义哲学家伊本・巴哲和伊本・图斐勒、阿拉伯逍遥学派哲学的集大成者伊本・鲁世德、真主与世界—存在的来源与系列二、原子论（单质论）、人与外部世界—关于认识的问题、人际关系和人类社会[19]

（アラブ哲学の発生、アラブ哲学の発展、アラブ哲学の最盛期と衰退、イスラーム教教派と早期の経院哲学、ムスタアリー派、神秘主義（スーフィー派）哲学、アシュアリー派、イスラーム第一人者ガザリ、第一系統のアラブ哲学著作家キンディ、物質永久論の哲学者であり、精誠兄弟社の数理哲学者、でアラブ哲学者でもあるイブン・シーナ、唯理主義哲学家イブン・バッェとイブン・トゥフェレ、アラブ逍遥学派哲学の集大成者イブン・ルシード、真主と世界—存在の源と系列、原子論（単質論）、人と外部世界—認識の問題、人間関係と人類社会）

などが章節で説明されている。アラブ哲学論、経院哲学、神秘主義哲学を主に解説しており、ギリシャ哲学の影響を受けたアラブ哲学者として、アラブ哲学考察を主要な課題としている。

蔡德貴編集の『阿拉伯近現代哲学研究』（アラブ近現代哲学研究）では、アラブ近現代哲学の内容が豊富に含まれており、アラブ文化の深層、アラブ文化の当代における世界的な地位と意義を理解することができるので、重要な参考価値がある。[20]蔡徳貴編集の『当代伊斯兰阿拉伯哲学研究』（当代イスラームアラブ哲学研究）の内容は

伊斯兰原教旨主义、伊斯兰神秘主义、存在主义、实证主义、唯理主义、马克思主义等社会思潮的哲学思想[21]

（イスラーム原教主義、イスラーム神秘主義、存在主義、実証主義、唯理主義、マルクス主義など社会思潮の哲学思想）

が内容となっており、アラブ世界の三大主教に対する広角的な比較研究だけでなく、アラブ世界の他の宗教（例えばサニー教、マニ教、バハイ教など）に対する専門的な章があり、説明がなされている。著者は複雑に入り組んだアラブ思想文化を歴史変化、基本規律、特徴の角度から分析整理しているので、アラブ哲学の多様的特徴だけでなく、当代イスラームアラブ哲学の民族性と歴史性も強調している。全面的に正確に当代イスラームアラブ哲学の思想全容を語っているといえる。

王家瑛の『伊斯兰宗教哲学史』（イスラーム宗教哲学史）の内容は以下のように分けられる。

先知穆罕默徳与《古兰经》、圣训、伊斯兰教法学、伊斯兰教派、逊尼教义学派的兴起、伊斯兰经院哲学、什叶派、伊斯兰宗教哲学史文献、原教旨主义、光照学派、苏菲派、伊斯兰苏菲兄弟会、伊朗什叶派、现代篇[22]

（預言者ムハンマドと『コーラン』、聖訓、イスラーム教法学、イスラーム教派、スンニ教義学派の起源、イスラーム経院哲学、シーア派、イスラーム宗教哲学史文献、原教旨主義、光照学派、スーフィー派、イスラームスーフィー兄弟会、イランシーア派、現代編）

などのいくつかの大きな編に分かれている。本書は中国国内で初めてイスラーム宗教哲学の歴史を詳細に解説した学術著作であり、学術水準がとても高いので、重要な学術意義があるといえる。

張秉民編集『简明伊斯兰哲学史』（簡明イスラーム哲学史）の内容は以下のように分けられる。

伊斯兰哲学的形成及其特点（公元六一〇～六三二年）、正统哈里发时期的伊斯兰哲学（公元六三二～六六一年）、倭马亚王朝时期的伊斯兰哲学（公元六六一～七五〇年）、阿巴斯王朝时期的哲学思想（上）（公元七五〇年开始）、阿巴斯王朝时期的哲学思想（上）（公元一二五八年止）、奥斯曼帝国前期的伊斯兰哲学（公元一二五八年～一七九八年）、奥斯曼帝国后期的伊斯兰哲学（公元一七九八年～一九二三年）、现代东方世界的伊斯蘭哲学（公元一九二三年～）[23]

（イスラーム哲学の形成及びその特色（西暦六一〇～六三二年）、正統カリフ時代のイスラーム哲学（西暦六三二～六六一年）、ウマイヤ王朝時代のイスラーム哲学（西暦六六一～七五〇年）、アッバース王朝時代の哲学思想（上）（西暦七五〇年開始）、アッバース王朝時代の哲学思想（上）（西暦一二五八年まで）、オスマン帝国前期のイスラーム哲学（西暦一二五八～一七九八年）、オスマン帝国後期のイスラーム哲学（西暦一七九八～一九二三年）、現代東方世界のイスラーム哲学（西暦一九二三年～））

などの八章に分かれている。内容はイスラーム哲学誕生前のアラブ、西暦七世紀のイスラーム教経典『コーラン』が世に出現し、イスラーム哲学が発展して今に至るまでの状況、イスラームが誕生するに際しての歴史過程の再現、イスラーム哲学の各歴史時期における発展内容の多角的分析、一部完全なイスラーム哲学の略史、イスラーム哲学の精神的な意味、イスラーム早期哲学思想及び七百年に及ぶオスマン帝国時代の哲学思想、以前のイスラーム教哲学書に対する空白補塡などが扱われている。

これらの専門書は各々アラブイスラーム哲学に対する整理と評価をしている。いくつかの著作には特色があるが、最初の訳著のサブテーマが掲げられているため、キンディーからイブン・ルシードという枠を突破できていない。その中で王家瑛の著書は国内でもイスラーム宗教哲学の歴史を詳しく論じている著作であり、学術レベルも高く、中国学術界のイスラーム教哲学研究分野の空白を埋め合わせているので、重要な学術的な意義がある。

近年、中国国内の学者も宗教思想史の研究を重要なものとして位置付けているため、文献資料を利用した研究を始めた。思想史では重要人物に対する専門テーマの深い研究が行なわれ、中国学者の見解が示されている。

王俊栄『天人合一、物我还真：伊本·阿拉比存在论初探』（天人合一、物我還真――イブン・アラビ存在論初探求）宗教文化出版社、二〇〇六年

本書の内容は以下のように分けられる。

什么是神秘主义、伊本·阿拉比生平、揭示幽玄――存在论、认知"真理"――认识论、完善道德

――人生价值观、吉里注释本選译（附录）、苏非术语摘要（附录）[24]
（神秘主義とは何か、イブン・アラビの生涯、幽玄の啓示――存在論、認知「真理」――認識論、完全道徳――人生価値観、ギリ注釈本選択（附録）、スーフィー専門用語概要（附録））

などの章節である。一二〜一三世紀前半のスーフィー主義哲学者イブン・アラビの思想を専門的に研究している。研究者は、アラビ本人の代表作である『メッカの啓示』と権威性が最も高いアブドル・ケリー・ギリが書いたその書に対する注釈である『神秘の門を開く』という二冊のアラビア語原著に対する紹介と研究評論を行なっている。これを基礎として、西洋学者の研究成果、中国古代哲学の思想成果、中国明清の回族ムスリム学者の研究成果、スーフィー神秘主義思想に対する比較研究も実施している。古今中国内外の哲学思想を抱く著名人の作品から学術的な栄養を吸収し、独自の学術論を切り口として、堅固な学術的な基礎を据えている。これは中国イスラーム教学術界における新しい方法となり、著者のアラブ語の基礎的な能力と学術研究もしっかりと反映された。著者は学んだことを勢いよく放出したため、この新しい研究方法の運用は、前代未聞の新しい系統だった論証としてイブン・アラビの科学研究に関係して良好な進展が見られ、中国学術界のイブン・アラビの研究に対する突破性のある発展を遂げた。著者はこのテーマ設計と成果における理論、方法、評述を解説しているので、重要な理論創造意義と価値があるといえる。

こうした研究が世に現れるにつれ、複雑なイスラーム哲学定義と現有の型を突破する無限の可能性が提示されるため、今後の研究に対する挑戦とチャンスも提示される。

第二節　政治分野の研究

イスラーム教と人々の生活は非常に密接である。特に当代の社会政治生活におけるイスラーム世界と地域、イスラーム社会政治の関係は更に緊密であるといえる。近現代のイスラーム政治は変化し二〇世紀には民族主義、現代主義、原理主義などの三大流派が形成された。民族主義者は現代の民族主義国家と社会観を政治の基礎として、イスラーム教を思想信仰と見なし、政教を事実上分離する国策などを掲げた。現代主義者は早い時期からイスラーム政治伝統をモデルとして、民族、自由、平等などの政治原則を提唱した。原教旨主義者は西方列強の侵略が近代以来のムスリム民族政治の衰退の原因と見なしている。イスラームの伝統、その中には政治原則、思想　概念、倫理準則が含まれるが、それらを復興してこそムスリム国家に平安が訪れると考えている。その政治観は『コーラン』と正統カリフ時代の社会実践を基礎としている。

当代イスラーム分野の研究は様々な国家、民族、経済、政治条件に及んでいるため、宗教学の研究分野だけでなく、沢山の学科が交差するため最先端の学術を有しているという特徴がある。現在イスラーム地域で起こっている沢山の事件に関していえば、そのほとんどイスラーム教と関係があるが、すべてがイスラーム教による事件というわけではない。また宗教現象や宗教性質ではない事例もある。深い角度で分析すると、世界政治と利用問題に関係していないとは決していえない。西方国家が石油などを利用して操作を行なっているのもその原因に挙げられる。中国の十数の民族の信仰はイスラーム教であるため、イスラーム宗教の問題は国家政治、社会などの各分野に必ず影響が及ぶ。国際的なイスラームの動揺も自然と中国ムスリム社会に影響を与えている。

学術研究の角度から考えると、この情勢は、国内外の学者のイスラーム政治と社会問題に対する注目と研究を引き起こしているといえる。イスラーム教と現在の国際政治生活に関係する問題及びイスラーム教の社会思潮と社会運動方面の研究分野についていえば、最近成果が現れてきている。[25]

一　イスラーム復興と「原理主義」方面の研究

八〇年代後期になると、内部発行で以下の論文が出版された。

劉竟 編集『伊斯兰复兴运动论集』（イスラーム復興運動論集）中国社会科学院西亚非（アジア・アフリカ）研究所（内部発行）、一九八九年、二六四頁

『論集』には代表的な学者の重要な論文が収められているので、それが当時の主流となる見方であったともいえる。九〇年代以降になると、イスラーム復興問題に関係する中国学者の論文、専門書と調査研究報告などが目に見えて増加していた。

呉雲貴『穆斯林民族的觉醒：近代伊斯兰运动』（ムスリム民族の覚醒――近現代イスラーム運動）中国社会科学出版社、一九九四年、一一八頁
肖憲『传统的回归：当代伊斯兰复兴运动』（伝統の回帰――当代イスラーム復興運動）中国社会科学出版社、一九九四年、一二八頁

金宜久 編集『当代伊斯兰教』（当代イスラーム教）東方出版社、一九九五年、四〇一頁
彭樹智 編集『伊斯兰教和中东现代化进程』（イスラーム教と中道現代化進展）西北大学出版社、一九九七年、三八二頁
張銘『现代化视野中的伊斯兰复兴运动』（現代化視野におけるイスラーム復興運動）中国社会科学出版、一九九九年、三一五頁

この中で呉雲貴の書の内容は以下のように分けられる。

瓦哈比运动（瓦哈布其人、基本改革主义、运动的过程和影响）；圣战运动（印度的圣战者运动、印尼的巴德利运动、西非的圣战运动）；赛奴西运动（新苏非主义的兴起、赛奴西运动的概况）；苏丹的马赫迪运动（运动的历史背景、马赫迪运动的兴起）；伊朗的巴布运动（谢赫学派的兴起、巴布运动的始末）；阿赫默迪亚运动（阿赫默德其人、宗教思想和影响）；泛伊斯兰运动（社会历史背景、奥斯曼苏丹与泛伊斯兰运动、阿富汗尼与泛伊斯兰运动）；伊斯兰现代主义运动（阿赫默德汗与阿利加尔运动、阿富汗尼与伊斯兰现代主义、阿布杜与沙拉非叶运动、伊克巴尔与伊斯兰现代主义）[26]

（ワッハーブ運動（ワッハーブ人基本改革主張、運動過程と影響）、聖戦運動（インドの聖戦者運動、インドネシアのバデリ運動、西アフリカの聖戦運動）、サヌーシ運動（新スーフィー主義の起源、サヌーシ運動の概況）、スーダンのマッディィ運動（運動歴史背景、マッディィ運動の始まり）、イランのバブ運動（謝赫学派の起源、バブ運動の始まりと終わり）、アフマディィヤ運動（運動歴史背景、アフマディィヤ人、宗教思想と影響）、汎イスラーム運動（社会歴史背景、オスマンスルタンと汎イスラーム運動、アフガニと汎イスラーム運動）、イスラーム現代主義運動（アフマディィヤとアリーガル運動、アフガニとイスラーム現代主義、アブドゥとサラフェ

イエ運動、イクバルとイスラーム現代主義〕）などの章節である。著者は近代西方植民拡張の歴史的背景を基に、世界のムスリム民族の復興信仰、民族独立を目指し勇敢に戦う様子を紹介している。その中には信仰浄化運動、聖戦運動、新預言者運動及びイスラーム運動、イスラーム現代主義運動なども含まれる。

肖憲の著書は、八〇年代末のイランイスラーム革命以来のイスラーム復興運動の発展、ムスリム世界の席巻、全世界が注目する国際事件、政治、メディア、学術界、宗教界が注目した事柄について扱われている。この書の著者はこれらの問題に当代イスラーム復興運動の起源、性質、変化形式、発展盛況、発展趨勢などの問題に対する系統だった考察を行なっている[27]。

金宜久編集の書の内容は、以下のように分けられる。

伊斯兰教概述〔历史、信仰与礼仪、经训、教法、教派、神学、苏非神秘主义、近现代社会思潮与运动、伊斯兰教的地方化和民族化〕；伊斯兰教在世界各地区的传播〔西亚、北非、南亚、东南亚、中亚与外高加索、黑非洲、东欧和南欧、西欧和北欧、北美、其他地区〕；伊斯兰教与政治〔历史上的穆斯林社团、伊斯兰教的政治学说、近代的改革和复兴、当代伊斯兰教的政治作用〕；伊斯兰教：官方政策与民间运动〔泛伊斯兰主义、伊斯兰与民族主义、伊斯兰教与伊斯兰社会主义、伊朗伊斯兰神权政体与内外政策、伊斯兰复兴运动〕；伊斯兰教在当代社会的发展与演变〔伊斯兰复兴的社会思潮与社会运动、伊斯兰复兴的发展、宗教的蜕变与极端主义的发展〕；伊斯兰教与法制改革〔传统法源理论的影响、近代的法制改革及其局限、战后的法制改革、当代的社会法制观）；伊斯兰教与经济（传统经济主张和经济制度、伊斯兰教的一般经济理论、现代金融理论和实践、现代伊斯兰税收制度、伊斯兰教与保险事业）；伊斯兰教与文化（初期的文化冲突、西方的挑战与现代复兴、当代的主体意识）；伊斯兰教的〝新兴教派〞（阿赫默底亚派、伊斯兰民族、巴哈派）；当代中国的伊斯兰教（伊斯兰教在中国的传播、中国伊斯兰教的现状、中国伊斯兰教与现代化）

イスラーム教の概述（歴史、信仰と礼儀、経訓、教法、教派、神学、スーフィー神秘主義、近現代社会思潮と運動、イスラーム教の地方化と民族化）、イスラーム教の世界各地への伝播（西アジア、北アジア、南アジア、東南アジア、中央アジアと外コーカサス、ブラック・アフリカ、東ヨーロッパと南ヨーロッパ、西ヨーロッパと北ヨーロッパ、北アメリカ、その他の地区）、イスラーム教と政治（歴史上のムスリム社団、イスラーム教の政治学説、近代改革と復興、当代イスラーム教の政治作用）、イスラーム教、政府側の政策と民間運動（汎イスラーム主義、イスラーム教と民族主義、イスラーム教とイスラーム社会主義、イラン・イスラーム神権政体と内外政策、イスラーム復興運動）、イスラーム教当代社会の発展と変化（イスラーム復興の社会思潮と社会運動、イスラーム復興の発展、宗教の変質と極端主義の発展）、イスラーム教と法制改革（伝統法原理論の影響、近代の法制とその局限、戦後の法制改革、当代の社会法制観）、イスラーム教と経済（伝統経済主張と経済制度、イスラーム教の一般経済理論、現代金融論と実践、現代イスラーム税収制度、イスラーム教と保険事業）、イスラーム教と文化（初期の文化衝突、西方の挑戦と現代復興、当代の主体意識）、イスラーム教の「新興宗教」（アフマディヤ派、イスラーム民族、バハイ派）、当代中国のイスラーム教（イスラーム教の中国における伝播、中国イスラーム教の現状、中国イスラーム教と現代化）

などが章節で扱われている。当代の国際政治生活において、イスラーム教の宗教的な要素によって生じる作用と影響はそれほど大きくありません。国際政治において生じる重大な政治事件は、イスラーム教と関係があるように見えるが、事実上関係がありません。その点を理論的に説明している。この書はこうした問題に対する答えを提出している。

張銘の著書は、冷戦世界の国際政治舞台におけるイスラーム原理主義運動とその暴動、人々の印象に強く刻まれた悲壮と残酷な一面を扱っている。また、世界の五分の一となったムスリムによるイスラーム復興運動、それに対する同意、意義、安定、合法性、発展、力量、希望の源も扱われているので、イスラーム復興運動が現在の世界に及ぼしている強大な影響を理解することができる。現実からスタートし、イスラーム復興運動の現代化における波乱万丈な進展及び現代化の解説、西方文明の衝突と相互国際政治などによる問題を先進的な理論思考で論じている。[28]

これらの著作は近現代の宗教復興思潮と運動を考察している。中国学者はイスラーム運動を一つの国際的、集中的、多様性のある政治社会運動と見なしており、その現象から考察した内容が数多く含まれている。イスラーム政治における原理主義分野の研究も多くの成果を挙げている。

肖憲『当代国际伊斯兰潮』（当代国際イスラーム思潮）世界知識出版社、一九九七年、三四三頁
陳嘉厚編集『现代伊斯兰主义』（現代イスラーム主義）経済日報出版社、一九九八年、六二三頁
曲洪『当代中东政治伊斯兰：观察与思考』（当代中東政治イスラーム――観察と思考）中国社会科学出版社、二〇〇一年、三八二頁

この中の肖憲の書は、イスラーム教の概念、発展と形成、イスラーム運動の状況を紹介しているので、

中国人のイスラーム世界に対する理解を深めてくれる。

陳嘉厚編集『现代伊斯兰主义』（現代イスラーム主義）は計一四章であり、「首先對运动的起因、組织、性质、特点、社会基础、理论观点、战略策略和发展前途等问题作全面的介绍和分析；其次，对与运动有关的今日中东热点问题，如伊朗、苏丹、阿富汗、阿尔及利亚、埃及穆斯林兄弟会、巴勒斯坦"哈马斯"、黎巴嫩真主党、沙特阿拉伯的瓦哈比主义，以及中东和平进程，都设有专章论述。[29]」（運動の原因、組織、性質、特色、社会基礎、理論観点、戦略策略と発展禅などの問題を全面的に紹介して分析している。そして、運動に関係する今日注目されている中東問題、例えばイラン、スーダン、アフガニスタン、アルジェリア、エジプトムスリム兄弟会、パキスタン「ハマス」、レバノン真主党、サウジアラブのワッハーブ主義、中東和平の進展に対する専門章が設けられている。）現代イスラーム主義運動の中心である中東は当代世界を震撼させる国際宗教政治思潮と社会運動であるため、各国政府と人民にも密接な影響を与えている。この書は中国で初めて系統だって西方で「イスラーム原理主義」といわれている分野を研究した専門書である。西暦六一〇年から一九九六年までを扱っている。

曲洪の著書の内容は、以下のように分けられる。

　伊斯兰教与穆斯林社团、传统的伊斯兰政治制度、传统的伊斯兰政治学说、近现代伊斯兰教思潮辨析、埃及、阿尔及利亚、沙特阿拉伯[30]

　イスラーム教とムスリム社団、伝統的なイスラーム政治制度、伝統的なイスラーム政治学説、近現代のイスラーム思潮の分析、エジプト、アルジェリア、サウジアラビアなどが章節で論じられており、歴史における宗教と政治、イスラーム教と中東宗教政治反対派における問題などを論じている。「歴史上の宗教と政治」において、中東イスラーム政治の歴史に沿って全面的な回顧や「イスラーム教徒中東宗教政治反対派」における中東主要国家の政治反対派に対する考察がなされている。本書の内容は正確で、構成は合理的であり、高い科学的な根拠があり、系統だった理論的なものなので、研究に携わる人たちの参考資料となっている。

二一世紀の中国学者は、内部と外部から考える政治概念を提出し、現代の政治発展趨勢を研究するようになっている。研究成果は発表され続けているといえる。

呉雲貴 周燮藩 合作『近代伊斯兰教思潮和运动』（近代イスラーム思潮と運動）社会科学文献出版社、二〇〇〇年、三九一頁
蔡佳禾『当代伊斯兰原教旨主义运动』（当代イスラーム原理主義運動）寧夏人民出版社、二〇〇三年、三〇一頁
呉冰冰『什叶派现代伊斯兰主义的兴起』（シーア派現代イスラーム主義の起源）中国社会科学出版社、二〇〇四年、三七〇頁
馬福德『近代伊斯兰复兴运动的先驱：瓦哈卜及其思想研究』（近代イスラーム復興運動の先駆け――ワッハーブ及びその思想研究）中国社会科学出版社、二〇〇六年、二一八頁
範若蘭『伊斯兰教与东南亚现代化进程』（イスラーム教と東南アジア近代化進展）中国社会科学出版社、二〇〇九年、四五八頁

この中の呉雲貴、周燮藩合作の著書の内容は、以下のように分けられる。

导言（穆斯林社团的历史发展、伊斯兰教的社会政治学说、伊斯兰教与社会）；近代开端的改革与复兴（奥斯曼帝国最初的改革、埃及的伊斯兰教、伊斯兰教圣地与瓦哈比运动、南亚、东南亚和非洲的宗教复兴、伊朗

的什叶派伊斯兰教）；伊斯兰现代主义与复兴运动（一九世纪的伊斯兰教、伊斯兰现代主义与泛伊斯兰主义）[31]（導言（ムスリム社団の歴史発展、イスラーム教の社会政治学説、イスラーム教の社会）、近代幕開けの改革と復興（オスマン帝国最初の改革、エジプトのイスラーム教、イスラーム教聖地とワッハーブ運動、南アジア、東南アジア、アフリカの宗教復興、イランのシーア派イスラーム教）、イスラーム教現代主義と復興運動（一九世紀のイスラーム教、イスラーム現代主義と汎イスラーム主義））

などが章節で扱われている。現代の世界において、イスラーム教と国際的に注目される問題の関係には多くの人々の関心が集めるので、それに関係する著作も数多く存在する。この書の著者はこの分野の学術需要を満たすために研究を行なっている。その内容は近代イスラーム世界の各種社会思潮と運動、様々なイスラーム主義、イスラーム現代主義、民族主義、社会主義、イスラーム原理主義などに及んでいる。史論が合わさった著作といえる。

蔡佳禾の著書は、イスラーム原教旨主義運動をイラン・イスラーム革命の成功と速度を一種の国際政治作用と見なしており、世間の注目を集めた。二〇世紀七〇年代末から現在に至るまで、このイスラームの復興の呼びかけと運動は、イランを超えて世界各地のムスリム国家にまで広がり、当代国際関係における一種の重要な政治作用を生み出し、多くの地域や国家の政治、経済、安全、文化発展に大きな影響を与えてきた。本書は、様々な角度からイスラーム原教旨主義運動に対する分析と実施している。[32]

呉冰冰の著書の内容は、以下のように分けられる。

十二伊马目派的形成（六三二〜九四一）、十二伊马目派教义与教法理论的发展（九四一〜一五〇一）、什叶派的体制化（一五〇一〜一八九一）、十二伊马目派的信仰与制度、什叶派政治思想的演变、近代什叶派政治运动、一九六一年以前的霍梅尼、从〝三月十五起义〟到伊斯兰革命（一九六一〜一九七九）、霍梅尼的政治思想、一九五八〜一九六八年的政治活动、一九六八〜一九八〇年的政治活动、穆罕默德·巴基尔·萨德尔的政治思想、黎巴嫩的什叶派、家世和早期活动、成为黎巴嫩什叶派政治领袖（一九五九〜一九六九）、建立和领导什叶派政治力量（一九六九〜一九七八）、穆萨·德尔的政治思想、伊朗伊斯兰革命与伊斯兰世界、伊朗伊斯兰共和国的政治演变、伊拉克什叶派现代伊斯兰主义的发展、黎巴嫩什叶派现代伊斯兰主义的发展[33]

（十二イマーム派の形成（六三二〜九四一）、十二イマーム派の教義と教法理論の発展（九四五〜一五〇一）、シーア派の体制化（一五〇一〜一八九一）、十二イマーム派の信仰と制度、シーア派の政治思想の変化、近代シーア派政治運動、一九六一年以前のホメイニ「三月一五一揆」からイスラーム革命まで（一九六一〜一九七九）まで、ホメイニの政治思想、一九五八〜一九六八年の政治活動、一九六八〜一九八〇年の政治活動、ムハンマド・バーキル・サドルの政治思想、レバノンのシーア派、家系と早期活動、レバノン・シーア派の指導者（一九五九〜一九六九）、シーア派指導者の設立と政治的作用（一九六九〜一九七八）、ムーサ・サドルの政治思想、イランイスラーム革命とイスラーム世界、イランイスラーム共和国の政治変化、イラク・シーア派の現代イスラーム主義の発展、レバノンシーア派の現代イスラーム主義の発展））

などの章節である。シーア派の歴史、信仰と制度、シーア派の政治思想の変化と近代政治運動、ホメイニの政治活動と思想、ムハンマド・バーキル・サドルの政治活動と思想、シーア派の現代イスラーム主義の発展などのいくつかの問題を論じている。

馬福徳の著書の内容は以下のように分けられる。

瓦哈卜宗教改革思想产生的时代背景（一八世纪奥斯曼帝国统治下的伊斯兰世界、崛起的欧洲、一八世纪的阿拉伯半岛）；瓦哈卜及其宗教改革（瓦哈卜与第一沙特国、瓦哈卜及其家族、瓦哈卜宗教改革的主要内容及舆论准备）；瓦哈卜的思想渊源（圣训学派、罕百里法学派、伊本・泰米叶）；瓦哈卜在信仰与法学领域改革思想的基本内涵（重申〝陶赫德〟思想、反对探究安拉的属性、呼吁重启法学创制之门）；瓦哈卜在其他领域改革思想的基本内涵（批判苏菲神秘主义、坚持劝善戒恶原则）；瓦哈卜思想影响及其評价（以沙特阿拉伯王国为个案、政教合一：政教关系之基础、神论：王国立国之精神支柱、劝善戒恶：王国建国与巩固政权之利器、法学创制：王国现代化与伊斯兰教协调之机制）；附録：瓦哈卜著作与书信节译[34]

（ワッハーブ宗教改革思想を生み出した時代背景（一八世紀オスマン帝国統治下におけるイスラーム世界、ヨーロッパでの台頭、一八世紀アラブ半島）、ワッハーブ及び宗教改革（ワッハーブと第一シャテ国、ワッハーブ及び家族、ワッハーブ宗教改革の主要内容）、ワッハーブ及びその思想起源（聖訓学派、ハンバリー法学派、イブン・タイミーヤ）、ワッハーブの信仰と法学分野改革思想の基本内包（「タハール」思想の再度表明、アラーの属性探求の反対、法学創造制度の門再開の呼びかけ）、ワッハーブの他の分野における改革思想の基本内包（スーフィー主義の批判、善を促し悪を咎める原則の堅持）、ワッハーブ思想影響及びその評価（サウジアラビアの法案、政教合一、政教関係の基礎、神論、王国建国の精神支柱、善を促し悪を咎める、王国建国と政権の利器強化、法学創造制度、王国現代化とイスラーム教協調の機構）、附録（ワッハーブ著作と書信説解説））などの章節附録である。本書の主題、（ワッハーブは近代イスラーム復興運動の先駆者であり、ワッハーブ思想は当代イスラーム教原理主義の主要な宗教思想の起源の一つである）この書の著者はワッハーブ思想を深く研究しているので、当代イスラーム復興思潮を全面的に理解するのを助けてくれるだけでなく、この点に関する公正で客観的な評価も提出している。歴史発展の角度からワッハーブ宗教改革思想が起こった原因と社会背景、歴史運用学、宗教学、社会学、政治理論方法を考察しており、その思想に対する全面的な分析と総括を提出している。

範若蘭の『イスラーム教と東南アジア近代化進展』は、マレーシア、インドネシア、ブルネイ、タイ、フィリピン、シンガポールなどの現代世界において、ムスリム人口が一番多い東南アジア地区を重点研究対象とみなしている。その中でもマレーシア、インドネシア、ブルネイのムスリム人口はとても多いため、イスラーム政治、経済、社会発展の民族関係において重要な位置を占めている。タイのマレーシア人、フィリピンのモロッコ人、シンガポールのマレーシア人はムスリム小民族と見なされていて、各国現代化進展において重要な役割を担っている。本書は、東南アジア地区の六か国を中心としたイスラーム教と政治現代化、経済現代化と法律現代化の関係及び民族関係における作用を系統だって分析している。この書の著者は、イスラーム教の近代化の内容と形式により生じた深刻な影響と現代化が直面した衝突、イスラーム教の調整と改革、教義、制度、法律の近代化を取り上げている。イスラーム教は近代化の衝突と挑戦により衰退することなく、勢いを増してきた。イスラーム復興運動はイスラーム教の近代化に対する積極的な反応なのである。[35]

その中の呉雲貴、周燮藩の著作は依然としてこの学術分野で重要な役割を果たしている作品だといえる。この書は、新しい独特の観点で以前の「前史」を追随し、当代各種思想と運動の間に生じた複雑な関係に対する全面的な整理と要約結論を提出している。「視野を大きく広げており、内容は正確で豊富、立論も客観的であるため非常に高い学術レベルに到達している」[36]と評価している人たちもいる。

二　イスラーム教と世界政治

ある学者たちは「イスラーム原理主義」を研究すれば、暴力テロ活動に熱を入れている過激派に注意を向ける必要はないと考えている。その時間と労力を温厚な主流派に注ぐならば、温厚な主流派が融合して社会を代表して未来が開けると考えている。しかし、少数の過激派の活動は依然として世間から注目を集めているため、学術研究に対する新しい問題が提議されている。

社会科学文献出版社は数年かけて連続してイスラームと政治分野に関係する専門書を出版してきた。例を挙げる。

金宜久『伊斯兰教与世界政治』（イスラーム教と世界政治）中国社会科学文献出版社、一九九六年、三六八頁
東方暁編集『伊斯兰与冷战后的世界』（イスラームと冷戦後の世界）中国社会科学文献出版社、一九九九年、三〇九頁
劉靖華 張暁東 合作『现代政治与伊斯兰教』（現代政治とイスラーム教）中国社会科学文献出版社、二〇〇〇年、三四八頁

陳徳成 編集『中东政治现代化：理论和历史经验的探索』（中東政治の現代化――理論と歴史経験の探索）中国社会科学文献出版社、二〇〇〇年版、五二八頁

この中で、金宜久の『イスラームと世界政治』の内容は以下のように分けられる。

历史上伊斯兰教与政治的关系；伊斯兰教与民族、民主革命；伊斯兰教与现代改革；伊斯兰教与"社会主义"；亲泛伊斯兰主义；伊斯兰复兴运动；伊斯兰主义[37]

（歴史上のイスラーム教と政治との関係、イスラーム教と民族、民主革命、イスラーム教と現代改革、イスラーム教と「社会主義」、汎イスラーム主義、イスラーム復興運動、イスラーム主義）

などの章節である。第二次世界大戦後、イスラーム教はその伝来地区――西アジア、北アフリカ、南アフリカ、中央アジアで強固なものとなり発展したが、サハラ砂漠より南のアフリカ、西ヨーロッパ、北アメリカ地区でも相応の伝播と発展が見られている。この書の著者は、こうしたイスラーム教地区を研究対象として、世界政治との関係問題を重点的に論じている。

東方暁編集の書の内容は、以下のように分けられる。

当代伊斯兰运动概论、伊斯蘭――历史的透視、伊斯兰社会――来自外部的压力、伊斯蘭社会――来自内部的危机、变动中的世界格局与伊斯蘭运动、穆斯林世界的政治变革、政治变革进程中的伊斯兰组织、伊斯兰政治的发展前景、结束语――伊斯兰：威胁还是挑战[38]

（当代イスラーム運動の概念、イスラーム歴史の観察、イスラーム社会――外部からの圧力、イスラーム社会――内部の危機、世界の変化とイスラーム運動、ムスリム世界の政治変革、政治変革進展におけるイスラーム組織、イスラーム政治発展の前景、結論――イスラーム、脅威なのか挑戦か）

などが章節で扱われている。著者が本書で重視している論述は以下の通りである。冷戦後の東ヨーロッパは、民主化、海外戦争とソ連解体などの一連の出来事を主要な道しるべとして、特に中東地区のムスリム世界に注目している。この変化の前景により、得られた良い結果と失ってしまった外部からの支持と拠り所という状況と、それにより生じた矛盾との衝突緩和である。これらのムスリム国家は、政治変革と経済結合の調整には大きな政治作用と社会意識を生じた。このため次々と人々が蜂起し、様々な方法で政治に関与しようという動きが見られ、ムスリム世界各国の現行政治機構への挑戦という問題が生じた。

劉靖華、張暁東合作著の内容は、以下のように分けられる。

理论的新综合、伊斯兰教与政治传统、伊斯兰教与政治文化、伊斯兰教下政治意识形态、伊斯兰教与政治合法性、伊斯兰教与政治体制、伊斯兰教与政治权威、伊斯兰教与政治参与、当代的伊斯兰复兴主义――文化学视角的分析、当代的伊斯兰原教旨主义――政治学视角的分析[39]

理論の新しい統合、イスラーム教と政治的伝統、イスラーム教と政治的文化、イスラーム教における政治的イデオロギー、イスラーム教と政治合法性、イスラーム教と政治的権威、イスラーム教と政治参与、当代のイスラーム復興主義――文化的視点の分析、現代のイスラーム原教旨主義――政治学などの章節である。著者がこの書で重視しているのは現代政治とイスラーム教の関係である。

陳徳成編集の書はトゥラビ、エルバカンなどの学者の政治現代化理論を詳細に論じている。イスラーム教の中東政治現代化に対する進展影響を討論した後、トルコ、エジプト、イラン、サウジアラビア、シリア、イラクなどを個別に論じている。著者は中東における主要な政治形態の問題に対する答えを導き出そうと努力している。[40]

九〇年代以来、東西の冷戦が終結したことにより、世界の政治構成は激烈に変動した。それまでの両極の長期にわたる対立が解かれたことにより、各地で連続して暴動が起きた。宗教の極端主義、民族分裂主義が外部からの影響を黙認したり利用したりしたため、様々な矛盾と争乱という状況が火に油を注ぐ最悪の事態となった。これにより世界各地で衝突が起きることが珍しくなくなる。これに対して、中国の関係する部門と研究機構はこの点をテーマにした研究討論会を開催し、広範な学術交流と政策相談を行ない、多数の研究項目とテーマを組織した。当然、これらはすべて以前の学術の累積を基礎として成り立っており、当代イスラーム教研究を根拠としている。二〇〇〇年に金宜久、呉雲貴が調査研究を行ない、『二〇世紀九〇年代国际政治中的伊斯兰』（二〇世紀九〇年代国際政治におけるイスラーム）という報告を完成させた。この報告は、イスラーム教と関係する地域において注目されている問題に対して、厳粛で思考的な系統だった整理を行ない、問題が発生する因果関係に対する客観的で公平な評価をしている。総合報告として「当代国際政治におけるイスラーム問題」として八つの専門テーマを挙げている。[41]

一．中亚地区与当代哈瓦比派。着重分析了九〇年代以来〝新瓦哈比派〟传入中亚以来，对中亚五国的国家安全和社会稳定所造成的威胁。（中東地区と当代ワッハーブ派。九〇年代以降の「新ワッハーブ派」の中東への伝播、中東五か国の国家安全と社会安定によりもたらされる脅威。）

二．巴基斯坦对伊斯兰极端势力的纵容。重点叙述了巴基斯坦政府出于内外政策需要，多年来支持外部宗教极端势力的活动和后果。（パキスタンのイスラーム過激勢力の甘受、パキスタン政府の内外政策需要重点叙述、多年にわたり外部から支持を受ける過激勢力の活動と結果。）

三．印度尼西亚反华排华骚乱与伊斯兰极端主义势力的关系（インドネシアの反中国争乱とイスラーム過激主義勢力の関係。）

四．车臣地区伊斯兰极端势力的分裂主义活动。（チェチェン地区イスラーム過激勢力の分裂主義活動。）

五．波黑与课索沃地区伊斯兰极端势力的发展。从分析历史及现实中错综复杂的民族总结纠纷入手，论述了波黑、克索沃的武装冲突和战争，以及宗教极端主义在外部势力扶植下恶性膨胀的问题。（ボスニア・ヘルツェゴビナ地区のイスラーム過激勢力の発展。歴史及び現実から分析する複雑な民族総括紛争、ボスニア・ヘルツェゴビナの武装衝突と戦争及び宗教過激主義に対する外部勢力のサポートにより膨張する悪性問題。）

六．〝哈马斯〟等激进势力对巴以和平进程的影响。论述了九〇年代以来民族和宗教另种力量对巴以冲突的不同态度和作用。（「ハマス」などの過激勢力のパレスチナに対する平和促進影響。九〇年代以降の民族と宗教の様々な作用により生じたパレスチナの様々な態度と作用。）

七．阿富汗战争对宗教极端主义的刺激作用。从阿富汗抗苏战争的副作用谈起，论述当今世界各地暴力恐怖活动与塔利班政权的关系。（アフガン戦争が及ぼす宗教過激主義に対する作用。アフガン戦争の副作用による、世界各地の暴動テロ活動とタリバン政権の関係。）

中东伊斯兰政治反对派的发展与演变。
以个案为基本，分析当今中东各国宗教政治反对派的不同发展态势及有关国家政府的应对措施。
（中東イスラーム政治反対派の発展と変化
個別案件を基本として、現在の中東各国における宗教政治反対派の異なる発展態勢及び関係する国家政府の応対措置。）

この点を更に挙げることができる。

楊浩城、朱克柔 編集『当代中东热点问题的历史探索——宗教与世俗』（当代中東で注目される問題の歴史探索——宗教と世俗）人民出版社、二〇〇〇年、四五七頁
金宜久 呉雲貴 合作『伊斯兰与国际热点』（イスラームと国際注目問題）東方出版社、二〇〇一年、六五〇頁
王逸舟『恐怖主义溯源』（テロ主義の根源）社会科学文献出版社、二〇〇二年、二九六頁

この中の楊浩城、朱克柔編集の書は、一九九六年に出版された『民族冲突和宗教争端——当代中东热点问题的历史探索』（民族衝突と宗教争乱——現代中東注目問題の歴史探索）を基礎としており、中東注目問題におけるイスラーム主義と世俗主義の関係を一歩進んで討論している。著者は世界史視角でこの本を特色のある学術著作としている。[42]

金宜久、呉雲貴共著は五編に分かれている。

伊斯兰与国际政治、伊斯兰教发展的基本模式、伊斯兰世界、近现代伊斯兰教的发展与演变、当代伊斯兰教与国际政治关系的理论、沙特阿拉伯、叙利亚、伊拉克、黎巴嫩、埃及、利比亚、阿尔及利亚[43]

イスラームと国際政治、イスラーム教の発展と基本モデル、近現代イスラーム教の発展と変化、当代イスラーム教国際政治関係の理論、サウジアラビア、シリア、イラク、レバノン、エジプト、リビア、アルジェリア

などの章節である。著者はイスラーム世界の代表的な一二の国を選び、これらの国家におけるそれぞれの政治と宗教問題を論じている。これにはイスラーム教がそれぞれの国に伝わった経緯、六〇年代末から

七〇年代初めにかけて各国で復興したイスラーム教、八〇年代と九〇年代の政治と宗教関係などが含まれている。さらに、冷戦時期の地域紛争と戦争及び冷戦時期におけるイスラーム世界についても論じている。国際政治の二極化において、イスラーム国家はどのようにアメリカとソ連という超大国と接してきたか、イスラーム世界がアメリカとソ連に対して行なった激烈な争奪とそれにより生じた反応も論じている。最後にこの書は当代国際政治におけるイスラーム要素の問題に対する総合的な総括を論じている。

王逸舟の著書内容は、以下のように分かれている。

读恐怖主义面面观；反恐斗争需要追根溯源；恐怖主义概念的界定；当代恐怖主义的类型；南北分裂与恐怖主义；大国关系与恐怖主义；国家战略与恐怖主义；族际冲突与恐怖主义；宗教问题与恐怖主义；三大战事与恐怖主义；谁，为什么从事恐怖主义活动――国外恐怖主义研究综述与启示[44]（テロリズムの諸相を読む、反テロ闘争に必要な根源の追求、テロリズム概念の定義、当代テロリズムのタイプ、南北分裂とテロリズム、大国関係とテロリズム、国家戦略とテロリズム、民族衝突とテロリズム、宗教問題とテロリズム、三大戦争とテロリズム、誰が、どうしてテロ活動に携わるのか――国外テロリズム研究検証と啓示）

などの章節である。国際テロリズムは情報化時代の今各国における重大な問題となっているので、その組織者の心理を論理的に分析している。テロ分子は「冷血動物」ではなく、「ゲリラ戦士」や「暴力抵抗人士」でもない。彼らは超法規の残忍性、極度の秘密主義で、明確な政治目標を持っている。国際テロリズムは、国際政治の深層であり、結合性の矛盾を持ち、地域によっては頻繁に発生して、冷戦終了後の国際動向とは分けることができないと考えている。国際テロリズムは迅速な解決は不可能であり、完全な異なる安全策と思想を抱いて問題と向き合うことが必要であると著者はこの書を通して語っている。

この分野の著作には、以下のものもある。

周燮藩『恐怖主义与宗教问题』（テロリズムと宗教問題）『西亚非洲』（西アジア・アフリカ）二〇〇二年第一期
金宜久 編集、呉雲貴 副編集『当代宗教与极端主义』（現代宗教と過激主義）中国社会科学出版社、二〇〇八年、六三四頁

九・一一事件以後「宗教テロリズム」、「イスラームテロリズム」などの言い方が広まっていった。しかし歴史を見ると、テロリズムと宗教は全く関係性がない。現代国際テロリズムにおいて宗教的な色彩や意義が掲げられるようになった。それを三つに分けることができる。民族と分離主義の結合、宗教過激主義を主とする礼拝団体のテロリズム、それにより生じる政治と経済利益の衝突である。イスラーム教研究の角度からいうと、上記のいくつかの分野における成果がある。イスラーム復興運動研究、イスラーム主義、「イスラーム原理主義運動」、イスラーム教と国際政治及びイスラーム教と国際注目問題、その核心としてのイスラーム教及びイスラーム主義の研究などである。現在、イスラーム主義は既に失敗したと考えたり、イスラーム復興運動は停滞していると考える人たちもいる。今後の事態の発展に関していえば、「二一世紀のイスラーム政治がどこに向かうかは、様々な政治におけるイスラーム組織とそれらが属する国家と社会環境により、政治におけるイスラームの未来像が生み出され、それが政治的な要素を持つものなのか、宗教的な本質を持つものなのかが決定される。また、一度政治と社会の構成に変化が生じると、宗教形態、

趨勢、功能にも変化が生じ、世界の形態とともに発展するため、政治におけるイスラームは既にイスラーム教の常態を保っていないといえる」[45]と学者たちは考えている。

その中の金宜久編集、呉雲貴副編集の『現代宗教と過激主義』の内容は、以下のように分けられる。

当代社会中的宗教与极端主义；当代宗教的发展；宗教蜕变与宗教极端主义；伊斯兰极端势力与极端主义；当前世界主要宗教与极端主义等四篇。讨论当代宗教的基本状况及其发展趋势；宗教如何蜕变为宗教极端主义及其表现形式；伊斯兰极端势力问题与佛教、印度教、锡克教、天主教、东正教、基督新教、犹太教、神道教有关的极端势力[46]

（現代社会における宗教と過激主義、現代宗教の発展、宗教変化と宗教過激主義、イスラーム過激勢力と過激主義、現在世界の主要な宗教と過激主義などの四編であり、当該宗教の基本状況及びその発展趨勢を討議している。宗教の変化がどのように宗教過激主義となったか及びその表現形式、イスラーム教勢力問題と仏教、ヒンドゥー教、シーク教、カトリック教、ギリシア正教、プロテスタント教、ユダヤ教、神道教に関係する過激勢力）

などの問題も扱っている。この書の内容は現代宗教と政治の密接な関係を明らかにしている。宗教は現代社会において重要な発展趨勢を担っており、宗教の変化は宗教の変革になる。信仰過激化により行動が熱狂化し、特に宗教が政治化し組織的に神秘化されるので宗教の過激主義への変化は避けることができない。主教過激主義は現実生活における様々な過激主義の表現の一つといえる。この書は大量の事例と社会現象を基に、理論的に宗教と宗教過激主義の関係を分析している。一つの面として、宗教過激主義とその派生元になった宗教には一定の繋がりがあり、「宗教」過激主義が形成されているということである。別の面は、そこから派生した宗教の本質とは区別して宗教「過激主義」と考えられるという点である。本書は、相対的に現在世界規模での宗教過激主義活動を把握するのを助けるだけでなく、私たちの周辺国家であるイスラーム過激勢力の動向及び私たちに対する影響と浸透を理解するのも助けてくれる。

注

〔1〕参考 孫振玉『王岱輿 刘智评传』南京大学出版社、二〇〇六年、要旨頁（五〇六頁）。
〔2〕李林「试析当代中国伊斯兰哲学：思想研究的问题与主綫」（当代中国イスラーム哲学——思想研究の問題と主線試析）『世界宗教研究』、二〇一一年第五期、一四二～一四八頁。
〔3〕参考 馮今源「〝来復銘〟析」（「来復銘」分析）『世界宗教研究』一九八四年第四期。（記載『三元集馮今源宗教学術論著文選』寧夏人民出版社、一九八五年、五五～七七頁）。
〔4〕参考 伍貽業「王岱輿到刘智的启示和反思：一七世纪中国伊斯兰教思潮」（王岱輿から劉智の啓示と回顧——一七世紀中国のイスラーム教思潮）『中国回族研究』一九九一年第一期、二七～五八頁。
〔5〕金宜久『中国伊斯兰探秘：刘智研究』（中国イスラーム探秘——劉智研究）中国人民大学出版社、一九九九年、目録（三四九頁）。
〔6〕楊桂萍『馬德新思想研究』宗教文化出版社、二〇〇四年、目録（二二五頁）。
〔7〕呉艶冬『中国回族思想家評術』宗教文化出版社、二〇〇四年、目録（二一四頁）。
〔8〕逊振玉『王岱輿 劉智评传』南京大学出版社、二〇〇六年、目録（五〇六頁）。
〔9〕刘一虹『回儒对话：天方之经与孔孟之道』（回儒対話——天方之経と孔孟之道）宗教文化出版社、二〇〇六年、目録（二四六頁）。
〔10〕金宜久『王岱輿思想研究』民族出版社、二〇〇八年、目録（四四八頁）。

〔11〕参考 李興華「汉文伊斯兰教译著的宗教学」（漢文イスラーム教訳著の宗教学）『青海民族大学学報』一九九七年第三期、一〜八頁。

〔12〕沙宗平「大化循環、尽終返始――清初期回族思想家劉智哲学観初探」『回族研究』二〇〇二年第二期、七八〜八七頁。

〔13〕日本人研究者の本分野について研究業績は筆者（アリムトヘテイ）の『日本におけるイスラーム研究史――中国篇』（春風社、二〇一九年、三一〇頁）を参考。

〔14〕参考 村田幸子（Sachiko Murata）「为什么要研究回儒世界观?（一）」（なぜ回儒世界観研究するか）（『回族研究』二〇一三年第三期、九〜一〇頁）ウィリアム・C. チッティク（Willam C.Chittick）「为什么要研究回儒世界观?（二）」『回族研究』二〇一三年第三期、一一〜一二頁。

〔15〕"Encyclopedia of Routledge's Philosophy"（『簡明ルートレッジ哲学百科全書』）

〔16〕参考（エジプト）Mohammed Abdullah（穆罕默德・阿布笃――漢文訳）著作、馬堅 訳『回教哲学』商務印書館出版発行、一九三四年。

〔17〕（エジプト）穆罕默德・阿布笃（ムハンマド・アブダビ）著作、馬堅 訳『回教哲学』商務印書館出版発行、一九三四年、訳者序頁。

〔18〕参考 蔡徳貴『阿拉伯哲学史』（アラブ哲学史）山東大学出版社、一九九二年、目録（四三三頁）。

〔19〕陳中耀『阿拉伯哲学』（アラブ哲学）上海外語教育出版社、一九九五年、目録（三七四頁）。

〔20〕参考 蔡徳貴主編『阿拉伯近現代哲学研究』（アラブ近現代哲学研究）山東人民出版社、一九九六年、目録（二九五頁）。

〔21〕参考 蔡徳貴主編『当代伊斯兰阿拉伯哲学研究』（当代イスラームアラブ哲学研究）人民出版社、二〇〇一年、目録頁（六三三頁）。

〔22〕参考 王家瑛『伊斯兰宗教哲学史』（イスラーム宗教哲学史）民族出版社、二〇〇三年、目録頁、（一〇六一頁）。

〔23〕参考 張秉民編集『简明伊斯兰哲学史』（簡明イスラーム哲学史）寧夏人民出版社、二〇〇七年、目録頁（三六三頁）。

〔24〕王俊栄『天人合一、物我还真：伊本・阿拉比存在论初探』（天人合一、物我還真――イブン・アラビ存在論初探求）宗教文化出版社、二〇〇六年、三八〇頁。
〔25〕参考 卓新平編集『中国宗教学三〇年』中国社会科学出版、二〇〇八年、三七四頁。
〔26〕呉雲貴『穆斯林民族的觉醒：近代伊斯兰运动』（ムスリム民族の覚醒――近現代イスラーム運動）中国社会科学出版社、一九九四年、目録（一一八頁）。
〔27〕肖憲『传统的回归：当代伊斯兰复兴运动』（伝統の回帰――当代イスラーム復興運動）中国社会科学出版社、一九九四年、目録（一二八頁）。
〔28〕張銘『现代化视野中的伊斯兰复兴运动』（現代化視野におけるイスラーム復興運動）中国社会科学出版、一九九九年、目録（三二五頁）。
〔29〕参考 陳嘉厚編集『现代伊斯兰主义』（現代イスラーム主義）経済日報出版社、一九九八年、目録（六二三頁）。
〔30〕曲洪『当代中东政治伊斯兰：观察与思考』（当代中東政治イスラーム――観察と思考）中国社会科学出版社、二〇〇一年、目録（三八二頁）。
〔31〕呉雲貴 燮藩 合作『近代伊斯兰教思潮和运动』（近代イスラーム思潮と運動）社会科学文献出版社、二〇〇〇年、目録（三九一頁）。
〔32〕蔡佳禾『当代伊斯蘭原教旨主义运动』（当代イスラーム原教旨主義運動）寧夏人民出版社、二〇〇三年、目録（三二〇一頁）。
〔33〕呉冰冰『什叶派现代伊斯兰主义的兴起』（シーア派現代イスラーム主義の起源）中国社会科学出版社、二〇〇四年、目録（三七〇頁）。
〔34〕馬福徳『近代伊斯兰复兴运动的先驱：瓦哈卜及其思想研究』（近代イスラーム復興運動の先駆け――ワッハーブ及びその思想研究）中国社会科学出版社、二〇〇六年、目録（二一八頁）。
〔35〕範若蘭『伊斯蘭教与东南亚现代化进程』（イスラーム教と東南アジア近代化進展）中国社会科学出版社、二〇〇九年、目録（四五八頁）。
〔36〕参考 卓新平編集『中国宗教学三〇年』中国社会科学出版、二〇〇八年、三七六頁。

〔37〕金宜久『伊斯兰教与世界政治』（イスラーム教と世界政治）中国社会科学文献出版社、一九九六年、目録（三六八頁）。
〔38〕東方暁 編集『伊斯兰与冷战后的世界』（イスラームと冷戦後の世界）中国社会科学文献出版社、一九九九年、目録（三〇九頁）。
〔39〕劉靖華 張暁東 合作『現代政治与伊斯兰教』（現代政治とイスラーム教）中国社会科学文献出版社、二〇〇〇年、目録（三四八頁）。
〔40〕参考 陳徳成 編集『中东政治現代化──理论和历史经验的探索』（中東政治の現代化──理論と歴史経験の探索）中国社会科学文献出版社、二〇〇〇年版、目録（五二八頁）。
〔41〕金宜久、呉雲貴『二〇世九〇年代国际政治中的伊斯兰』（二〇世紀九〇年国債政治におけるイスラーム）（研究報告）、中国社会科学院世界宗教研究所『伊斯蘭教与国际政治关系研究』（イスラーム教と国際政治関係研究）課題組，国家社会科学基金〝九五〟重点項目、二〇〇〇年四月脱稿、二～六頁（二〇三頁）。
〔42〕参考 楊浩城、朱克柔 編集『当代中东热点问题的历史探索──宗教与世俗』（当代中東で注目される問題の歴史探索──宗教と世俗）人民出版社、二〇〇〇年、（四五七頁）。
〔43〕金宜久 呉雲貴 合作『伊斯兰与国际热点』（イスラームと国際注目問題）東方出版社、二〇〇一年、目録（六五〇頁）。
〔44〕王逸舟『恐怖主义溯源』（テロリズムの根源）社会科学文献出版社、二〇〇二年、目録（二九六頁）。
〔45〕王宇潔『二十一世纪政治伊斯兰的走向』（二十一世紀政治イスラームの動向）『世界宗教研究』二〇〇一年第一期、一九～二五頁。
〔46〕金宜久 編集、呉雲貴 副編集『当代宗教与极端主义』（現代宗教と過激主義）中国社会科学出版社、二〇〇八年、目録（六三四頁）。

第七章　文化及び他分野の研究

第一節　イスラーム文化分野の研究

一　世界イスラーム文化方面

世界文明史上、宗教文化は伝統文化における重要な要素を構成している。教徒の精神生活における発展作用だけでなく、社会文化生活にも影響を与えている。中国では改革開放以来、世界宗教文化の熱風が吹き荒れる中、イスラーム文化及び関係分野の研究にも注意が向けられるようになったため、代表的な著作が数多く出版された。九〇年代に出版されたものを以下に挙げる。

中国社会科学院世界宗教研究所伊斯兰教研究室（イスラーム研究室）合同編集『伊斯兰教文化面面观』（イスラーム教文化の観察）斎魯出版社、一九九一年、三二五頁
葉哈雅 林松『回回历史和伊斯兰文化』（回回歴史とイスラーム文化）今日中国出版社、一九九二年、三七一頁
納忠 朱凱 合作『传统与交融：阿拉伯文化』（伝統と融合――アラブ文化）浙江人民出版社、一九九三年
秦恵彬 編集『世界文明大系：伊斯兰文明』（世界文明大系――イスラーム文明）中国社会科学出版社、一九九九年、四三六頁
馬明良『伊斯兰文化新论』（イスラーム文化新論）寧夏人民出版社、一九九九年、二九五頁

丁俊『伊斯兰文化巡礼』（イスラーム文化巡礼）甘粛民族出版社、二〇〇二年

この中の『伊斯兰教文化面面观』（イスラーム教文化の観察）は中科院イスラーム教室研究室の王俊栄、馮金源、呉雲貴、砂秋真、李興華、金宜久、周燮藩、秦恵彬及びその他研究機構部門の重要な学者が参加して編集作業を行なった。本書の内容は以下のように分けられる。

伊斯兰教的历史、伊斯兰教的文化、伊斯兰教的科学、伊斯兰教对社会的贡献〔1〕
（イスラーム教の歴史、イスラーム教の文化、イスラーム教の科学、イスラーム教の社会に対する貢献）

の四大テーマである。その内容には、イスラーム教の基本信仰、礼儀、祝日、経訓など多くの編に分けられてイスラーム教法が紹介されている。また、イスラーム教の神秘主義、イスラーム教伝統の宗教学科、イスラーム哲学、倫理、文学、芸術、絵画、建築、書法などの多分野に及ぶ知識も紹介されている。本書は民族（例えば、突厥（テュルク）、モンゴルなど）イスラーム教発展の影響及びイスラーム教がこれらの民族の発展とその言語文字（例えば、ウイグル語、ペルシャ語など）の影響やイスラーム教と他の宗教（例えば、ユダヤ教、キリスト教、ゾロアスター教、グノーシス主義、ヒンズー教、シーク教）と学説（例えば、新プラトン学派の「流出説」）の相互影響を論じている。イスラーム教が世に浸透した宗教となることにより、イスラーム教と人々の社会生活には密接な関係が生じるようになる。特に現代社会政治におけるイスラーム世界と地域、イスラーム教と社会政治の関係というものは切っても切れない関係にある。読者にイスラーム

教の深層を理解させるために、本書はイスラーム教と現在の国際政治に関係する問題及びイスラーム教の社会思潮と社会運動の要点を紹介している。この地域性イスラーム教分野において、本書は南アジアと中央アジア地区に重きを置いているため、良く知られている中国イスラーム教情報が更に深く掘り下げて紹介されている。

納忠 朱凱 合作『传统与交融：阿拉伯文化』（伝統と融合——アラブ文化）は、

伊斯兰教以前的阿拉伯；伊斯兰教；阿拉伯文化的启蒙时期；阿拉伯文化的兴盛时期；国家制度；经济发展；社会生活与社会关系；百年翻译运动；教义与文化；文学与艺术；历史学家与地理学家；教派与哲学；自然科学；中世纪中国与阿拉伯的关系；阿拉伯文化对西方的影响[2]

イスラーム教以前のアラブ、イスラーム教、アラブ文化の啓蒙時期、アラブ文化の栄えた時期、国家制度、経済発展、社会生活と社会関係、百年翻訳運動、教義と文化、文学と芸術、歴史学者と地理学者、教派と哲学、自然科学、中世期中国とアラブの関係、アラブ文化の西洋の影響。

などの章節である。本書には、バクダッドを中心としたアッバース王朝とアラブ文化、その歴史条件、形成の原因、文化繁栄の重要な分野及び東西世界における影響を主要なものとして解説している。国内外のアラブ文化に関係する著述は、往々にしてアラブ経済の発展、社会生活、国際文化交流などの分野の内容を軽視しているが、この書はこうした問題を論じている。

秦恵彬編集の『世界文明体系——イスラーム文明』の内容は以下のように分けられる。

伊斯兰文明的兴起、伊斯兰教的传播与发展、传统哈里发制解体后的伊斯兰教、近现代伊斯兰文明、伊斯兰政治、伊斯兰经济、伊斯兰社会、伊斯兰女权主义、伊斯兰文学艺术、伊斯兰教育、伊斯兰科学、伊斯兰文明对世界文明贡献〔3〕

（イスラーム文明の起源、イスラーム教の伝播と発展、伝統ハリファ体制の解体後のイスラーム教、現代イスラーム文明、イスラーム政治、イスラーム経済、イスラーム社会、イスラーム女性権利主張、イスラーム文学学術、イスラーム教育、イスラーム科学、イスラーム文明の世界文明への貢献）

などの章節である。本書は中国学者が吸収した国内外学者の最新の研究成果の上に成り立っており、理論と実践、歴史と現実を結合するように努力している。広範な社会歴史を背景としたイスラーム教文化に対する多方面にわたる研究を実施し、イスラーム文明の形成と発展過程の輪郭を描き出している。

馬明良の『伊斯兰文化新论』（イスラーム文化新論）の内容は以下のように分けられる。

宗教文化、伦理文化、法文化、政治文化、经济文化、科技文化、生态文化、婚姻家庭文化、教育文化、衣・食・住・行与性文化、节日・娱乐・与丧葬文化、清真寺文化、伊斯兰与人类需要—利・真・善・美〔4〕

（宗教文化、論理文化、法文化、政治文化、経済文化、科学技術文化、生態文化、婚姻家庭文化、教育文化、衣食住、行ないと性文化、祝日、娯楽と冠婚文化、清真寺文化、イスラームと人類需要、利・真・善・美）

などの章節である。本書は総合的に文化学、宗教学、哲学の相関理論を運用し、一種の独特な観点から斬新な方法とスタイルを持って、全面的な考察と分析を行なっている。その特色と文化は往々にして、西洋文化、中国文化などと比較されており、それらの文化との共通点と違いを探し出すことにより、自身の学術スタイルを鮮明に打ち出している。

丁俊の著書の内容は以下のように分けられる。前書き、『コーラン』とコーラン学、聖訓と聖訓学、教義と教義学、教法と教法学、イスラーム文化と中国文化と世界文化などの内容である。[5]

イスラーム文化研究成果における重要な叢書――百問類出版物は特に注目に値する。例を挙げる。

『伊斯兰教百问』（イスラーム教百問）
陳広元、馮今源など編集著作の『古兰经百问』（コーラン百問）（掲載 王志運 編集『宗教文化叢書』）
劉一虹、斎全身『伊斯兰艺术百问』（イスラーム芸術百問）（掲載 王志運 編集『宗教文化叢書』）
呉雲貴『伊斯兰教典籍百问』（イスラーム典籍百問）（掲載 王志運 編集『宗教文化叢書』）
馬明良 編集『伊斯兰文化丛书』（イスラーム文化叢書）、ほか
呉雲貴、周燮藩、秦恵彬 編集『伊斯兰文化小丛书』（イスラーム文化小叢書）

この中の『古兰经百问』（コーラン百問）の内容は歴史、文化、コーランなどの三大編に分けられる。「歴史編」は馮今源、沙秋真、「文化編」は馮今源、鉄国璽などの学者が責任を担って編集している。

呉雲貴、周燮藩、秦恵彬 編集の『伊斯兰文化小丛书』（イスラーム文化小叢書）は一二冊編集である。以下が含まれる。[6]

《伊斯兰哲学》《伊斯兰教教派》《真主的法度：伊斯兰教法》《伊斯兰教的苏非神秘主义》《伊斯兰文学》《伊斯兰教义学》《真主的语言：〈古兰经〉简介》《中国伊斯兰教与传统文化》《穆斯林民族的觉醒：近代伊斯兰运动》《伊斯兰教的先知：穆罕默德》《伊斯兰教育与科学》
（『イスラーム哲学』『イスラーム教教派』『真主の法度──イスラーム教法』『イスラーム教のスーフィー神秘主義』『イスラーム文学』『イスラーム教義学』『真主の言語「コーラン」の紹介』『中国イスラーム教と伝統文化』『ムスリム民族の覚醒──近代イスラーム運動』『イスラーム教預言者──ムハンマド』『イスラーム教育と科学』）

である。本書は全面的に系統だって『コーラン』を紹介しており、イスラーム法、スーフィー主義、イスラーム哲学各流派、ムスリム文学芸術成果、預言者と政治家における偉大な人物──ムハンマドの一生を簡潔明瞭に説明している。また、各主要な教派における分類紹介、イスラーム教育と科学発展盛況、アラブ国家の各時期における代表教義学派及びその信仰体系、イスラーム文化と中国文化の精神も生き生きと描写している。

小叢書の内容を簡単に紹介する。[7]

『伊斯兰的苏非神秘主义』（イスラーム・スーフィー神秘主義） 本書は中国であるスーフィー主義を系統だって論じた通俗文書である。スーフィー主義の起源、歴史沿革、発展趨勢、基本教義、教理主張、教団組織形式、内部功修方式、重要代表人物及びその著作。
『伊斯兰教教派』（イスラーム教教派） 正確な史料を科学的、各主要な教派の歴史沿革、教義主張、組織方式、礼俗風習などを分類しており、その内容はスンニ派、シーア派、ハワリジ派、スーフィー派、スーフィー教団、ワッハーブ派などに及ぶ。
『伊斯兰哲学』（イスラーム哲学） 正確な史料を基に、歴史的な視点であるイスラーム哲学各流派の起源を徐々に紹介しており、哲学思想、代表人物、著作、歴史影響などを紹介している。イスラーム宇宙観、認識論に対しても重要な参考価値がある。

『真主的语言』（真主のことば）
ムスリムの啓示によって書かれた「コーラン」をその配列、スタイル、聖句の歴史分岐、啓示名称の変化、注釈、翻訳、研究などの分野において全面的で系統だった紹介をしている「全ての理を導くガイド」となる経典である。

『伊斯兰教的先知：穆罕默德』（イスラーム教の預言者——ムハンマド）
預言者または政治家としての偉大な人物の一生を紹介している。ムハンマドは真主の使者の名義であり、伝承経典を朗読して読み聞かせ、アラブ人を部落から民族と国家に発展させ、イスラーム教を世界各地に伝播した。彼の言動は現在に至るまで幾億ものムスリム生活に影響を与えている。

『传统的回歸：当代伊斯兰复兴运动』（伝統回帰——当代イスラーム復興運動）
正確な史料と生き生きとした言い回しにより、初めてイスラーム復興運動の起源、性質、変化形式、発展盛況、発展趨勢を系統だって論じた。二〇世紀八〇年代末イラン・イスラーム革命以来、イスラーム教復興運動の荒波の中における発展、ムスリム世界の席巻、全人類の注目を集めた国際事件、政界、メディア界、学術界、宗教界という広範な分野からの関心事を扱っている。

『中国伊斯兰教与传统文化』（中国イスラーム教と伝統文化）
正確な資料と流暢な文体により、イスラーム教の唐宋元明清という各時代に中国に融合したイスラーム教を系統だって紹介している。中国文化の影響、イスラーム文化と中国文化精神を生き生きと再現している。

『穆斯林民族的觉醒：近代伊斯兰运动』（ムスリム民族の覚醒——近現代イスラーム運動）
近代西洋諸国植民地拡張の歴史背景、世界ムスリムの信仰復興、民族独立と英雄の出現、信仰浄化運動、聖戦運動、新しい預言者運動及びイスラーム運動、イスラーム現代主義運動など。ワッハーブ運動（ワッハーブ人、その改革主張、運動過程と影響）、聖戦運動（インドの聖戦運動、インドネシアバドリー運動、西アフリカの聖戦運動）、サヌシ運動（新スーフィー主義の起源、サヌシ運動の概況）、スーダンのマハディ運動（運動の歴史背景、マハディア人、宗教思想と影響）、汎イスラーム運動（社会歴史背景、オスマンスルタンと汎イスラーム運動、アフガニスタンと汎イスラーム運動）、イスラーム現代主義運動（アフガニスタンとアルジェリア運動、アフガニスタンとイスラーム現代主義、アブドゥルとサラフェイイエ運動、イクバエルとイスラーム現代主義）などの章節である。

『伊斯兰教义学』（イスラーム教義学）
中国で初めてイスラーム教義学を系統だって論じた著作である。歴史発展を足掛かりにして、アラブ国家の各時代における代表的な教義学派とその信仰体系を要約紹介している。文体は口語で整っており、新鮮な感じがあふれている。

『真主的法度：伊斯兰教法』（真主の法度――イスラーム教法）
簡潔明瞭な言葉で、イスラームの起源、民法、商法、刑法、婚姻家庭、遺産継承などの法律規定の内容を紹介している。異なる教派、学派の法学理論観点において現代の法制改革趨勢と内容を論じている。

『伊斯兰文学』（イスラーム文学）
豊富な資料をもとに生き生きと流暢な文体でアラブ、ペルシャ、インド、トルコなどの国家と地域のムスリム文学学術成果を要約紹介している。小説、詩歌、散文などの芸術的に貴重な作品及び代表的な文学家の文芸思想と後世に与えた影響を扱っている。

『伊斯兰教育与科学』（イスラーム教育と科学）
生き生きとした文体であるイスラーム教育と科学の盛況発展を紹介するとともに、イスラーム文化の全面的な紹介をしているので参考価値が高いといえる。イスラーム歴史において創設された寺院教育を中心として、発達した宗教教育体制、ムスリム各民族の数学、医学、天文学、物理学、地理学、生物学などの分野に大きく貢献している。

その内容は全面的で系統だっており、新しい切り口で論じているため非常に高い学術的価値があるといえる。

八〇年代より前に発表された論文にはほとんど成果がなかったが、九〇年からイスラーム文化及び関係する分野の論文が目に見えて増加し、研究分野の方法にも進展が見られた。世界の歴史と文化角度からスタートしてイスラーム文化の属性と特色が研究され、具体的なテーマという角度からイスラーム文化と各側面が検証される文章が発表されていった。

陸培勇「伊斯兰文化及与文明关系」（イスラーム文化及びその文明関係）『阿拉伯世界』（アラブ世界）一九八九年第一期
劉靖華「伊斯兰传统价值的复兴与超越」（イスラーム伝統価値の復興と超越）『西アジアアフリカ』一九八九年第四期

呉雲貴「伊斯兰文化的共性与个性」（イスラーム文化の共通性と個性）『世界宗教文化』一九九六年春季号総第五期

その中の「伊斯兰文化及与文明关系」（イスラーム文化及びその文明関係）では、「文化」という言葉の意義は把握するのが難しいと指摘した。関係する辞書の説明によると、この語には広義と狭義の意味合いがあり、異なるいくつかの代表的な内容があると述べている。文化学の角度から解釈すると「文化」には科学専門用語としての一六〇以上の定義が存在する。このため、論文では「文化」を概念として捉え、大多数の中国国内外の学者が認める総合的な定義としていた。イギリス文化人類学創始者のテイラーは「文化」を「生活全般における方法と総和」として簡潔に定義している。論文では文化学、文明学の角度から「イスラーム」に対する分析を行なっている〔8〕。

「伊斯兰传统价值的复兴与超越」（イスラーム伝統価値の復興と超越）では、イスラームは一種の特殊宗教であると同時に「多面性」のある宗教であると述べている。イスラームは一種の宗教、一種の文化として、自分自身の哲学、意識形態、生活方式、社会行動方式、道徳倫理規範、法律体系と見なされる。幾世紀にもわたり、イスラームは輝かしい繁栄と衰退を経験したことにより、今日発揮されている意識形態などが形成された。そのイスラーム伝統価値の復興と超越に対する考察がなされている〔9〕。

「伊斯兰文化的共性与个性」（イスラーム文化の共通性と個性）では、宗教文化学観点から概念形態の宗教信仰体系を考え、一定の文化方式に当てはめるという基礎構造をもとに、特定の文化方式から離れ、宗教信仰を土台のないものと見なしている。宗教文化学、特に人類文化における宗教の方向、作用及び宗教文化と世俗文化の総合作用、総合補塡と排除などイスラーム文化に対する共通性と個性という問題を論じている〔10〕。

これらの特色ある文章の内容は飲食、婚姻、服飾、倫理学、文学、哲学、文化心理学など多数の分野に及ぶ。イスラーム文化の専門テーマ論文として、さらに深い分析を行なっており、イスラーム文化として、様々な角度から新たにイスラーム文化を審査しているため、一定の重要な意義を有している。未来発展趨勢から考えると、宗教文化は学者たちをイスラーム文化研究に携わるように促しているが、往々にしてその研究の成果は各方面のニーズを満たすには至らず、専門テーマの研究成果を得るにはまだ時間が必要だといえる。

二　中国イスラーム文化及び伝統文化との関係方面

中国イスラーム文化は中国伝統文化における重要な要素を構成している。回族などムスリムの精神生活における主な要因だけでなく、全中国社会生活にも影響を与えている。この分野における著作の主要な特色は、社会各界における通俗性知識に適用しているということである。研究成果には、イスラーム文化の中国史における変化過程が論じられており、イスラーム文化と中国伝統文化の関係にも影響がある著作といえる。例を挙げる。

楊懐中、余振貴 合作『伊斯兰与中国文化』（イスラームと中国文化）寧夏人民出版社、一九九五年、六三三頁
秦恵彬『中国伊斯兰教与传统文化』（中国イスラーム教と伝統文化）中国社会科学出版社、一九九五年、一三六頁

馬通『丝绸之路上的穆斯林文化』（シルクロードのムスリム文化）寧夏人民出版社、二〇〇〇年、二二七頁

この中の楊懐中、余振貴合作著の内容は以下のように分けられる。

唐代盛世与阿拉伯帝国的经济文化交流、宋朝与阿拉伯帝国的经济文化交流、蒙古军的西征和回回人的东来、中国历史上伊斯兰文化的四次高潮、伊斯兰天文学的输入、伊斯兰医学的输入、中国伊斯兰教经堂教育典籍、中国伊斯兰教的汉文译著活动、《古兰经》的翻译、中国伊斯兰文化的特点[11]

（唐代全盛期とアラブ帝国の経済文化交流、宋朝とアラブ帝国の経済文化交流、モンゴル軍の西征服と回回人の東への移動、中国史上のイスラーム文化四次高潮、イスラーム天文学の取り込み、イスラーム医学の取り込み、中国イスラーム教経堂教育の典籍、中国イスラーム教の漢文訳著活動、『コーラン』の翻訳、中国イスラーム文化の特色）

などの章節である。本書で著者は、回回民族は、高い文化水準からスタートしており、イスラーム文化の媒体でもあるため、イスラーム文化を中国に伝達した。この紆余曲折の歴史において、回回民族は文化的に衰退し始める。特に清末になると、回民族は西南、西北農業経済という基礎にも大打撃を受ける。経済上の貧困により文化的な衰退に拍車がかかり、回回天文学、回回医学など回回特有の学問も廃れていく。イスラーム文化と中国文化の関係からこの歴史事実を解説している。

秦恵彬の著書の内容は以下のように分けられる。

中国伊斯兰教特殊的发展道路、中国制度文化与伊斯兰教、在传统文化氛围中形成的中国伊斯兰教义学、在科技方面的杰出贡献〔12〕

中国イスラーム教の特殊な発展の道、中国清堂文化とイスラーム教、伝統文化気風において形成された中国イスラーム教義学、科学技術分野における貢献

などの章節である。著者はこの書の中で「イスラーム」を宗教専門用語としては使っていない。イスラームには多層的な意義があると考えている。同時にこの言葉は一種の社会体系、生活方式、文化形態、時代特徴まで表していると考えている。そのため一貫してムスリム生活全領域を指して「イスラーム精神」としている。イスラーム精神には遊牧、砂漠、商業などの特性が見られる。この精神指導において、イスラーム教の各民族信仰や、現有の遺産を受け入れた中国イスラーム教と伝統文化を基礎として創造されたイスラーム文明などの観点と、中国イスラーム教と伝統文化の関係問題などを系統だって研究している。資料は正確で、文体も流麗である。イスラーム教の唐宋元明清といった中国の各時代における融合を紹介しており、自身及び中国文化に対する影響と、イスラーム文化と中国文化精神を生き生きと再現している。

馬通の著書の内容は以下のように分けられる。

丝绸之路上的穆斯林及其文化；香料之道上的穆斯林文化；丝绸之路上的穆斯林商贸与钱币；丝绸之路上的伊斯兰教派与苏非主义学派；秦陇道上的穆斯林社会；唐蕃古道上的穆斯林经济与文化教育；塔什库尔干的塔吉克族穆斯林及其礼俗文化；阿尔金山的哈萨克族穆斯林及其文化形态；克孜勒苏的柯尔

克孜族穆斯林及其文化礼俗；河湟地区的东乡、保安、撒拉族穆斯林及其文化特征；天山南北的維吾尔族穆斯林及其文化；丝绸之路上的乌孜别克、塔塔尔族穆斯林文化；吉尔吉斯草原上的东干族穆斯林文化；有关记述丝绸之路穆斯林文化的一些著作[13]

（シルクロードのムスリム及びその文化、スパイスロードのムスリム文化、シルクロードにおけるムスリム商業貿易と貨幣、シルクロードのイスラーム教派とスーフィー主義学派、秦隴ロードにおけるムスリム社会、唐蕃古道におけるムスリム経済と文化教育、タシュクルガンタジク族ムスリム及びその礼俗文化、阿爾金山のカザフ族ムスリム及びその文化形態、クズルソのコルクリン族ムスリム及びその礼俗文化、河湟地区のドウシャン、バオアン、サラ族ムスリム及びその文化特徴、天山南北のウイグルムスリム及びその文化、シルクロードのウズベク、タタール族ムスリム文化、キルギス草原のドンガン族ムスリム文化、シルクロードのムスリム文化に関する著作）

などの章節である。シルクロードは東アジア、西アジア、地中海を結ぶ貿易古道であり、世界貿易史上欠かすことのできない影響力がある。著者はこの書の中でシルクロードの二本の主要な道、海路と陸路の商業往来、文化交流などを記録している。ムスリム文化の各分野に及ぶ影響、例えば、商業貿易と貨幣、ムスリム教派とスーフィー主義学派なども扱っている。本書はムスリム文化が少数民族に及ぼした広範な影響、文化礼俗、建築スタイルなども詳細に記録している。総括として、著者は古道上の建築、文化、教育などのシルクロードムスリム文化の深遠な影響と内容を全面的に分析しているので、その参考的な価値は非常に高いといえる。

本分野について論文研究成果も沢山発表された。いくつかを例示すると、

馬啓成「论中国伊斯兰大文化属性」（中国イスラーム大文化属性）『中央民族学院学報』一九九二年第六期
葛状「伊斯兰教和中国传统文化」（イスラーム教と中国伝統文化）『探索と学術論争』一九九二年第三期
馬平「论回族的民族情感与民族理性」（回族の民族感情と民族理性論）『回族研究』二〇〇〇年第三期

この中「论中国伊斯兰大文化属性」（中国イスラーム大文化属性）では、イスラーム教の中国歴史における伝播及び中国の長い歴史による文化伝統と相互影響と融合により形成された中国民族特色を有するイスラーム教が扱われている。一種の歴史文化現象としての信仰体系、社会意識、道徳規範、価値観念、民風民俗、言語文字、科学文化などがその広範な内容に含まれている。中国イスラーム文化基本特色、大文化属性、宗教属性、民俗と生活の属性、民族共同体結同属性の四つに注目している。本文では中国イスラーム大文化属性を深く論じている。[14]

葛状「伊斯兰教和中国传统文化」（イスラーム教と中国伝統文化）では、人々の中における中国伝統文化の発展、変化、それに含まれる内容が扱われている。中国伝統文化の組織的な部分に対して出現する「儒、仏、道の三教合一」の概況と世界の宗教において軽視されがちな唐代に中華大地に伝播されたイスラーム教と中国伝統文化の融合を論じている。そして、イスラーム教文化の中国伝統文化における位置づけと影響、中国の貴重な文化遺産の継承と整理という無視できない問題に対しての討論をしている。[15]

「论回族的民族情感与民族理性」（回族の民族感情と民族理性論）では、民族の感情、民族理性に対する深い分析を基礎として、回族の特徴的な感情と理性が論じられている。本文では未来における発展において、

回族の民族感情は中華民族共同の民族感情と連動して進んでいき、現代の理性、科学成分、回族民族理性向上の力を伴い、民族の素質などの問題を絶えることなく向上させていくと述べている。〔16〕

馬平、瀬存理『中国穆斯林民居文化』(中国ムスリム住民文化)寧夏人民出版社、一九九五年、二五二頁
劉致平『中国伊斯兰教建筑』(中国イスラーム教建築)新疆(ウイグル自治区)人民出版社、一九八五年、二六八頁
白学義『中国伊斯兰教建筑艺术』(三冊)(中国イスラーム教建築芸術)寧夏人民出版社、二〇一六年、八一一頁

中国イスラーム教建築と住民文化にも鮮明な特色があるので、学者たちからも大きく注目されている。この方面の代表的なものを以下に挙げる。

その中で馬平、瀬存理の著書の内容には以下のものが含まれる。

中国穆斯林民居的民族类型；中国穆斯林民居与地理气候自然环境的关系；中国穆斯林民居文化的经济与社会背景；中国穆斯林民居的文化特征；中国穆斯林民居的民族宗教民俗生活禁忌和礼仪；中国穆斯林民居的结构类型、材料与营造；中国穆斯林民居的空间布局与造型；中国穆斯林民居的色彩、图案、装饰艺术〔17〕

(中国ムスリム住民の民族タイプ、中国ムスリム住民と地理気候自然環境の関係、中国ムスリム住民文化の経済と社会背景、中国ムスリム住民の文化経済と社会背景、中国ムスリム住民の文化特徴、中国ムスリム住民の民族宗教習慣、生活禁忌と礼儀、中国ムスリム住民の結合タイプ、材料と建造、中国ムスリム住民の空間配置と造型、中国ムスリム住民の色彩、模様、装飾芸術)

などの章節である。著者はこの書で中国ムスリム民族住民一〇種の民族タイプについて論じており、その自然環境の出現、社会環境と文化特徴などの要素及びイスラーム教の宗教規定を論じている。または建造、配置、装飾などの要素を紹介している。そして二種類の要素に対する深くて詳細な研究を行なっており、ムスリムの文化模型を設け、斬新的な作業を完成させた。ムスリムについて多くの事柄が扱われている。

劉致平の著書は建築実例、各種建築方法総論の二つの部分に分かれている。本書の内容には以下のものが含まれる。

清真寺建筑、教经堂建筑、道堂建筑、陵墓（或叫拱北、麻扎、圣墓）建筑、总平面布置、各种建筑制度、各种做法[18]（清真寺建築、教経堂建築、道堂建築、陵墓（拱北、麻扎、聖墓）建築、総合平面配置、各種建築制度、各種方法）

などが章節に分かれている。イスラーム教は唐の時代に中国に入ったが、まず回、ウイグル、サラなどの民族が信仰を持った。中国イスラーム教の建築分野についていえば、広大な内地に主な礼拝寺と教長墓（拱北）を建てた回族のものと、ウイグル族は主に礼拝寺と陵墓（瑪札）の二つが代表的である。宗教への熱望により、一般的な礼拝寺は礼拝殿（祈禱堂）、喚醒楼（拝克楼）、浴室、教長室、経学校、大門などにより構成されている。喚醒楼は中央アジアの礼拝寺ではミナレット（Minaret）あり、塔の形をしている。またペルシャ語では「ミナーレ」とも呼ばれている。教民の礼拝のために建てられており、その高く聳える塔型はイスラーム教特有のものである。礼拝殿は西から東に向かって建てられ、これにより教民は礼拝時に西のメッカに向かい合える。寺内の装飾には動物は使用されておらず、多角形、植物の花びら、アラブ文字のデザインが施されている。ウイグル地区のイスラーム教建築は現地の木材を使用した平らな屋上と日干し煉瓦及び弓型の屋根が結合させるという中央アジアの手法を吸収しつつ、各地に合わせた方法が組み込まれ、装飾と色彩豊かな地区ごとの民族スタイルが誕生した。

白学義の『中国イスラーム教建築芸術』は三冊本で、上中冊では有名な清真寺（モスク）建築、下冊では有名な拱北、麻扎（マザル）、道堂等建築の写真編集である。

第二節　文明対話などの分野の研究

『文明衝突論』はアメリカの有名な国際政治理論家であるサミュエル・フィリップス・ハンティントン（一九二七〜二〇〇八）英文名 Samuel P. Huntington[19]の著作である。彼は一九三三年に『文明衝突』などの文章を発表した。その後関係する理論として影響が大きい『文明の衝突と世界秩序の再建』[20]を発表し、三九の言語に訳され、世界に衝撃を巻き起こした。その後「九・一一」事件により世間はもう一度ハンティントンの理論に立ち返らざるを得なくなる。一つ目に、未来世界の国際衝突の根源として意識形態、経済形態のものを分断するのではなく、異なる文明の国家と集団の間で世界的に巻き起こる衝突であるため、全世界的に文明間（現有のもの）の断裂を引き起こし、未来の戦線となるというものである。二つ目に、文明の衝突は未来世界の平和の最大の脅威となるため、現有の文明を基礎とした世界秩序が戦争を避ける最も信頼できる保証にもなるということである。このため、異なる文明間、交差する境界線（Crossing Boundaries）では非常に重要なものとなり、異なる文明間では尊重と認識を保つことが非常に重要といえる。三つ目に、歴史において初めて多極的多文明となるグローバルな政治社会が見られるようになったという点が挙げられる。一般的には、異なる文化国家間では互いに疎遠になり強い敵対関係が生まれるため、文明間の競争性共存（Competitive Coexistence）が発生し、冷戦と冷たい平和が生まれ、民族衝突が普通に存在する。四つ目に、異文化間や異文明間の衝突は、主に現在七種類の文明衝突があり、イスラーム文明と儒教家文明は共同して西洋文明の脅威に対して挑戦し続けているという点などが挙げられる。

ハンティントン氏は、以下に挙げる観点が多くの外国人国際問題専門家の感じる脅威であるとともに受け入れ難い点であると述べている。未来の不安定さの主要な原因と戦争の可能性は、イスラームの復興と東アジア社会の特に中国に起因している点にあり、西洋とこれらの挑戦的な文明の関係は非常に難しく、その中で最も危険であると考えられるのがアメリカとの関係であるという点である。杜維明はハンティントンの観点を批判し、「文明衝突」は決して現代文明の発展経緯が原因ではないとしている。そしてハンティントン氏の文化の理解は断片的なものであり、狭い政治学的な立場で語っているため、冷戦終結後のアメリカ社会の一種の不健康な心の状態を反映していると述べている。さらに「文明衝突論」が大きな影響力を持っていたとしても、この種の思想は発展していき、この理論の拠り所には問題があるため、今後の影響力は徐々に弱まっていくとも述べている。現在われわれは二一世紀に生活しており、各種異なる民族、文明体系の間でのコミュニケーション、交流をしなければならないため、ある種のグローバルな東方文明と西洋文明ともいえる「文明対話」が形成されている。例えば、東南アジアや南アジア地区のヒンドゥー教、イスラーム教、ジャイナ教、中国の儒教、道教、大乗仏教徒、中東地区のユダヤ教、西洋のキリスト教などが挙げられ、広範な対話が行なわれている。

『文明衝突』『文明対話』などは学術研究の熱が高まる中、行なわれたものであるため、中国イスラーム文明と他の文明の間の対話研究にも一定の成果が見られる。杜はハーバード大学で教職時に南京大学、雲南大学、寧夏社会科学院などの機構と緊密に協力しながら系統だった研究を推し進め、多くの成果を発表した。中国国内でも異なる形式の対話学術会議が数多く開催された。その中には、寧夏銀川、雲南昆明などで開催された回儒対話を主要な文明対話とする国際研究討論会や、北京で開催された「生と死、回仏対談」国際学術研究討論会も含まれる。これと同時にイスラーム文明と中華文明、特にイスラーム教徒中国儒教家思想の相互影響融合の成果も表れた。例を挙げる。

劉一虹『回儒对话：天方之经与孔孟之道』（回儒対話——天方之経と孔孟之道）宗教文化出版社、二〇〇六年、二四六頁 馬明良『伊斯兰文明与中华文明的交流历程和前景』（イスラーム文明と中華文明の交流歴程と前景）中国社会科学出版社、二〇〇六年、三二一頁

この中の劉一虹の『回儒対話——天方之経と孔孟之道』の内容は以下のように分けられる。

伊斯兰宗教哲学的产生及其特质、《古兰经》的哲学思想、比较哲学的方法论问题、经堂教育与汉文译著、伊本·阿拉比的《麦加的启示》、安萨里的《圣学复苏》、开以儒诠回之先河、真道理、"三一说"与伊本·阿拉比、"凡所得者，当分于人"、"圣教、圣道与至道"、"修身、养性、清心、明命"、马注与《清真指南》、

拳拳之心　上表宣教、设问答疑　阐发教理、“黜导扶儒”回儒共明、好学审慎精益求精、天方之经大同孔孟之旨、五典尽人道五功尽天道、亲至天方　承前补阙、“分晰礼功所含之义理”、讲解“原始返终之要道”、汉文译著的理论成就、中国苏非思想的特性、儒学的宗教性与中国伊斯兰思想、比较哲学研究方法探析(21)（イスラーム宗教哲学の生産と特質、『コーラン』の哲学思想、哲学方法論の比較、経堂教育と漢文訳著、イブン・アラビの『メッカの啓示』』、アンサリの「聖学復蘇」、以儒詮回の先駆け、真道理「三一説」とイブン・アラビの「全て得たならば、人に分け与えよ」、「聖教、聖道と至道」、「修身、養性、清心、明命」、馬注の『清真指南』、拳の心、宣教、設問討議、教義解説の「黜異扶儒」の回儒共明、心を尽くして学び、天方之経により孔子と孟子の教えを理解し、五典人道五功天道に努め、天に近づき、過去を償い未来を切り開く教えの「分析礼功に含まれる筋道」、「原始返終之要道」の説明、漢文著作の理論成就、中国スーフィー思想の特性、儒学の宗教性と中国イスラーム思想、哲学研究方法と分析）

などである。「回儒対話」は漢文の中国ムスリム、儒教家伝統思想を主体とした文化背景において、イスラーム教義思想を基礎として、中国古代哲学宇宙論における道論、『易伝』における太極陰陽及び宋明理学における「理、気、心、性」などの哲学範疇、アラブのイスラーム教思想観念と中国本土の伝統哲学理論、その明らかな特殊性と肯定共通性の分析、両者の間に見られる相互補塡要素である。千年余りの思想活動によって、最終的にイスラーム哲学特有の「以儒詮回」、「回儒共明」、「回儒補塡」などに対する相対性という特徴が見られる。

馬明良の『イスラーム文明と中華文明の交流歴程と前景』は上中下の三編であり、内容は以下のように分けられる。

伊斯兰文明的历史轨迹与现实走向；中华文明的历史轨迹和现实走向；伊斯兰文明与中华文明的早期交往——唐宋元时期的政治、经贸、文化和军事交往；伊斯兰文明与中华文明的深层交往——明清时期的"以儒诠经"活动；近现代伊斯兰文明与中华文明的广泛交往——伊斯兰教新文化运动及其他；当代伊斯兰文明与中华文明的全面交往；全球化——伊斯兰文明与中华文明交往的新视野；伊斯兰文明与中华文明对话领域之一——生态环境问题；伊斯兰文明与中华文明对话领域之二——世界和平问题；伊斯兰文明与中华文明的对话领域之三—全球伦理问题[22]

（イスラーム文明の歴史軌迹と現実方向、イスラーム文明と中華文明の早期交流——唐宋元時代の政治、経済貿易、文化、軍事交流、イスラーム文明と中華文明の深層交流——明清時代の「以儒詮経」活動、近現代イスラーム文明と中華文明の広範な交流——イスラーム教新文化運動及びその他、当代イスラーム文明と中華文明の全面交流、グローバル化——イスラーム文明と中華文明の新しい視野、イスラーム文明と中華文明の対話領域の一つ——生態環境問題、イスラーム文明と中華文明の対話領域二——世界和平問題、イスラーム文明と中華文明の対話領域三——グローバル倫理問題）

である。イスラーム文明と中華文明の歴史軌道と現実方向、イスラーム文明と中華文明の交流歴程、イスラーム文明と中華文明の交流前景などの問題が重点的に論じられている。そしてイスラーム文明と中華文明は深くて広い長い歴史があり、豊富な思想内包、文化詳細と持久力旺盛な生命力、過去一三〇〇年の歴史における二者の側面、各分野における深くて幅広い交流により据えられた基礎、グローバル化の荒波の中生じた日本と中国の独特な魅力と直面している問題、二国間の相互交流により互いが補われ、共存共栄が図られていること、グローバル化形成により世界多様化文化が構築されたため、その人類文明共同発展における貢献についても論じている。

ここでは文明間の差異、宗教間の対話の強調、共同存在を基礎として人類社会で相互に理解し合うという主張が認められている。そのため、イスラーム文明と他の文明の対話、イスラーム教と他の宗教の対話が近年ブームとなっている。私たちが理解しているように、文明衝突であっても宗教対話であっても、基本的に同様の背景が根深く存在しているので、宗教の多様化現象は二〇世紀に急速に発展した。このため、否定の余地なく両者には緊密関係があるため宗教の多様化論の一つのテーマとして研究されている。

本分野について論文は少なくない。一つの例として、

丁克家「重构・对话・文化启蒙：中国回族穆斯林知识分子的历史类型与理想追求再」（構築・対話・文化啓蒙――中国回族ムスリム知識人の歴史タイプと理想追求）『回族研究』二〇〇〇年第三期

本論文では中国回族文化の発展歴程が表明されており、回族文化の先導者として、代々回族ムスリム知識人に対する多大な努力と重大な貢献と回族文化伝承と建設が扱われている。この中から回族文化発展の軌跡などの問題を知ることができる。[23]

こうした問題に対する新しい観点として、新理論がいくつかの分野で作り出されている。研究者は特別なの観点を堅持し、国際テロリズムと宗教の普遍性が混在することに反対し、イスラーム宗教過激主義とイスラーム教の宗教組織、宗教組織と国際または地域的なテロリズムの間には明確な違いがあると考えて

いる。

文化分野における研究成果で最後に紹介したいのは、研究成果を総合的に収集し編集された馬明良の『伊斯兰文化前沿研究论集』（イスラーム文化最先端研究論集）（中国社会科学出版社、二〇〇六年、六三二頁）である。本資料は二一世紀中国イスラーム教研究分野における最先端の成果を反映している論文集である。大部分の論文は既に公開発表されており、国内学術刊行物で散見しており、数編の論文のみ未公開という状態である。収められた論文には以下のものが挙げられる。[24]

“面向新世纪，创建伊斯兰文化研究的新体系”；“伊斯兰文化与文明对话”；“文明对话与大中东改革”；“伊斯兰视阈中的文明对话与全球伦理”；“阿拉伯 - 伊斯兰文化认同及其重构”；““以儒诠经”活动及其对当代文明对话的启示意义”；“王岱舆的“天命三品”论对当今文明对话的启迪意义”；“穆斯林的人生理想——兼与儒家文明的对话”；“从《据理质证》看马德新的“回耶”对话观”；“伊斯兰哲学思想研究”；“伊斯兰文明中的人文思想”；“当代伊斯兰“中间主义”思潮述评”；“再论伊斯兰教的和平观——兼及“吉哈德”理念”；“伊斯兰研究中的语汇问题——以“吉哈德”为例”；“伊斯兰人权观”；“乌玛观念与伊斯兰宗教共同体的构建”；“纳斯尔教授的“圣道伊斯兰教”观初探”；“纳斯尔教授的伊斯兰哲学史观述评”；“浅谈穆罕默德·阿布杜的“存在神学”观”；“从努尔西到努尔库运动——土耳其“文化伊斯兰”概说”；“文化比较研究”；“伊斯兰文明与西方文明主权观之比较”；“伊斯兰文明与中华文明的和平理念及其当代价值”；“伊斯兰法文化与中国法文化的比较研究”；“犹太教、基督教和伊斯兰教视阈中耶稣形象之比较研究”；“从“真一说”看明清之际的回儒融合”；“儒家“五伦”思想和刘智“五典”思想之比较”；“伊斯兰文化与和谐社会”；“构建社会主义和谐社会符合穆斯林的宗教信仰和根本利益”；“论阿拉伯伊斯兰文化的和谐理念”；“和谐社会中的穆斯林与非穆斯林”；“伊斯兰妇女问题文化辨析”；“伊斯兰生态文明初探”；“穆斯林生理卫生与心理卫生观念初探”；“伊斯兰文化与中国穆斯林”；“对王岱舆、刘智学术地位的再认识——致杜维明先生的信”；“他山之石——西方学界对中国回族伊斯兰教的研究述评”；“伊斯兰教传入西藏考”；“西海固伊斯兰教的门宦教权体制”；“论法门门宦两份阿拉伯文苏菲传教凭证的文献价值及信息”；“陕鄂交界地区回族、伊斯兰教考述”；“维吾尔族 jamaat 群体研究”；“《福乐智慧》中所反映的早期苏菲”；“云南迪庆藏化回族调查报告”；“伊斯兰教法研究”；“论教法创制与文化创新”；“论伊斯兰教与“神圣律法”伊斯兰法的辩证统一”；“伊斯兰法渊源在其文化体系形成中的作用”；“伊斯兰教育”；“历史上的伊斯兰教育”；“二〇世纪河州经堂教育的两次重大突破”；“兰州满拉的汉文化需求——以城关区为例”；“伊斯兰文献研究”；

“《古兰经》注疏概观”；“穆圣与《古兰经》注疏”；“圣训花苑中的智慧花瓣”

以下は日本語訳：

（『新世紀におけるイスラーム文化研究の新体系の創設』、『イスラーム文化と文明対話』、『文明対話と大中東改革』、『イスラームから見た文明対話と世界倫理』、『アラブ・イスラーム文化の共通点と再構築』、『「以儒詮経」活動及び当代文明対話の啓示意義』、『王岱輿の「天命三品」当代文明対話の啓示意義を論じる』、『ムスリムの人生理想――儒教家文明の対話』、『「據理質証」から見る馬徳新の「回耶」対話観』、『イスラーム哲学思想研究』、『イスラーム文明における人文思想』、『当代イスラーム「中間主義」思潮再考』、『イスラーム教の平和観――及び「ジハード」理念』、『イスラーム研究における語彙問題――「ジハード」の例』、『イスラーム人権観』、『ウマ観念とイスラーム宗教共同体の構築』、『ナサール教授の「聖道イスラーム教」観初探索』、『ナサール教授のイスラーム哲学史再考』、『ムハンマド・アブドゥルの「存在神学」観』、『ヌルシからヌルクまでの運動――トルコ「文化イスラーム」概況』、『文化比較研究』、『イスラーム文明と西方文明主権観の比較』、『イスラーム文明と中華文明の和平理念及びその当代価値』、『イスラーム法文化と中国法文化の比較研究』、『ユダヤ教、キリスト教、イスラーム教から見たキリスト教との比較形成』、『「真一説」から見る清時代の回儒融合』、『儒教家「五倫」思想と劉智「五典」思想の比較』、『イスラーム文化と調和社会』『社会主義と調和社会におけるムスリム宗教信仰と根本利益』、『アラブイスラーム文化の調和理念』、『調和社会におけるムスリムと非ムスリム』、『イスラーム婦女問題文化解析』、『イスラーム生態文明初探索』、『ムスリム生理衛生と心理衛生観念初探索』、『イスラーム文化と中国ムスリム』、『王岱輿、劉智学術地位の再認識――杜維明氏の手紙との一致』、『他山之石――西洋学界の中国回族イスラーム教の研究再考』、『イスラーム教のラサ伝播の考察』、『西海イスラーム教アホン教権体制』、『アホンのアラブ文スーフィー伝教の二文献価値及び情報に基づく論法』、『湖北、河南、陝西協会地区の回族、イスラーム教考察』、『ウイグル jamaat 群衆研究』、『「福楽智慧」における早期スーフィーの繁栄』、『雲南迪慶チベット人回族調査報告』、『イスラーム教法研究』、『論教法創造制度と文化創新』、『イスラーム教と「神聖律法」イスラーム法弁証統一』、『イスラーム起源とその文化体系形成における作用』、『イスラーム教育』、『歴史上におけるイスラーム教育』、『二〇世紀河州経堂教育の二大重要突破』、『蘭州マンラの中国文化需要――城門外側の地域一帯を例に挙げる』、イスラーム文献研究、『「コーラン」注釈概観』、『ム・シェン「コーラン」注釈』、『聖訓花園における知恵の花びら』）

本論文集は西北民族大学学者論文を主としているが、同時に北京、上海などの国内の大学と科学研究学院の学者が有する代表的な論文も収めている。本論文集は宗教学学科の建設を促している。その中の整った宗教教学理論、豊富な宗教学内包、宗教学分野の開拓は全て学術的に価値がある。社会と調和に貢献する宗教の現実的な意義を強調している。

注●

〔1〕中国社会科学院世界宗教研究所伊斯兰教研究室（イスラーム研究室）合同編集『伊斯兰教文化面面观』（イスラーム教文化の観察）斉魯出版社、一九九一年、目録（三三五頁）。
〔2〕納忠 朱凱 合作『传统与交融：阿拉伯文化』（伝統と融合――アラブ文化）浙江人民出版社、一九九三年、目録（三四一頁）。
〔3〕秦恵彬 編集『世界文明大系：伊斯兰文明』（世界文明大系――イスラーム文明）中国社会科学出版社、一九九九年、目録（四三六頁）。
〔4〕馬明良『伊斯兰文化新论』（イスラーム文化新論）寧夏人民出版社、一九九九年、目録（二九五頁）。
〔5〕丁俊『伊斯兰文化巡礼』（イスラーム文化巡礼）甘粛民族出版社、二〇〇二年、三四三頁。
〔6〕本内容では全章節で紹介した内容と繰り返したところもある。
〔7〕参考 呉雲貴、周爕藩、秦恵彬 編集『伊斯兰文化小丛书』（イスラーム文化小叢書）（一二冊版）中国社会科学出版社、一九九四年。
〔8〕参考 陸培勇『伊斯兰文化及与文明关系』（イスラーム文化及びその文明関係）『阿拉伯世界』（アラブ世界）一九八九年第一期、五六〜五八頁。
〔9〕劉靖華「伊斯兰传统价值的复兴与超越」（イスラーム伝統価値の復興と超越）『西亚非洲』（西アジアアフリカ）一九八九年第四期、五六〜六一頁。
〔10〕呉雲貴「伊斯兰文化的共性与个性」（イスラーム文化の共通性と個性）『世界宗教文化』一九九六年春季号総第五期、一〜六頁。
〔11〕楊懐中、余振貴 合作『伊斯兰与中国文化』（イスラームと中国文化）寧夏人民出版社、一九九五年、目録（六三三頁）。

〔12〕秦恵彬『中国伊斯蘭教与传统文化』（中国イスラーム教と伝統文化）中国社会科学出版社、一九九五年、目録（一三六頁）。
〔13〕馬通『丝绸之路上的穆斯林文化』（シルクロードのムスリム文化）寧夏人民出版社、二〇〇〇年、目録（二二七頁）。
〔14〕馬啓成「论中国伊斯兰大文化属性」（中国イスラーム大文化属性）『中央民族学院学報』一九九二年第六期、三二一～三二八頁。
〔15〕葛狀「伊斯兰教和中国传统文化」（イスラーム教と中国伝統文化）『探索と学術論争』一九九二年第三期、五九～六四頁。
〔16〕馬平「论回族的民族情感与民族理性」（回族の民族感情と民族理性論）『回族研究』二〇〇〇年第三期、四六～四九頁。
〔17〕馬平、瀬存理『中国穆斯林民居文化』（中国ムスリム住民文化）寧夏人民出版社、一九九五年、目録（二五二頁）。
〔18〕劉致平『中国伊斯兰教建筑』（中国イスラーム教建築）新疆（ウイグル自治区）人民出版社、一九八五年、目録（二六八頁）。
〔19〕コロンビア大学「戦争と平和」研究所副所を経てハーバード大学教授。アメリカ政治学会会長を務め経験があり、政党支持ではアメリカ民主党に属した。
〔20〕Samuel P. Huntington "The Clash of Civilizations and the Remaking of World Order" 周琪等 訳『文明的冲突与世界秩序的重建』二〇一〇年、新華出版社、三四五頁。
〔21〕劉一虹『回儒对话：天方之经与孔孟之道』（回儒対話――天方之経と孔孟之道）宗教文化出版社、二〇〇六年、目録（二四六頁）
〔22〕馬明良『伊斯兰文明与中华文明的交流历程和前景』（イスラーム文明と中華文明の交流歴程と前景）中国社会科学出版社、二〇〇六年、三二一頁。
〔23〕丁克家「重构・对话・文化启蒙――中国回族穆斯林知识分子的历史类型与理想追求再」（構築・対話・

文化啓蒙——中国回族ムスリム知識分子の歴史タイプと理想追求）『回族研究』二〇〇〇年第三期、五〇〜五五頁。

〔24〕馬明良『伊斯兰文化前沿研究论集』（イスラーム文化最先端研究論集）中国社会科学出版社、二〇〇六年、目録（六三二頁）。

終章

筆者は本テーマにおいて、中国の現代イスラーム教学術の発展と変化過程における「時代背景」、「人物、機構及びその学術刊行物」、「学術会議」、「参考書と史料整理」、「歴史分野の研究」、「教（経・法・義・派）学分野の研究」、「哲学・政治学分野の研究」、「文化及び他の分野の研究」などを章節で系統だって整理分析した。学術史研究の特色は以下のように纏められる。

㈠、研究対象の境界に関する問題。イスラーム教は七世紀中旬にアラブ、中央アジア地域から伝来された。各民族地域の時間や社会歴史環境と文化背景が異なるため、伝播、発展、変化過程において中国系民族（回族など）と、突厥（テュルク）語系民族（ウイグル族、カザフ族など）のイスラーム教及びその文化という二大体制が形成され、民族特色を有するイスラーム教が誕生した。現在イスラーム教は中国五大宗教の一つである。中国イスラーム教の民族性、地域性のある宗教観は歴史に一定の影響を与えてきた。諸民族及び地域が異なっているので、異なる研究方法を運用して考察を行なった。

㈡、中国のイスラーム教の学術史。中国学者の中国イスラーム教の研究学術歴史には、国外イスラーム及びムスリムという分野に対する各種研究及び取得成果とその整理も含まれる。これにはイスラーム教の『コーラン』、聖訓などの経典研究、歴史、教（義、法、派）学、哲学、政治、社会、文化などの多方面にわたる研究も含まれる。国外の異なる地域のイスラーム教及びムスリムにも異なる特徴があるので、研究方法もこの点に注意を払っている。

㈢、学術史の始まりに関する問題。筆者自身の研究結果に基づき、現代の意義がある学術研究は二〇世紀の初めに開始したと断定できる。西から東への伝播が進む時代背景において、現代学術研究方法は中国のイスラーム教研究分野に大きな影響を与えた。それにより哈徳成、王静斎、達浦生、馬松亭四大アホンなど教内学者、陳漢章、陳垣、傅統先などの学術レベルが高い非ムスリム学者がイスラーム研究者に加わるようになった。言い換えれば二〇世紀以前は研究成果がなかったといっても過言ではない。

㈣、現代イスラーム教学術史変化歴程。二〇世紀新中国が設立された時期が開始時期となる。新中国設立から改革開放までの初期には、各種政治運動などが原因となり、中国のイスラーム学術史の多くの分野において停滞や挫折が生じた。改革開放から二〇〇〇年までの時期は現代中国イスラーム教学術研究の繁栄期といえる。イスラーム教研究は宗教学の研究任務だけでなく、一種の文化現象と見なされ、政治、社会、経済、情報科学などの多角的な視点で分析研究が行なわれていく。二〇〇一年から現在までの期間では、学科意識が明確にされ研究方法も多様化してきた。諸学者たちが宗教学、民族学、人類学、社会学、歴史学、哲学、言語学、文化学、政治学などの各学科理論と方法に積極的に参加するようになり、イスラーム及びムスリム分野の歴史、政治、経済、文化などの現象に対する系統だった研究が行なわれ、中国のイスラーム教研究に対する一歩進んだ発展の基礎が据えられた。

本テーマのロジック構成について。

㈠、『人物、機構及びその学術刊行物』では、教内の四大アホン及び他の学者の学術経歴の簡明な分析という努力により、改革開放以降の諸研究機構の設置と多くの優秀な学者の理論設定と本研究分野における基礎が築かれた点が扱われている。研究機構分野における中国社会科学院イスラーム研究室、寧夏社会科学研究所などの機構が代表する多数の研究機構、学術歴史の重要な役割も扱われている。この時期の重要な研究成果の一つとして挙げられるのが書籍出版という形である。もう一つはこれらの研究機構が発表した『回族研究』、『世界宗教研究』などの定期刊行物における発表である。

(二)、「学術会議」では、中国で一九七九年から始まった、世界宗教研究所が開催した全国宗教研究計画会議を、新しい段階の幕開けと見なすことができる。この後に中国では相次いで国内国際学術会議が開催されている。中国のイスラーム教研究事業を推し進める重要な役割となった。

(三)、参考書及び資料整理分野では「イスラーム教が中国社会科学研究の対象となってから二十年近く経った。……中国イスラーム教典籍の整理と出版において、参考書である『中国イスラーム百科全書』と『イスラーム教辞典』が書かれ、内外イスラーム教史、イスラーム教概論、イスラーム教法などの論著が現れ、中国イスラーム教研究の空白状態に変化が訪れた」という事実がある。これは『宗教学科「十五」計画調査研究報告』の内容であり、全国哲学社会科学計画事務室宗教学科規則評議審査班からも非常に高い評価を受けている。

(四)、改革開放が進むにつれ、中国のイスラーム教及びムスリムの歴史研究分野は弛むことなく拡大し、その成果が連続して発表されることにより新しい動向が形成されていった。この章節では中国内外の学術研究史などを、通史、専門史、民族史、地域史などのいくつかの分野に分けて論じている。この分野では金宜久、李興華、周国黎、沙秋真、周燮藩、呉雲貴、楊懐仲などの学者の成果が突出している。

(五)、宗教学、哲学分野における「教義学」分野における学者の考察である。教義学研究は二〇世紀に入ってからスタートした。この時期は宗教学、哲学の枠内だけで研究が行なわれたが、二〇〇〇年になると教義学には新しい変化が生じ、人文学科と社会学科理論において新しい成果が生まれる。関係する「教法」の研究分野も中国の改革開放以来、伝統イスラーム教法学者と現代西洋イスラーム教法研究学者の影響を受けることにより、徐々に現代イスラーム教法体系のスタイルが形成されてきた。新しい研究成果は相次いで世に公表された。イスラーム哲学に関係する分野の研究成果とイスラーム哲学に対する整理と評価もなされていった。しかし、一部の訳著のサブテーマとなっているキンディーからイブン・ルシードの枠組みを打破してはいないといえる。研究の主要な特色は西方洋学者の研究成果、中国古代哲学思想の成果、中国明清時代の回族ムスリム学者の研究成果に対する比較研究である。

㈥、政治、社会分野の研究によれば、近現代イスラーム政治は二〇世紀に既に形成された民族主義へと変化しており、現代主義、原理主義などと三大流派を構成している。現代イスラーム分野の研究は様々な国家、民族、経済、政治条件に影響を及ぼしており、宗教学の研究分野だけでなく多数の学科にも関係がある学術最先端という特性もある。学術研究の角度から考えると、これらの趨勢は、教内外学者のイスラーム政治と社会問題に対する注目と研究を促進している。最近は国際政治に関係するイスラーム教の社会思潮と社会運動分野の研究成果が多数発表されている。

㈦、中国の文明史上、宗教文化が中国伝統文化の重要な組成部分となっており、教徒の精神生活に影響があるだけでなく、社会の精神文化生活にも反響が及んでいる。中国改革開放以来、世界宗教文化熱が高まる中、イスラーム文化及び関係する分野にも注目が集まり、多くの重要な代表作が発表された。サミュエル・フィリップス・ハンティントン（一九二七年四月一八日〜二〇〇八年一二月二四日）が発表した『文明の衝突論』には強い影響力があった。ハンティントン氏の観点は多くの国の専門学者からは受け入れられなかったため、『文明対話』が発表された。『文明衝突』、『文明対話』などの学術研究熱が交錯する中、中国イスラーム文明と他の文明の対話研究には一定の成果が生み出されてきた。

筆者は以上のロジック構成を基礎として、中国の現代イスラーム教学術変化の歴程に対する分析と、研究成果に対する整理と自己評価を行なっている。

最後に、この課題の未来展望という分野がある。周知の事実であるように、現在は英語覇権の時代であるため、英文著作が世界学術界において特殊な地位を占めており、非常に大きな影響力があるため、世界の中国イスラームに対する認識と理解を左右しているといえる。[1] ロシアも含むイギリス、フランス、ドイツなどの西洋学界と日本においては、中国イスラーム教とムスリム問題の研究が中国イスラーム研究事業の中で最も重要なプログラムであると考えているため、中国の学者にも注目されている。しかし、残念なことにこの分野に関しては、いくつかの論文を除いて、西洋の研究文献を整理収集している学者はいない。当然系統だった探求もなされていない状況である。筆者は今後の研究においてこの分野の学術空白を埋め合わせ、イスラーム研究学術界に貢献していきたいと考えている。

注●

〔1〕周伝斌「他山之石——西方学界対中国回族伊斯兰教的研究述评」(他山之石——西方学界の中国回族イスラーム教に対する研究評述)『西北民族研究』二〇〇五年第一期、九七~一一八頁。

参考文献

【中国語文献】

劉一虹「回儒対话——明清时期中国伊斯兰哲学思想研究」（回儒対話——明清時代中国イスラーム哲学）『中国哲学』二〇〇五年第九期、四二～四七頁。

劉一虹「回儒対话——天方之经与孔孟之道」（回儒対話——天方之経と孔孟之道）『哲学動態』二〇〇六年第八期、一六～二〇頁。

劉一虹『回儒対话——天方之经与孔孟之道』（回儒対話——天方之経と孔孟之道）宗教文化出版社、二〇〇六年、二四六頁。

吴艷冬『中国回族思想家評術』宗教文化出版社、二〇〇四年、二一四頁。

孫振玉『马德新及其伊斯兰思想研究』（馬徳新及びイスラーム思想研究）蘭州大学出版社、二〇〇二年、一四九頁。

孫振玉『王岱輿 刘智评传』南京大学出版社、二〇〇六年、五〇六頁。

张绍绎「日本的中东研究——以『日本中东学会年报』为例」（日本の中東研究——『日本中東学会年報』を例として）『阿拉伯世界研究』二〇〇九年第九期、四一～四六頁。

杨桂萍、马晓英 合作『清真長明』宗教文化出版社、二〇〇七年、三七二頁。

泽井充生「日本的中国穆斯林研究——以一九八〇年后的回族研究为中心」（日本の中国ムスリム研究——一九八〇年以後の回族研究を中心として）（著宛瑞 译）、收入 金泽 陈进国 编『宗教人类学（第三辑）』社会科学文献出版社、二〇一二年、二八六～三〇二頁。

许淑杰「元代以来国内外中国伊斯兰典籍调查整理研究」（元代以来国内外における中国イスラーム典籍調査経理研究）『回族研究』二〇〇六年第一期、一五七～一六〇頁。

郜哈斯其木格『改革开放后中日关系研究——以现代化视角看中日政治、经济、文化关系』（改革開放後日中関係研究——現代化の角度から見た日中政治・経済・文化関係）南開大学博士学位论文、二〇〇九年。（公開出版無し）

鈴木規夫「日本伊斯兰研究的回顾与反思」（日本におけるイスラーム研究の回顧と再考）（高明洁 译）『国際政治研究』二〇〇四年第四期、六八～七五頁。

長谷部茂「试论伊斯兰哲学对宋明儒学的影响」（イスラーム哲学の宋明儒学に対する影響についての試み）『海交史研究』二〇〇九年第二期、九八～一〇三頁。

阵景彦「浅论近代中日关系史分期问题」（近代日中関係史の時代区分問題についての簡単な分析）『东北亚论坛』一九九四年第四期、八六～八九頁。

马通「对西北五省（区）伊斯兰教研究的回顾与展望」（西北五省（区）イスラーム教研究の回顧と展望）『甘肃民族研究』一九八七年第二期、一〇～一五頁。

马富春「刘介廉先生的宗教译著对以后伊斯兰教派的影响」（以後のイスラーム教派の影響に対する劉介廉氏の宗教訳著）『アラブ世界』一九八三年第一期、九三～九八頁。

鲁忠慧「论二〇世纪上半叶日本研究回族的殖民主义特征」（二〇世紀前半の日本における回族研究の植民主義的特徴）『西北第二民族学报』二〇〇四年第三期、三四～三八页。

鲁忠慧「日本对中国伊斯兰教研究概述」（日本における中国イスラーム研究の概要）『回族研究』二〇〇〇年第三期、九三～九七頁。

『汉译古兰经』（漢文コーラン）姫覚弥（一八八七～一九六四総編集）、上海愛麗園広倉学館印刷（石刻系列本）、一九三一年、八冊（第一冊序、第二～第八冊本文）

『古兰经简注』（コーラン簡潔注解）馬仲剛（以《圣训》注释《古兰经》的中文译本，『聖訓』注解『コーラン』の漢文訳本）、宗教文化出版社、二〇〇五年、六七〇頁。

『古兰经译解』（コーラン訳解）王静斎 訳本、上海水祥印書館、一九四六年（再版東方出版社、二〇〇五年）八七二頁。

『古兰经译注』（コーラン訳注）李静遠／馬金鵬（英語版からの訳と紹介、其子張その意志の継承）世界華人出版社、二〇〇四年、八三八頁。

『古兰经』（コーラン全訳本）馬堅 訳本、中国社会科学出版社、一九八一年、四九三頁。

『古兰经国语译解』（コーラン国語訳解）時子周（英語版からの訳注）中華学術院回教研究所理事会出版、一九五八年、九〇八頁。

『古兰经中阿文对照详注译本』（コーランと漢文アラブ語の対照訳注訳本）（美）闪目氏・仝道章（英語版からの訳注）訳林出版社、一九八九年、八三〇頁。

『古兰经注』（コーラン注）『伊本・凯西尔《古兰经》注』（イブン・カシール『コーラン』注）孔德軍 訳著、中国社会科学出版社、二〇〇五年、一五三四頁。

『中国経堂教育問題研究討論会』（論文集・内部資料・出版なし）（掲載された参考論文「创制与文化振兴——伊斯兰教中国本土生长的历史启示」（制度創造と文化振興——イスラーム教中国本土での成長歴史の啓示）・「经堂教育的百年发展」（経堂教育の百年発展）・「经堂教育的现状与思考」（経堂教育の現状と思考）・「经堂教育未来发展的方向」（経堂教育の未来発展方向）・「经堂教育发展的新理论、新视角、新境界」（経堂教育の発展新理論、新視角、新境界）

『波斯经典文库』（ペルシャ経典文庫）（全一八冊）湖南文芸出版社、二〇〇一年（商務印書館再版、二〇一七年）。

『明史・列伝・巻二百二十（西域四）』中華書局、一九七四年、八六四二頁。

阿里木 托和提「「回儒学」何为可能？」（「回儒学」とその可能性）『宁夏社会科学』二〇一三年第一期、七九～八五頁。

阿里木 托和提「「回儒世界观与中国伊斯兰研究的当代价值」学术研讨会会议综述」（「回儒世界観及び中国イスラーム研究の現在価値」学会の概要）『回族研究』二〇一二年第三期、八四～九〇頁。

阿里木 托和提「伊思蘭学者劉智的「元気」与日本儒家伊藤仁斎的「一元気」思想：朱子学「理」、「気」学説的批判与重建」（イスラーム学者劉智の「元気」と日本儒家伊藤仁斎の「一元気」思想——朱子学「理」、「気」学説の批判とその再建）『回族研究』、二〇一〇年一一月第一期、八六～九〇頁。

阿里木 托和提「一九四五年以前日本的中国伊斯兰研究」（一九四五年以前日本の中国イスラーム研究）『東方民族大学学報』第六期、二〇一二年、七八～八四頁。

阿里木 托和提「朱子学本体思想範疇的中介化過程——以明末清初学者王岱與、劉智宇宙論思想為中心」（朱子学

本体論の中間化過程——明末清初の学者王岱與、劉智の宇宙論思想に中心として）『云南民族大学学報』二〇一〇年第六期、一〇五～一〇八頁。

阿里木 托和提「儒家、儒教対中国伊斯蘭教的影響——従個体和整体的角度探討与研究」（儒家、儒教の中国イスラーム教に対する影響——個人と全体の角度からの探求と研究） 掲載 陳明 編集『原道（第一四輯）』首都師範大学出版社、二〇〇七年、一二四～一三四頁。

阿里木 托和提「日本的中国伊斯兰研究学术史——以问题意识和研究对象的界定为心」（日本における中国イスラーム研究学術史—問題意識と研究対象の界定をめぐって）『回族研究』二〇一七年第三期、六五～六九頁。

阿里木・托和提「「回儒世界观与中国伊斯兰研究的当代价值」学术研讨会会议综述」（「回儒世界観及び中国イスラーム研究の現在価値」学会の概要）『回族研究』二〇一二年第三期、八四～九〇頁。

阿里木「王岱輿和劉智在儒伊文化基礎上対伊斯蘭哲学的貢献」（儒学・イスラーム文化に基づく王岱輿・劉智のイスラーム哲学に対する貢献）『新疆大学学報（哲学・人文社会科学版）』二〇〇七年第三五巻第六期、一〇四～一〇七頁。

阿里木托和提「「中国伊斯兰与中国文化」学术研讨会会议综述」（〈中国イスラームと中国文化〉学会の概要）『世界宗教研究』二〇一三年第五期、五〇～五四頁。

宛耀賓『対新世纪中国伊斯兰教研究的思考』（新世紀中国イスラーム教に対する研究思考）『世界宗教研究』二〇〇〇年第一期、一～五頁。

雲南省編集組『雲南回族社会歴史調査』（全四冊、一九八五～八六年間刊行）（中国少数民族社会歴史調査資料叢刊叢）（再版、民族出版社、二〇〇九年。）

王逸舟『恐怖主义溯源』（テロリズムの根源）社会科学文献出版社、二〇〇二年、二九六頁。

王宇潔『伊朗伊斯兰教史』（イラン・イスラーム教史）寧夏民出版社、二〇〇六年、一九二頁。

王宇潔『宗教与国家：当代伊斯兰教什叶派研究』（宗教と国家——当代イスラーム教シーア派研究）社会科学文献出版社、二〇〇六年、三三五頁。

王宇潔『二十一世纪政治伊斯兰的走向』（二十一世紀政治イスラームの動向）『世界宗教研究』二〇〇一年第一期、一九～二五頁。

王家瑛『伊斯兰宗教哲学史』（イスラーム宗教哲学史）民族出版社、二〇〇三年、一〇六一頁。

王懐徳、郭宝華合作著作『伊斯兰教史』（イスラーム教史）寧夏人民出版社、一九九二年、四八二頁。

王懐徳「苏菲派的演变与门宦制度形成的特点」（スーフィ派の変化と門宦制度形成の特徴）掲載『中国伊斯兰教研究文集（西北五省（区）伊斯兰教 学术讨论会（西安会议）资料汇集）』（中国イスラーム教研究文集 西北五省（区）イスラーム教学術討論会（西安会議）資料収集）寧夏人民出版社、一九八八年、五一四頁。

王懐徳「略论依禅派的形成及其特点」（略論依禅派の形成とその特色）掲載 金宜久 編集『当代中国宗教研究精选丛书：伊斯兰教卷』（当代中国宗教研究精選叢書――イスラーム教巻）民族出版社、二〇〇八年、四七六頁。

王建平「国外学界研究中国伊斯兰著述简介」（国外学界における中国イスラーム研究著作の簡単紹介）『上海穆斯林』二〇〇一年第一期、五六～五九頁。

王俊栄『天人合一、物我还真――伊本・阿拉比存在论初探』（天人合一、物我還真――イブン・アラビ存在論初探求）宗教文化出版社、二〇〇六年、二八〇頁。

王静斎「中国回教经堂教育的检讨」（中国回教経堂教育の検討）掲載丁士仁『中国伊斯兰经堂教育』（中国イスラーム経堂教育）甘粛人民出版社、二〇一三年、三三六頁。

王静斎『回耶辨真（民国鉛印本）』掲載『回族典藏全書 第四十六冊』四五七～四七八頁（寧夏少数民族戸籍整理出版規劃領導小組 編輯『回族典藏全書』甘粛文化出版社・寧夏人民出版社、二〇〇八年七月、全二三五冊。）

王静斎『古蘭經譯解 巻一～巻二十一（民国鉛印本）』掲載『回族典藏全書 第四冊』一～四四四頁・『古蘭經譯解 巻二十二～巻三十（民国鉛印本）』掲載『回族典藏全書 第五冊』一～一九四頁（寧夏少数民族戸籍整理出版規劃領導小組 編輯『回族典藏全書』甘粛文化出版社・寧夏人民出版社、二〇〇八年七月、全二三五冊。）

王静斎『真境花園（民国鉛印本）』掲載『回族典藏全書 第四十六冊』二三三～四五六頁（寧夏少数民族戸籍整理出版規劃領導小組 編輯『回族典藏全書』甘粛文化出版社・寧夏人民出版社、二〇〇八年七月、全二三五冊。）

王静斎『選譯詳解偉嘎業（民国鉛印本）』掲載『回族典藏全書　第六冊』一～五一〇頁（寧夏少数民族戸籍整理出版規劃領導小組 編輯『回族典藏全書』甘粛文化出版社・寧夏人民出版社、二〇〇八年七月、全二三五冊）

王静斎『中阿新字典　第一頁～第三百九十八頁（民国鉛印本）』（アラビア語漢文辞典）掲載『回族典藏全書　第二百二十九冊』四七～四四八頁・『中阿新字典　第三百九十九頁――部首表（民国鉛印本）』（アラビア語漢文辞典）掲載『回族典藏全書　第二百三十冊』一～三〇〇頁（寧夏少数民族戸籍整理出版規劃領導小組 編輯『回族典藏全書』甘粛文化出版社・寧夏人民出版社、二〇〇八年七月、全二三五冊。）

王静斎『中国近代回教文化史料回耶辨真（仿古排印本）』掲載『回族典藏全書　第一百三十九冊』八三～一二〇頁（寧夏少数民族戸籍整理出版規劃領導小組 編輯『回族典藏全書』甘粛文化出版社・寧夏人民出版社、二〇〇八年七月、全二三五冊。）

王岱輿『希真正答（清木刻本）』掲載『回族典藏全書　第十四冊』二二五～四一一頁（寧夏少数民族戸籍整理出版規劃領導小組 編輯『回族典藏全書』甘粛文化出版社・寧夏人民出版社、二〇〇八年七月、全二三五冊。）

王岱輿『正教真詮（清木刻本）』掲載『回族典藏全書　第十三・第十四冊』四一一頁・一～一四四頁（寧夏少数民族戸籍整理出版規劃領導小組 編輯『回族典藏全書』甘粛文化出版社・寧夏人民出版社、二〇〇八年七月、全二三五冊。）

王岱輿『清真大学（清木刻本）』掲載『回族典藏全書　第十四冊』一四五～二二四頁（寧夏少数民族戸籍整理出版規劃領導小組 編輯『回族典藏全書』甘粛文化出版社・寧夏人民出版社、二〇〇八年七月、全二三五冊。）

王伏平「海思福对中国伊斯兰教经堂教育的贡献」（海思福対中国イスラーム教経堂教育の貢献）『回族研究』二〇〇七年第四期、一〇一～一〇三頁。

王柯「日本侵华战争与「回教工作」」（日本侵略戦争と「回教工作」）『历史研究』二〇〇九年第五期、八七～一〇五页。

王磊「〈伊斯兰教法：传统与现代化〉評価」（〈イスラーム教法――伝統と現代化〉評価）『世界歴史』二〇〇六年第五期、一三四～一三五頁。

黄大慧 主编『中日友好交流三十年：文化教育与民间交流卷』（日中友好交流三十年――文化教育と民間交流巻）社

会科学文献出版社、二〇〇八年、三八〇頁。

黄庭輝「近三十年回族史研究論文目録：一九四九～一九七九」掲載　中国社会科学学院民族研究状所編集『回族史論集』寧夏人民出版社（七一二頁）、一九八四年、六九五～七一二頁。

解学诗「「七七」事变前后的満铁华北经济调查」（「七七」事変前後における満鉄華北経済調査）『历史学研究』一九九八年第六期、一二九～一四〇页。

葛状「伊斯兰教和中国传统文化」（イスラーム教と中国伝統文化）『探索と学術論争』一九九二年第三期、五九～六四頁。

葛状『明代社会中的伊斯兰教和穆斯林』（明代社会におけるイスラーム教とムスリム）『世界宗教研究』、二〇〇二年第一期、一一三～一二二頁。

葛状「二〇世纪国内有关伊斯兰教历史的重要研究论著及其影响」（二〇世紀国内のイスラーム教歴史の重要研究論著及びその影響）『当代宗教研究』二〇〇四年第四期、四八～五五頁。

甘粛省図書館書目参考部『西北民族宗教史料文摘（要約）』（甘粛分冊、新疆分冊上・下、寧夏分冊、青海分冊上・下）甘粛省図書館出版、一九八四年。

甘粛省民族研究所 編集『伊斯兰教在中国』（中国のイスラーム教）寧夏人民出版社、一九八二年九月、四九〇頁。

甘粛民族研究書 編『西北伊斯兰教研究』（西北イスラーム教研究）甘粛民族出版社、一九八五年、三六八頁。

甘敏岩「甘肃伊斯兰教西道堂历史与现状调查——以伊斯兰教如何与社会发展相适应为主」（甘粛イスラーム西道堂歴史と現状調査——イスラーム教と社会発展における適合）『西北民族研究』一九九四年第二期、四二一～四七頁。

関連吉「西道堂歴史概述」『世界宗教研究』一九八二年第三期、一四三～一五一頁。

韓中義、朱亮「关于中国穆斯林经学文献印行的考察——以小经《开达尼》为例」（中国ムスリム経学文献印刷発行の考察——小経『開達尼』の例）『北方民族大学学報（哲学社会科学版）二〇一二年第四期、一一八～一二五頁、一一八～一二四頁。

韓中義「小经文献与语言学相关问题初探」（小経文献と言語学の関係する問題の初探求）『西北民族研究』二〇〇七

年第一期、一六四～一七五頁。

韓中義「小经文献与伊斯兰教相关问题研究」（小経文献とイスラーム教関係の問題研究）『世界宗教研究』二〇〇五年第三期、三五～四〇頁。

希拉伦丁（ヒレンディン）「经堂用语研究」（経堂用語研究）掲載　丁士仁『中国伊斯兰经堂教育』（中国イスラーム経堂教育）甘粛人民出版社、二〇〇三年、三三六頁。

丘樹森『元代伊斯兰教在中国北方和西北的传播』（元代イスラーム教の中国北京と西北の伝達）『回族研究』、二〇〇一年第一期、七六～八一頁。

曲洪『当代中东政治伊斯兰：观察与思考』（当代中東政治イスラーム――観察と思考）中国社会科学出版社、二〇〇一年、三八二頁。

金宜久呉雲貴 合作『伊斯兰与国际热点』（イスラームと国際注目問題）東方出版社、二〇〇一年、六五〇頁。

金宜久編集『当代伊斯兰教』（当代イスラーム教）東方出版社、一九九五年、四〇一頁。

金宜久編集『伊斯兰教辞典』（イスラーム教辞典）上海辞書出版社、一九九七年、七七一頁。

金宜久、呉雲貴『二〇世纪九〇年代国际政治中的伊斯兰』（二〇世紀九〇年国債政治におけるイスラーム）（研究報告）、中国社会科学院世界宗教研究所『伊斯兰教与国际政治关系研究』（イスラーム教と国際政治関係研究）課題組、国家社会科学基金〝九五〟重点項目、二〇〇〇年四月脱稿、二〇三頁。

金宜久「论刘智的〝复归〟思想」（劉智「復帰」思想を論じる）『世界宗教研究』一九九〇年第一期、三三～四四頁。

金宜久『伊斯兰教概论』（イスラーム教概論）青海人民出版社、一九八七年、四五四頁。

金宜久『伊斯兰教史』（イスラーム教史）中国社会科学院出版社、一九九八年、六一九頁。

金宜久『伊斯兰教小辞典』（イスラーム教小辞典）上海辞書出版社、二〇〇一年、四一二頁。

金宜久『伊斯兰教的苏菲神秘主义』（イスラーム教スーフィー神秘主義）中国社会科学出版社、一九九五年、一一三頁。

金宜久『伊斯兰教与世界政治』（イスラーム教と世界政治）中国社会科学文献出版社、一九九六年、三六八頁。

金宜久『王岱輿思想研究』民族出版社、二〇〇八年、四四八頁。

金宜久『中国伊斯兰探秘：刘智研究』（中国イスラーム探秘――劉智研究）中国人民大学出版社、一九九九年、三四九頁。

金宜久『中国伊斯蘭探秘』東方出版社、一九九九年、二八八頁。

金宜久 編集、呉雲貴 副編集『当代宗教与极端主义』（現代宗教と過激主義）中国社会科学出版社、二〇〇八年、六三四頁。

金吉堂『回教民族説（仿古排印本）』掲載『回族典藏全書　第一百三十七冊』三三三～三五二頁（寧夏少数民族戸籍整理出版規劃領導小組 編輯『回族典藏全書』甘粛文化出版社・寧夏人民出版社、二〇〇八年七月、全二三五冊。）

金吉堂『中国回教史研究（民国鉛印本）』掲載『回族典藏全書　第一百三十七冊』三五三～五九一頁（寧夏少数民族戸籍整理出版規劃領導小組 編輯『回族典藏全書』甘粛文化出版社・寧夏人民出版社、二〇〇八年七月、全二三五冊。）又は、金吉堂『中国回教史研究』成達師範出版部出版、一九三五年、二二四頁。

桑栄「百年来新疆伊斯兰教研究」（百年以来新疆イスラーム教研究）『新疆社会经济』二〇〇〇年第五期、七七～八五頁。

胡雲生「湖南回族汉文碑刻资料辑录」（湖南回族漢文碑刻資料収録）掲載『河南回族历史变迁研究』（湖南回族歴史変遷研究）寧夏人民出版社、二〇〇七年、二七三～三四一頁。

虎隆「〝消经〟日记《正大光明》与普洱马阿洪」（「消経」日記『正大光明』と普洱馬アホン）『回族研究』二〇〇六年第三期、七六～八二頁。

虎隆「也谈〝消经〟开以达尼」（「消経」開達尼の討論）『回族研究』二〇〇七年第一期、一一九～一二三頁。

顧頡剛編集『禹貢（回教専門号）』一九三七年第七期第四期。

顧頡剛編集『禹貢（回教与回族专号）』（回教と回族専門号）一九三六年第五巻第十一期。

伍遵契『歸真要道　巻一～巻三（清木刻本）』掲載『回族典藏全書　第二十九冊』四三～四八四頁（寧夏少数民族戸籍整理出版規劃領導小組 編輯『回族典藏全書』甘粛文化出版社・寧夏人民出版社、二〇〇八年七月、全二三五冊。）

伍遵契『歸真要道　巻四（清木刻本）』掲載『回族典藏全書　第三十冊』一～一七二頁（寧夏少数民族戸籍整理出版規劃領導小組 編輯『回族典藏全書』甘粛文化出版社・寧夏人民出版社、二〇〇八年七月、全二三五冊。）

伍貽業「王岱與到刘智的启示和反思——一七世纪中国伊斯兰教思潮」（王岱輿から劉智の啓示と回顧——一七世紀中国のイスラーム教思潮）『中国回族研究』一九九一年第一期、二七～五八頁。

伍貽業 主編『南京回族、伊斯兰教史稿』（南京回族、イスラーム教史稿）南京市イスラーム教協会、一九九九年、四四九頁。

呉雲貴 燮藩 合作『近代伊斯兰教思潮和运动』（近代イスラーム思潮と運動）社会科学文献出版社、二〇〇〇年、三九一頁。

呉雲貴、周燮藩、秦恵彬 編集『伊斯兰文化小丛书』中国社会科学出版社、一九九四年（一二冊版）（『イスラーム哲学』『イスラーム教教派』『真主の法度——イスラーム教法』『イスラーム教のスーフィー神秘主義』『イスラーム文学』『イスラーム教義学』『真主の言語「コーラン」の紹介』『中国イスラーム教と伝統文化』『ムスリム民族の覚醒——近代イスラーム運動』『イスラーム教預言者——ムハンマド』『イスラーム教育と科学』）。

呉雲貴，周燮藩 合作著作『近现代伊斯兰教思潮与运动』（近現代イスラーム教思潮と運動）社会科学文献出版社、二〇〇一年、四九三頁。

呉雲貴「逊尼派宗教思想形成的基本标志」（スンニ派宗教思想形成の基本標示）『世界宗教研究』、一九八四年第三期、一三四～一四三頁。

呉雲貴「伊斯兰教义学的三部早期文献」（イスラーム教義学の三部早期文献）『回族研究』、一九九三年第四期、二九～三四頁。

呉雲貴「伊斯兰文化的共性与个性」（イスラーム文化の共通性と個性）『世界宗教文化』一九九六年春季号総第五期、一～六頁。

呉雲貴『伊斯兰教义学』（イスラーム教義学）中国社会科学出版社、一九九五年、一三八頁。

呉雲貴『真主的法度：伊斯兰教法』（真主の法度——イスラーム教法）中国社会科学出版社、一九九四年版、一一八頁。

呉雲貴『当代伊斯兰教法』（当代イスラーム教法）中国社会科学出版社、二〇〇三年、四〇六頁。

呉雲貴『穆斯林民族的觉醒：近代伊斯兰运动』（ムスリム民族の覚醒――近現代イスラーム運動）中国社会科学出版社、一九九四年、一一八頁。

呉冰冰『什叶派現代伊斯兰主义的兴起』（シーア派現代イスラーム主義の起源）中国社会科学出版社、二〇〇四年、三七〇頁。

高树榆「为开发西北做贡献：评《西北民族宗教史料文摘》」（開発西北貢献――評《西北民族宗教史料要約》）『図書館理論与実践』一九八六年第一期、三〇～三六頁。

高鴻鈞『伊斯兰教法：传统与现代化』（イスラーム教法――伝統と現代化）社会科学文献出版、一九九六年一〇月出版、清華大学出版社、二〇〇四年九月改訂本）。

高占福「中国二〇世纪伊斯兰教研究综述」（二〇世紀中国におけるイスラーム研究概要）『西北民族研究』二〇〇〇年第二期、二七～三三頁。

高占福『刘智宗教思想对西道堂教派的影响』（西道堂教派の影響に対する劉智宗教思想）『寧夏社会科学』一九九〇年第二期、一四～一九頁。

高占福『刘智宗教思想对西道堂教派的影响』（劉智宗教思想の西道堂教派の影響）『寧夏社会科学』一九九〇年第二期、一四～一九頁。

高占福『中国伊斯兰教西道堂研究的回顾与评述』（中国イスラーム教西道堂研究の回顧と論評）『世界宗教研究』二〇〇二年第四期、一三三～一四二頁。

佐口透「中国穆斯林研究之回顾与展望――民族研究所及其遗产」（中国ムスリム研究及び回顧と展望―民族研究所及びその遺産）鲁忠慧 译『回族研究』一九九七年第四期、三一～三七頁。

佐藤次高「一九四五年以来日本的伊斯兰暨中东研究」（一九四五年以来日本におけるイスラーム及び中東研究）（孙振玉 译）『内蒙古大学报』二〇〇六年第九期、一一五～一一八頁。

沙宗平「大化循環、尽終返始――清初期回族思想家劉智哲学観初探」『回族研究』二〇〇二年第二期、七八～八七頁。

沙宗平『中国天方学——劉智哲学研究』北京大学出版社、二〇〇四年、三〇四頁。

山東省民族委員会 編集『中国回族教育史論集』山東大学出版社、一九九一年、四九〇頁。

柴亚林「简论抗战爆发前日本大陆浪人対中国伊斯兰教展开的活动与研究」（戦争勃発前日本人浪人における中国イスラーム教を展開した活動と研究）『丝绸之路』二〇一一年第二〇期、五五～五六頁。

朱崇礼 主編『伊斯兰文化论集』（イスラーム文化論集）中国社会科学出版社、二〇〇一年七月、四七九頁。

朱虹「面対法律全球化的伊斯兰法形态」（法律のグローバル化に対するイスラーム法の形態）『人権』二〇〇三年第四期、五六～五八頁。

周伝斌「他山之石：西方学界対中国回族伊斯兰教的研究述评」（他山之石——西方学界の中国回族イスラーム教に対する研究評術）『西北民族研究』二〇〇五年第一期、九七～一一八頁。

周耀明『试论宋代伊斯兰教在河陇地区的传播』（詩論宋代イスラーム教の河隴地区の伝達）『甘粛民族研究』、二〇〇四年第四期、五八～六三頁。

周燮藩 李林『伊斯兰教研究』（イスラーム教研究）記載 卓新平 編集『中国宗教学 三〇年（一九七八～二〇〇八）』中国社会科学出版社、二〇〇八年一〇月版、四一九頁。

周燮藩『伊斯兰教在中国』（イスラーム教は中国）華文出版社、二〇〇二年、二五七頁。

周燮藩「清真大典前文」（清真大典前言）『世界宗教研究』二〇〇六年第二期、一四七～一四八頁。

周燮藩『苏非之道：伊斯兰教神秘主义研究』（スーフィーの道——イスラーム教神秘主義研究）中国社会科学出版社、二〇一二年、四七二頁。

周燮藩『恐怖主义与宗教问题』（テロリズムと宗教問題）『西亚非洲』（西アジア・アフリカ）二〇〇二年第一期、三六～三八頁。

商務印書館「漢訳波斯经典文库」『新阅读』（新しく読む）、二〇一八年第二期、六六頁。

肖憲、高占福『中国二〇世纪伊斯兰教研究综述』（中国二〇世紀イスラーム教研究総述）『西北民族研究』、二〇〇〇年第二期、二六～三二頁。

肖憲『传统的回归：当代伊斯兰复兴运动』（伝統の回帰――当代イスラーム復興運動）中国社会科学出版社、一九九四年、一一八頁。

肖憲『当代国际伊斯兰潮』（当代国際イスラーム思潮）世界知識出版社、一九九七年、三四三頁。

肖芒「伊斯兰文化对回族商业活动的影响」（イスラーム文化の回族商業活動の影響）『西南民族大学学報』二〇〇〇年第一二期、二八～三四頁。

新疆社会科学院宗教研究所 編集『新疆宗教研究資料』（全一八輯）新疆社会科学院宗教研究所出版、一九七九年、一五六〇頁。

新疆社会科学院 編著『新疆有关伊斯兰教古籍书目索引』（新疆に関係するイスラーム教子文書索引）新疆社会科学院出版、一九八三年、四二頁。

新疆社会科学院宗教研究所『新疆（ウイグル）宗教研究資料』第五編集中全文刊印、一九八一年、新疆（ウイグル自治区）人民出版社出版社、一九九四年再出版、二四四頁。

秦书媛「试论南满洲铁道株式会社调查机构的演变及作用」『延辺大学硕士学位论文』、二〇一二年六月。

秦恵彬 編集『中国伊斯兰教基础知识』（中国イスラーム教基礎知識）、宗教文化出版社、二〇〇五年、三八三頁。

秦恵彬『伊斯兰教在五代时期的发展』（イスラーム教の五代時代の発展）『世界宗教研究』、一九八九年第一期、一二九～一三三頁。

秦恵彬『伊斯兰教志』（イスラーム教志）上海人民出版社、一九九八年版、三九五頁。

秦恵彬『伊斯兰哲学百问』（イスラーム哲学百問）今日中国出版社、一九九四年、五〇五頁。

秦恵彬『中国伊斯兰教与传统文化』（中国イスラーム教と伝統文化）中国社会科学出版社、一九九五年、一三六頁。

秦恵彬『中国的伊斯兰教』（中国のイスラーム教）商務印書館、一九九七年、一五七頁。

秦恵彬 編集『世界文明大系：伊斯兰文明』（世界文明大系――イスラーム文明）中国社会科学出版社、一九九九年、四三六頁。

水鏡君『中国清真女寺史』三聯書店、二〇〇二年、三九八頁。

水子立『世界回教史略』掲載『回族典藏全書　第百三十七冊』一七一～一七三頁（寧夏少数民族戸籍整理出版規劃領導小組 編輯『回族典藏全書』甘粛文化出版社・寧夏人民出版社、二〇〇八年七月、全二三五冊。）

西安市イスラム文化研究会『伊斯兰文化论丛』（イスラーム文化論集）宗教文化出版、一九九七年八月、三一四頁。

西安市イスラム文化研究会『伊斯兰文化研究』（イスラーム文化研究）寧夏人民出版、一九九八年、四四一頁。

青海省宗教局『中国伊斯兰教研究』（中国のイスラーム教研究）青海人民出版社、一九八七年七月、三八七頁。

青海民族学院民族研究所等 編集『西道堂史料輯』青海民族学院、一九八七年、二六七頁。

青年翻訳グループ 翻訳『伊斯兰教法』（イスラーム教法）（上、中、下、一九九八年、内部出版発行）。

雪暁静「《回族典藏全书》的成书过程及其文献特征」（《回族典藏全書》の成書過程及び文献特徴）『回族研究』二〇〇八年第三期、四一～四五頁。

泉州海外交通通史博物館・泉州歴史研究会 合編『泉州伊斯兰教研究论文选』（泉州イスラーム教研究論文選択）福建人民出版社、一九八三年、二五六頁。

泉州市泉州歴史研究会『泉州回族家系図資料選択編集』泉州市泉州歴史研究会出版、一九八〇年、九八頁。

孫振玉『王岱輿及其伊斯兰思想研究』（王岱輿及びイスラーム思想研究）蘭州大学出版社、二〇〇〇年、一五六頁。

孫振玉『明清回回理学與儒家思想関係研究』中国文史出版社、二〇〇五年、一六三頁。

卓新平 編集『当代中国宗教学研究』中国社会科学出版社、二〇一一年一二月版、四一五頁。

達浦生『伊斯兰六书』（イスラーム六書）宗教文化出版社、二〇〇三年（書稿一九四五年完全）。

中国伊斯兰百科全书编辑委员会 编写『中国伊斯兰百科全书』（中国イスラーム百科全書編集委員会 編集『中国イスラーム百科全書』）四川辞書出版社出版、一九九四年、七七三頁。

中国社会科学院世界宗教研究所伊斯兰教研究室（イスラーム研究室）合同編集『伊斯兰教文化面面观』（イスラーム教文化の観察）斎魯出版社、一九九一年、三二五頁。

中国社会科学学院民族研究所と中央民族大学民族所 合同編集『回族史論集』寧夏人民出版社、一九八三年、七一二頁

丁宏「从回汉民族关系角度谈加强伊斯兰文化研究的重要意义」（回漢民族関係の角度から考えるイスラーム文化研究の重要意義）『北方民族大学学報』二〇〇二年第一期、三九～四四頁。

丁宏『西道堂模式：一个宗教派别的社会实践及带给我们的思考』（西道堂モデル――一つの宗教派閥の社会実践及び私たちに与える思考）『中央民族大学学報』一九九六年第五期、四九～五三頁。

丁宏『百年中国穆斯林』（百年中国ムスリム）寧夏人民出版社、一九九六年、四四六頁。

丁克家「重构・对话・文化启蒙：中国回族穆斯林知识分子的历史类型与理想追求再」（構築・対話・文化啓蒙――中国回族ムスリム知識分子の歴史タイプと理想追求）『回族研究』二〇〇〇年第三期、五〇～五五頁。

丁士仁『中国伊斯兰经堂教育』（中国イスラーム経堂教育）甘粛人民出版社、二〇一三年、三三六頁。

丁俊『伊斯兰文化巡礼』（イスラーム文化巡礼）甘粛民族出版社、二〇〇二年、二四三頁。

丁万录「二〇世纪回族研究成果述略（续）」『西北第二民族学院学报』二〇〇一年第四期、五三～五八頁。

丁万录「二〇世纪回族研究成果述略」『西北第二民族学院学报』二〇〇二年第一期、四五～四九頁。

丁明俊「略论伊斯兰教对回族艺术的影响」（イスラーム教の回族芸術の影響略論）『回族研究』掲載 楊杯中『了解伊斯兰教』（了解イスラーム教）寧夏人民出版社、二〇一一年一〇月、四四九頁。

張学強『西北回族教育史』甘粛教育出版社、二〇〇二年、三〇三頁。

張巨齢『二〇世纪初中国回族伊斯兰研究述补及评（上・下）』（二〇世紀初めの中国回族イスラーム研究論述の補足と批評〈上・下〉）『回族研究』、二〇〇〇年第一期、二三～二九頁と二〇〇〇年第二期、二六～三二頁。

張乗民 編集『伊斯兰教法哲学』（イスラーム教法哲学）寧夏人民出版社、二〇〇二年、三八九頁。

張中『四篇要道（清木刻本）』掲載『回族典藏全書 第十二冊』一九～二六〇頁（寧夏少数民族戸籍整理出版規劃領導小組 編輯『回族典藏全書』甘粛文化出版社・寧夏人民出版社、二〇〇八年七月、全二三五冊。）

張中『歸真総義（清木刻本・民国鉛印本）』掲載『回族典藏全書 第十二冊』二六一～四〇八頁、四〇九～四九九頁（寧夏少数民族戸籍整理出版規劃領導小組 編輯『回族典藏全書』甘粛文化出版社・寧夏人民出版社、二〇〇八年七月、全二三五冊。）

張文徳『中亚苏菲主义史』（中央アジア・スーフィー主義史）中国社会科学出版社、二〇〇二年、二三〇頁。

張銘『现代化视野中的伊斯兰复兴运动』（現代化視野におけるイスラーム復興運動）中国社会科学出版、一九九九年、三一五頁。

張秉民編集『简明伊斯兰哲学史』（簡明イスラーム哲学史）寧夏人民出版社、二〇〇七年、三六三頁。

陳躍「清代新疆和卓研究回顾与展望」（清代新疆和卓研究回顧と展望）『雲南師範大学学報』二〇一七年第四九巻第一期、一〇～一六頁。

陳嘉厚編集『现代伊斯兰主义』（現代イスラーム主義）経済日報出版社、一九九八年、六二三頁。

陳垣『回回教入中国史略』（初版『北京大学研究所国学門月刊』一九二七年第二五巻第一号、原テーマ『回回教の中国への伝達の源』、後刊『東方雑誌』一九二八年第二五巻、改名して今に至る）。

陳漢章『中国回教史』『史学と地学』、一九二六年第一期、一六六～二二二頁。

陳慧生「试论清代白山派和黑山派之间的斗争及其影响」（詩論清代白山派と黒山派間の闘争とその影響）掲載 金宜久 主編『当代中国宗教研究精选丛书　伊斯兰教卷』（当代中国宗教研究精選叢書　イスラーム教巻）民族出版社、二〇一〇年九月、四七六頁。

陳慧生 主編『中国新疆地区伊斯兰教史』（中国新疆（ウイグル）地区イスラーム教史）新疆（ウイグル自治区）人民出版社、二〇〇〇年、八八〇頁。

陳国光「回回二五世到中原考——关于新疆伊斯兰神秘主义在内地传布问题」（回回二五史到中原考——新疆イスラーム神秘主義の内地伝播問題）『世界宗教研究』一九八五年第三期、八〇～九〇頁。

陳国光「清代维吾尔族中的伊斯兰教」（清代ウイグル族のイスラーム教」）『新疆（ウイグル）社会科学』二〇〇二年第一期、六四～七〇頁。

陳国光「中亚纳合西班底教团与中国新疆和卓、西北门宦」（中亜（納合西班底）ナエサイバンディー教団と中国新疆和卓、西北門宦）掲載 金宜久 主編『当代中国宗教研究精选丛书　伊斯兰教卷』（当代中国宗教研究精選叢書　イスラーム教巻）民族出版社、二〇一〇年九月、四七六頁。

陳国光『新疆伊斯兰教史上的伊斯哈克耶——兼论中国哲赫忍耶门宦的来源』（新疆イスラーム教史上の（伊斯哈克耶）イスハーク——同時検証（哲赫忍耶）Zhehe Renye 門宦の起源）『世界宗教研究』一九八七年第一期、八七～九六頁。

陳坦『回回教入中国史略』（回回教の中国伝達史）初版『北京大学研究所国学門月刊』一九二七年第二五卷第一号題『回回教の中国への伝達の源』、後刊『東方雑誌』一九二八年第二五卷第号、名称を変更して今に至る）

陳中耀『阿拉伯哲学』（アラブ哲学）上海外語教育出版社、一九九五年、三七四頁。

陳德成 編集『中东政治现代化——理论和历史经验的探索』（中東政治の現代化——理論と歴史経験の探索）中国社会科学文献出版社、二〇〇〇年版、五二八頁。

唐孟生「印度苏菲派及其历史作用」（インドスーフィー派及びその歴史作用）経済日報出版社、二〇〇二年、三〇三頁
東方暁 編集『伊斯兰与冷战后的世界』（イスラームと冷戦後の世界）中国社会科学文献出版社、一九九九年、三〇九頁。

陶紅・白潔「回族服饰文化与伊斯兰教」（回族服飾文化とイスラーム教）『回族研究』二〇〇〇年第三期、四〇～四二頁。

南文渊「伊斯兰教对回族教育的影响」（回族教育に対するイスラーム教の影響）『青海民族研究』一九九二年第三期、二六～三一頁。

南文渊『论伊斯兰文化在回族形成中的主导作用』（イスラーム文化における回族形成の主導作用）『回族研究』一九九一年第三期、三一～三八頁。

寧夏少数民族古文書整理出版計画グループ『中国回族古籍丛书』（中国回族古文書叢書）、二〇〇〇年、一五冊。

寧夏少数民族古文書整理出版計画グループ事務室 編集『回族和中国伊斯兰教古籍资料汇编』（回族と中国イスラーム教古文書資料総合編集）天津古籍出版社、一九九八年七月（文献一五種類、九書簡、糸綴じが収入）。

寧夏少数民族戸籍整理出版規劃領導小組 編輯『回族典藏全書』甘粛文化出版社・寧夏人民出版社、二〇〇八年七月、全二三五冊。

寧夏哲学社会科学研究所 編集『清代中国伊斯兰教论集』（清代中国イスラーム教論集）寧夏人民出版社、一九八一

年一二月、三七六頁。

納忠 朱凱 合作『传统与交融：阿拉伯文化』（伝統と融合——アラブ文化）浙江人民出版社、一九九三年、三四一頁。

馬以愚『中国回教史鑑』（長沙・商務印書館、一九四一年初版、上海・商務印書館、一九四八年改訂本）

馬啓成「论中国伊斯兰大文化属性」（中国イスラーム大文化属性）『中央民族学院学報』一九九二年第六期、三二～三八頁。

馬克勛「中国伊斯兰教依赫瓦尼派的倡导者：马万福」（中国イスラーム教イワハニ派の提唱者——馬万福）（http://blog.sina.com.cn/s/blog_4e5455270100drvv.html）

馬宗正「宗教法文化中的神学法治理念——兼及伊斯兰教法中国本土化对法治理念建构之影响」』（宗教法文化における神学法治理念——及び法治理念建設の影響に対するイスラーム教法中国本土化の考察）『西北民族研究』二〇〇六年第一期、五五～六二頁。

馬秀梅「伊斯兰教义学及其在中国的传承系统」（イスラーム教義学及び中国伝承系統）『回族研究』、二〇〇四年第三期、一八～二四頁。

馬進虎「伊斯兰法创制困难的思想渊源」（イスラーム法の創制が困難な思想起源）『長安大学学報』二〇〇五年第二期、六七～七二頁。

馬辰『马元章与哲罕林耶教派的复兴活动』（馬元章と（哲罕林耶）Jehlinye 教派の復興活動）資料：Chinasufi.cn（聖伝真道）ネットワーク http://www.chinasufi.com/forum.php?mod=viewthread&tid= 八五四四二
馬注『清真指南　巻一～巻四（清木刻本）』掲載『回族典藏全書　第十六冊』一～五三九頁・『清真指南　巻四～巻七（清木刻本）』掲載『回族典藏全書　第十七冊』一～四八七頁・『清真指南　巻七～巻十（清木刻本）』掲載『回族典藏全書　第十八冊』一～五一九頁（寧夏少数民族戸籍整理出版規劃領導小組 編輯『回族典藏全書』甘粛文化出版社・寧夏人民出版社、二〇〇八年七月、全二三五冊。）

馬通『丝绸之路上的穆斯林文化』（シルクロードのムスリム文化）寧夏人民出版社、二〇〇〇年、二二七頁。

馬通『对西北五省（区）伊斯兰教研究的回顾与展望』（西北五省（区）に対するイスラーム教研究の回顧と展望）『甘

粛民族研究』一九八七年、第二号、一〇～一五頁。

馬通『中国伊斯兰教派门宦溯源』（中国イスラーム教派門宦起源）寧夏人民出版社、一九八六年、一六六頁。

馬通『中国伊斯兰教派与门宦制度史略』（中国イスラーム教派と門宦制度の歴史）寧夏人民人民出版社、一九八三年、三九一頁。

馬通『中国伊斯兰教派与门宦制度史略』（中国イスラーム教派門宦制度史略）寧夏人民出版社、一九八三年，三九一頁
馬得新『四典要会（清木刻本）』掲載『回族典藏全書　第三十二冊』一～二五八頁（寧夏少数民族戸籍整理出版規劃領導小組 編輯『回族典藏全書』甘粛文化出版社・寧夏人民出版社、二〇〇八年七月、全二三五冊。）

馬得新『大化總歸（民国鉛印本）』掲載『回族典藏全書　第三十一冊』一～一〇八頁（寧夏少数民族戸籍整理出版規劃領導小組 編輯『回族典藏全書』甘粛文化出版社・寧夏人民出版社、二〇〇八年七月、全二三五冊）

馬徳良「刘智思想对西道堂影响浅析」（劉智思想の西道堂に対する影響）『世界宗教研究』一九九四年第四期、一六～二三頁。

馬汝領『再论伊斯兰教与回回民族形成的关系』（再討論イスラーム教と回回民族の形成関係について）『寧夏大学学報』一九八四年第三期、三二一～三二七頁。

馬福徳『近代伊斯兰复兴运动的先驱——瓦哈卜及其思想研究』（近代イスラーム復興運動の先駆け——ワッハーブ及びその思想研究）中国社会科学出版社、二〇〇六年、二二八頁。

馬平、瀬存理『中国穆斯林民居文化』（中国ムスリム住民文化）寧夏人民出版社、一九九五年、二五二頁。

馬平「论回族的民族情感与民族理性」（回族の民族感情と民族理性論）『回族研究』二〇〇〇年第三期、四六～四九頁。

馬平「甘南藏区拉仁关回族〝求索玛〟的群体研究」（甘南サラ地区ラレングアン回族「ソーマ」の群体研究）掲載『伊斯兰文化论集』（イスラーム文化論集）中国社会科学出版社、二〇〇一年、四七九頁。

馬平『中国回族的〝普埃布洛〟——甘南临潭西道堂尕路提大房子研究』（中国回族的「プエブラ」——甘南臨譚西道堂ガルティの大家屋研究）『回族研究』一九九七年第二期、一～一九頁。

馬明賢「当代伊斯兰法的复兴与改革」（当代イスラーム法の復興と改革）『西亜非洲』（西アジア・アフリカ）二〇〇五年第一期、四九～五四頁。

馬明達「回回民族的〝四库全书〟——祝贺《回族典藏全书》的出版发行」（回回民族の〈四庫全書〉——お祝い《回族典藏全書》の出版刊行）『回族研究』二〇〇八年第三期、三九—四〇頁。

馬明良『简明伊斯兰教史』（簡明イスラーム教史）経済日報出版社、二〇〇一年、六四七頁。

馬明良『伊斯兰文化新论』（イスラーム文化新論）寧夏人民出版社、一九九九年、二九五頁。

馬明良『伊斯兰文化前沿研究论集』（イスラーム文化最先端研究論集）中国社会科学出版社、二〇〇六年、六三二頁。

馬明良『伊斯兰文明与中华文明的交流历程和前景』（イスラーム文明と中華文明の交流歴程と前景）中国社会科学出版社、二〇〇六年、三一一頁。

馬良俊『考証回教歴史』掲載『回族典藏全書　第百二十八冊』二八七～五七八頁（寧夏少数民族戸籍整理出版規劃領導小組 編輯『回族典藏全書』甘粛文化出版社・寧夏人民出版社、二〇〇八年七月、全二三五冊）

白学義『中国伊斯兰教建筑艺术』（三冊）（中国イスラーム教建築芸術）寧夏人民出版社、二〇一六年、共八一一頁。

白寿彝「回回人著述传知见目录」（回回人著述伝知見目録）『回族人物志・清代』寧夏人民出版社、一九九二年、一八七～二〇〇頁。

白寿彝『关于回族史工作的几点意见』（回族史作業に関する幾つかの意見）『寧夏社会科学』一九八四年第一号、八～一四頁。

白寿彝『回族人物志』（上下本）寧夏人民出版社、二〇〇〇年、一九七八頁。

白寿彝『中国回回民族史』中華書局、二〇〇三、七六六頁。

白寿彝『中国回教小史（民国鉛印本）』掲載『回族典藏全書　第一百四十五冊』三六七～四一九頁（寧夏少数民族戸籍整理出版規劃領導小組 編輯『回族典藏全書』甘粛文化出版社・寧夏人民出版社、二〇〇八年七月、全二三五冊。）

白寿彝『中国回教小史』、寧夏人民出版社、二〇〇〇年、一四一頁。

白寿彝『中国回教小史』（『辺政公論』雑誌での発表、一九四三年、商務印書館出版、一九四四年改訂本、収入『中国伊斯兰教史存稿』（中国イスラーム教史存稿）寧夏人民出版社出版、一九八二年、一四一頁）

白寿彝『中國伊斯蘭史綱要（民国鉛印本）』（文通書局、一九四六年八月初版、七三頁）掲載『回族典藏全書　第一百三十九冊』一～八二頁（寧夏少数民族戸籍整理出版規劃領導小組 編輯『回族典藏全書』甘粛文化出版社・寧夏人民出版社、二〇〇八年七月、全二三五冊。）

白寿彝『中國伊斯蘭史綱要參考資料（民国鉛印本）』掲載『回族典藏全書　第一百四十六冊』一～四七一頁（寧夏少数民族戸籍整理出版規劃領導小組　編輯『回族典藏全書』甘粛文化出版社・寧夏人民出版社、二〇〇八年七月、全二三五冊。）

白先经等 主編『中国南方回族历史人物资料选编』（中国南方回族歴史人物資料選集）広西民族出版社、二〇〇〇年、三五六頁。

範若蘭『伊斯兰教与东南亚现代化进程』（イスラーム教と東南アジア近代化進展）中国社会科学出版社、二〇〇九年、四五八頁。

敏敬「伊斯兰法浅识及其现实意义」（イスラーム法の簡略及びその意義）『世界宗教文化』二〇〇五年第二期、三八～三九頁。

敏生光「刘智思想与西道堂」（劉智思想と西道堂）『回族研究』一九九一年第四期、一九～三〇頁。

敏生光「伊斯兰教〝稳慢〞制度对西道堂的影响」（西道堂の影響に対するイスラーム教「ウマ」制度）『世界宗教研究』一九九五年第一期、九～一五頁。

武向平「三十年来日本満鉄研究现状述评」（三十年来日本満鉄研究現状概要）『日本问题研究』二〇一二年第三期第二六巻、二八～三三頁。

米寿江『中国伊斯兰教简史』（中国イスラーム教簡略史）宗教文化出版社、二〇〇〇年、二四五頁。

勉維霖『宁夏伊斯兰教派概要』（寧夏イスラーム教派概要）寧夏人民出版社、一九八一年、一三一頁。

勉維霖『中国回族伊斯兰宗教制度概论』（中国回族イスラーム宗教制度概論）寧夏人民出版社、一九九七年、四六〇頁。

房建昌「国外研究回族及中国伊斯兰教概况」（国外研究回族及び中国イスラーム教の概要）『固原师专学报』一九八八年第四期、八二〜八七頁。

余振帰、雷暁静 編集『中国回族金石録』寧夏人民出版社、二〇〇一年、七六六頁。

余振貴、楊懐中『中国イスラーム教文献訳著大要』、寧夏人民出版社、一九九三年版、三九八頁。

余振貴、楊懐中『中国伊斯兰文献著译提要』（中国イスラーム文献著訳要点）寧夏人民出版社、一九九三年、六五三頁。

余振貴『中国历代政权与伊斯兰教』（中国歴代政権とイスラーム教）寧夏人民出版社、一九九六年、四八〇頁。

楊懐中 余振貴 編集『伊斯兰与中国文化』（イスラーム教と中国文化）寧夏人民出版社、一九九五年、六三三頁。

楊懐中「十八世纪哲赫耶穆斯林的起义」（論十八世紀（哲赫耶）Zheheye ムスリムの一揆）『寧夏大学学報』一九八一年第一期、一六〜二三頁。

楊懐中『回族史論稿』寧夏人民出版社、一九九一年、五一一頁。

楊桂萍『馬徳新思想研究』宗教文化出版社、二〇〇四年、二二五頁。

楊経徳「伊斯兰法与伊斯兰教法关系辨析」（イスラーム法とイスラーム教法関係の分析）『雲南民族大学学報』、二〇〇三年第三期、三九〜四一頁。

楊浩城、朱克柔 編集『当代中东热点问题的历史探索：宗教与世俗』（当代中東で注目される問題の歴史探索――宗教と世俗）人民出版社、二〇〇〇年、四五七頁。

楊大業「伊斯兰教汉文译著书目简论」（イスラーム教漢文訳著書目簡論）（『中国穆斯林』（中国ムスリム）一九八九年第六期、一五〜二三頁）

楊文炯「女学：经堂教育的拓展与文化传承角色的重心位移」（女学――経堂教育の開拓と文化伝播における役割の重心移動）『回族研究』二〇〇二年第一期、二五〜三三頁。

楊峰編著『回族研究資料索引』昌吉回族自治州図書館出版、一九八七年、四二三頁。

羅万寿「试析中国伊斯兰哲学的"真一"说论」（中国イスラーム哲学の「真一」論の試析）『西北民族研究』一九九六年第一期、一八一〜一九三頁。

藍煦『天方正学（民国鉛印本）』掲載『回族典藏全書　第三十五冊』一六三〜四一〇頁（寧夏少数民族戸籍整理出版規劃領導小組 編輯『回族典藏全書』甘粛文化出版社・寧夏人民出版社、二〇〇八年七月、全二三五冊。）

李兴华　冯今源『中国伊斯兰教史参考资料选编上下』（中国イスラーム教参考資料選編上下）宁夏人民出版社、一九八五年、一八二四頁。

李琛『阿拉伯现代文学与神秘主义』（アラブ現代文学と神秘主義）社会科学文献出版社、二〇〇〇年、三三四頁。

李寛『他者眼光与自我阐述：伊斯兰教西道堂研究史』（他者眼光と私の論述――イスラーム教西道堂研究）二〇一二年中央民族大学修士学位論文。

李興華、秦慧彬、馮今源、沙秋真 合作『中国伊斯兰教史』（中国イスラーム教史）中国社会科学院出版社、一九九八年、八五五頁。

李興華、馬今源 編集『中国伊斯兰教史参考文选编（一九一一〜一九四九）』（中国イスラーム教史参考文集選集（一九一一〜一九四九））寧夏人民出版社、一九八五年、二冊、一八二四頁。

李興華「汉文伊斯兰教译著的宗教学」（漢文イスラーム教訳著の宗教学）『青海民族大学学報』一九九七年第三期、一〜八頁。

李松茂『回族伊斯兰教研究』（回族イスラーム教研究）寧夏人民出版社、一九九三年、三九九頁
李振中、王家瑛『阿拉伯哲学史』（アラブ哲学史）北京言語文化大学出版社、一九九五年、四三六頁。

李進新『新疆伊斯兰汗朝史略』（新疆（ウイグル）イスラームハン朝歴史）宗教文化出版社、一九九九年、二九五頁。

李敏、馬彦飛「回族文献目录工作述评」（回族文献目録工作論評）『図書館理論与実践』二〇一五年第七期、八八〜九二頁。

李福泉「三〇年来国内伊斯兰教什叶派研究述评」（近三〇年の国内イスラーム教シーア派の研究論述）『江南社会学院学報』、二〇〇九年第一一期第四号、三五―三九頁。

李林「试析当代中国伊斯兰哲学：思想研究的问题与主线」（当代中国イスラーム哲学――思想研究の問題と主線試析）『世界宗教研究』二〇一一年第五期、一四二〜一四八頁。

李林「伊斯兰教在唐代活动述略」（イスラーム教唐代活動略述）『回族研究』二〇〇一第四期、六二～六七頁。

李林「中国伊斯兰教研究：学术史梳理与前瞻」（中国イスラーム教研究——学術史整理と展望）『中国社会科学報』、二〇一三年第四二〇期、二頁。

李林「当代中国伊斯兰教义学研究的问题与反思」（当代中国イスラーム教義学研究の問題と再考）『中国穆斯林』（中国ムスリム）二〇一一年第三期、一八～二一頁。

李薇 主编『当代中国的日本研究』（現代中国における日本研究）中国社会科学出版社、二〇一二年、五〇〇頁。

陸進賢、陸集賢『中国伊斯兰教西道堂』（中国イスラーム教西道堂）『アラブ世界』一九九四年第二期、四八～五〇頁。

陸培勇『伊斯兰文化及与文明关系』（イスラーム文化及びその文明関係）『阿拉伯世界』（アラブ世界）一九八九年第一期、五六～五八頁。

劉一虹『回儒対话：天方之经与孔孟之道』（回儒対話——天方之経と孔孟之道）宗教文化出版社、二〇〇六年、二四六頁。

劉一虹『当代阿拉伯哲学思潮』（当代アラブ哲学思潮）当代中国出版社、二〇〇一年、二三五頁。

劉迎勝「关于我国部分穆斯林民族中通行的"小经"文字的几个问题」（中国部分ムスリム民族で使われていた「小経」文字に関するいくつかの問題）『回族研究』二〇〇一年第四期、二〇～二六頁。

劉正演 魏良弢 合作『西域和卓家族研究』（西域と卓家族研究）中国社会科学出版社、一九九八年、三〇五頁。

劉正寅『和卓家族兴起前伊斯兰教派在西域的活动及其政治背景』（和卓家族が起こる前のイスラーム教派の西地域活動及びその政治背景）『世界宗教研究』一九九一年第四期、五七～六四頁。

劉智『天方至聖實録年譜　巻一～巻六（清木刻本）』掲載『回族典藏全書　第二十一冊』一～四四六頁・『天方至聖實録年譜　巻七～巻十二（清木刻本）』掲載『回族典藏全書　第二十二冊』一～四四六頁・『天方至聖實録年譜　巻十三～巻二十（清木刻本）』掲載『回族典藏全書　第二十三冊』一～五六七頁（寧夏少数民族戸籍整理出版規劃領導小組 編輯『回族典藏全書』甘粛文化出版社・寧夏人民出版社、二〇〇八年七月、全二三五冊。）

劉智『天方性理（清木刻本）』掲載『回族典藏全書　第二十四冊』一～四四〇頁・劉智『天方性理（民国鉛印本）』掲載『回族典藏全書　第二十五冊』一～二五六頁（寧夏少数民族戸籍整理出版規劃領導小組　編輯『回族典藏全書』甘粛文化出版社・寧夏人民出版社、二〇〇八年七月、全二三五冊。）

劉智『天方典礼』掲載『回族典藏全書』（寧夏少数民族戸籍整理出版規劃領導小組 編輯『回族典藏全書』甘粛文化出版社・寧夏人民出版社、二〇〇八年七月、全二三五冊。）

劉致平『中国伊斯兰教建筑』（中国イスラーム教建築）新疆（ウイグル自治区）人民出版社、一九八五年、二六八頁。

劉靖華 張暁東 合作『现代政治与伊斯兰教』（現代政治とイスラーム教）中国社会科学文献出版社、二〇〇〇年、三四八頁。

劉靖華「伊斯兰传统价值的复兴与超越」（イスラーム伝統価値の復興と超越）『西亚非洲』（西アジアアフリカ）一九八九年第四期、五六～六一頁。

劉竟 編集『伊斯兰复兴运动论集』（イスラーム復興運動論集）中国社会科学院西亚非（西アジアアフリカ）研究所（内部発行）、一九八九年、二六四頁。

龍士謙「中国回教寺院教育之沿革及课题」（中国回教寺院教育の沿革と課程）掲載　丁士仁『中国伊斯兰经堂教育』（中国イスラーム経堂教育）甘粛人民出版社、二〇一三年、三三六頁。

梁向明「刘智的伊斯兰人性论」（劉智のイスラーム人性論）『中国穆斯林』（中国ムスリム）二〇〇二年第五期、一～六頁。

梁向明「一部值得一读的中国回族伊斯兰教汉文目录学译著――唐纳德・丹尼尔・莱斯利《伊斯兰汉籍考》推介」（中国回族イスラーム教漢文目録学訳著――《イスラーム漢文書籍の考察》推薦）『図書館理論与実践』二〇一一年第一期、九一～九三頁。

梁向明「略论伊斯兰教道德及其在回族传统道德形成中的作用」（イスラーム教道徳及び回族伝統道徳の形成作用略述）『寧夏社会科学』一九九八年第一期、七七～八一頁。

梁向明『劉智及伊斯蘭思想研究』蘭州大学出版、二〇〇四年、二一七頁。

林松「试论伊斯兰教对形成我国回族所起的决定性作用」（詩論イスラーム教の中国回族形成における決定性の作用

について）『社会科学戦線』一九八三年第三期、二〇〇～二一〇頁。

呂耀軍「〝伊智提哈德〟与伊斯兰教法的形成、发展及变革」（「イチハド」とイスラーム教法の形成、発展及変革）『西北第二民族学院学報』二〇〇五年第三期、三一～三六頁。

傅統先『中国回教史』（民国鉛印本）』（商務印書館、一九四〇年、一五六頁）又掲載『回族典藏全書　第一百三十八冊』一～二六〇頁（寧夏少数民族戸籍整理出版規劃領導小組 編輯『回族典藏全書』甘粛文化出版社・寧夏人民出版社、二〇〇八年七月、全二三五冊。）又は、傅統先の『中国回教史』（商務印書館、一九四〇年）（日本語―井東憲 訳『支那回教史』岡倉書房発行、一九四二年）

傅統先『追求中的真宰（仿古排印本）』掲載『回族典藏全書　第一百三十九冊』一～八二頁（寧夏少数民族戸籍整理出版規劃領導小組 編輯『回族典藏全書』甘粛文化出版社・寧夏人民出版社、二〇〇八年七月、全二三五冊。）

傅統先『哲学与人性（民国鉛印本）』掲載『回族典藏全書　第一百三十八冊』二六〇～五四五頁（寧夏少数民族戸籍整理出版規劃領導小組 編輯『回族典藏全書』甘粛文化出版社・寧夏人民出版社、二〇〇八年七月、全二三五冊。）

燮藩 李林『伊斯兰教研究』（イスラーム教研究）記載 卓新平 編集『中国宗教学三〇年（一九七八～二〇〇八）』中国社会科学出版社、二〇〇八年一〇月版、四一九頁。

哈宝玉『中国伊斯兰教法的学术研究及其特点』（中国イスラーム教法の学術研究及びその特色）『回族研究』二〇〇七年第四期、一一三～一二〇頁。

哈宝玉『中国的伊斯兰研究』（中国のイスラーム研究）『西亚非洲（西アジア、アフリカ）』二〇一〇年第四期、五〇～五二頁。

姜立雄『北京的宗教』天津古籍出版社、一九九五年、二一四頁。

彭樹智 編集『伊斯兰教和中东现代化进程』（イスラーム教と中道現代化進展）西北大学出版社、一九九七年、三八二頁
潘志平『中亚浩罕国与清代新疆』（中亜浩罕国と清代新疆）中国社会科学出版社、一九九一年、二〇八頁。

艾合買提江・艾山「新疆依禅派研究　上下冊」（二〇〇四年度国家社会科学基金項目・〇四CZJ〇〇六）新疆社会科学院宗教研究所、二〇〇九年六月。

蔡佳禾『当代伊斯兰原教旨主义运动』（当代イスラーム原理主義運動）寧夏人民出版社、二〇〇三年、三〇一頁。

蔡徳貴『阿拉伯哲学史』（アラブ哲学史）山東大学出版社、一九九二年、四三三頁。

蔡徳貴 主編『阿拉伯近現代哲学研究』（アラブ近現代哲学研究）山東人民出版社、一九九六年、二九五頁。

蔡徳貴 主編『当代伊斯兰阿拉伯哲学研究』（当代イスラームアラブ哲学研究）人民出版社、二〇〇一年、六三三頁。

袁東演『回教発展史略』南京回教青年学会、一九四六年、四五頁。

賈建平「〃凱拉姆〃和伊斯兰教义学」（「カラム」とイスラーム教義学）『中国社会科学院研究生学報』、二〇〇五年第六期、七五～八二頁。

賈建平「哈瓦利吉派与伊斯兰教义学」（ハワーリジュ派とイスラーム教義学）『世界宗教研究』、二〇〇五年第四期、一二〇～一二九頁。

賽生発「马坚教授、庞士谦阿訇著作目录」（馬堅教授、龐士謙アホン著作目録）『中国穆斯林』（中国ムスリム）第一期、一九八九年、四三～四五頁。

邱树森『第一次世界大战以来帝国主义侵华文件选编』（第一次世界大戦以来帝国主義中国侵略文献選編）三联书店、一九五八年、四五〇頁。

馮今源「关于门宦教派问题刍议」（門宦教派の問題論議）『新疆大学学報』第一九八五年第四期、二六～三三頁
馮今源「〃来复铭〃析」（「来復銘」分析）『世界宗教研究』一九八四年第四期。（記載『三元集馮今源宗教学術論著文選』寧夏人民出版社、一九八五年、五五～七七頁）。

馮今源「中国伊斯兰教教坊制度初探」（中国イスラーム教教坊制度初探求）『世界宗教研究』一九八四年第一期。

馮今源『中国的伊斯兰教』（中国のイスラーム教）寧夏人民出版社、一九九一年、一九七頁。

馮増烈「〃格底目〃八议」（「格底目」（ガディム）八議）『西北民族学院学報』一九八四年第一期、一二五～一三二頁。

馮増烈『明清时期陕西伊斯兰教的经堂教育』（明清時期陝西イスラーム教の経堂教育）寧夏人民出版社、一九八一年。

阿卜杜勒・穆泰阿（Muteadi-Abdu、アブドゥルムタイアディ―日訳）著作、林興智翻訳『回教継承法与其他継承法之比较』（回教継承法と他の継承法の比較）（原文アラビア語）商務印書館、一九四六年、七八頁。

欧麦尔・奈赛斐（Omar Nasafiyyah）著　赛尔顿丁・太费塔萨尼（Selden Tiffitasani）注釈 "Sharh al—'Aqa'id a 一 —Nasafiyyah"（アラビア語）の漢文訳本：楊仲明 訳『教心経注』北平秀真精舎出版、一九二四年（一九四一年重印）、馬堅 訳『教典诠释』（教典解釈）上海文通書局、一九五一年、馬堅 訳『教义学大刚』（教義学大要）昆明翻訳出版（白話分漢文訳本）、一九四五年。

（イラク）欧拜杜拉（Oubaidula）著　賽生発 訳『伟嘎耶教法经解——伊斯兰教法概论』（偉嘎耶教法経解——イスラーム教法概論）（原文アラビア語）寧夏人民出版社、一九九三年（別訳：馬正平 訳、宗教文化出版社、一九九九年。丁秉全、師明学 訳、中国社会科学出版社、二〇〇八年、五六二頁）

（エジプト）穆罕默德・阿布笃（Mohammed Abdullah）著、馬堅 訳『回教哲学』（原文アラビア語）商務印書館出版発行、一九三四年。

（エジプト）胡祖利 著、龐士謙訳『回教法学史』（原文アラビア語）月華文化サービス社、一九五〇年、二四六頁。

（ドイツ）卡尔・布罗克尔曼（Carl Brockelmann）著作『伊斯兰教各民族与国家史』（イスラーム教各民族と国家史）（原文ドイツ語）、商務印書館出版、一九八〇年、六五〇頁。

（フランス）昂里・马塞（Henri Masse）著作　王懐徳／周禎祥 訳『伊斯兰教简史』（イスラーム教簡略史）商務印書館、一九七八年、二四九頁

（パキスタン）赛义德・菲亚兹・马茂德（Saeed Fiaz Ma Maude）著作　呉雲貴 訳『伊斯兰教简史』（イスラーム教簡略史）、中国社会科学出版社、一九八一年、七一一頁。

（エジプト）艾哈迈德・爱敏（Muhammat Imin）著作、納忠 訳『阿拉伯-伊斯兰文化史』（アラブ・イスラーム文化史）（原文アラビア語）、商務印書館、二〇〇七年、共八冊本。

穆萨・穆萨威（ムサヴィ）著、蔡徳貴／仲躋昆 訳『阿拉伯哲学——从铿迭到伊本・鲁世徳』（アラブ哲学——キンディー

からイブン・ルシード）、商務印書館、一九九七年、一七九頁
（シリア）托太哈（K. A. Totah）著、馬堅　訳『回教教育史』（原文アラビア語）イスラーム文化学会編集、商務印書館、一九四六年版、一五六頁。

【外国語文献】

Alexander Wylie (1867), *Notes on Chinese Literature*, Shanghai: American Presbyterian Mission Press, London, Trubner & Co.

Bernard Lewis (1950), *The Arabs in History*, London and New York: Hutchinson's University Library, 196 pp（伯納德・刘易斯　著作　馬肇椿、馬賢訳『历史上的阿拉伯人』（歴史上のアラブ人）華文出版社、一九八一年、二一一頁）

Broomhall Marshall (1910), *Islam in China: a Neglected Problem*, London: Morgan & Scott (Reprinted by Paragon book Reprint Corp, New York in 1966)

Broomhall Marshall (1911), The Mohammeden population of Islam, *The Moslem World* 1, pp. 32-53.

Chas Ogilvie, Samuel Marinus Zwemer (1917), A Classified Bibliography of Books on Islam in Chinese and Chinese-Arabic, *The Chinese Recorder*, Vol. XL-VIII, No.10, pp.632-659.

Coulson, N.J. (1964), *A History of Islamic Law*, Edinburgh: University Press, 264 pegaes（庫尔森 著 呉雲貴 訳『伊斯兰教法律史』（イスラーム教法律史）（当該書原本初版一九六四年、一九七一年再版、一九七八年出版通俗本）、中国社会科学出版社、一九八六年、二六四頁）

Donald Daniel Leslie (1981), *Islamic Literature in Chinese Late Ming and Early Qing: Books, Authors and Associates*, Canberra College of Advanced Education.

Donald Daniel Leslie (1986), Islam in Traditional China: A Short History to 1800, Canberra College of Advanced Education.

Dr. T.J. de Boer (1967) , *History of Philosophy in Islam*, Dover Publications, 331pp（第・博尔 著　馬堅　訳『伊斯兰教哲学史』（イスラーム教哲学史）中華書局出版社、一九五八年、331 頁）

Dru Gladney (1991), *Muslim Chinese: Ethnic Nationalism in The Peoples Republic*, Harvard University Press.

Dru Gladney (1998), *Ethnic identity in China: The Making of a Muslim Minority Nationality*, Orlando: Hardcourt Brace & Company.

Gabriel Dev ria (1895), *Origine de I islamisme en Chine*, Paris: Imprimerie Nationale.

George Findlay Andrew (1921), *The Crescent in North-West China, Published by the China Inland Mission*, Religious Tract Society.

Isaac Mason (1919), *The life of Mohammed (In Chinese)*, Shanghai.

Isaac Mason (1928), *List of Chinese moslem terms*, Shanghai: The Society of Friends of the Moslems in China.

Jonathan N. Lipman (1997), *Familiar Strangers: A History of Muslims in Northwest China*, University of Washington Press, 318pp.

Joseph Fletcher (1995), *Studies on Chinese and Islamic Inner Asia, Edited by Beatrice Forbes Manz*, Aldershot: Variorum.

Karl Luckert (1994), *Mythology and Folklore of the Hui, A Muslim Chinese People*, State University of New York Press.

Majid Fakhry (1983), *A History of Islamic Philosophy*, Columbia University Press,459pp（马吉德・法赫里 著 陳中耀 訳『伊斯兰哲学史』（イスラーム哲学史）、上海外国教育出版社、一九九二年、二〇五頁）

Maria Jaschok (2000), *The History of Women's Mosques in Chinese Islam: A Mosque of Their Own*, London: Psychology Press.

Maris Boyd Gillette (2000), *Between Mecca and Beijing: Modernization and Consumption Among Urban Chinese Muslims*, Stanford: Stanford University Press.

Martin Hartmann (1921), *Zur Geschichte des Islam in China*, Leipzig: Wilhem Heim.

Michael Dillon (1996), *Chinas Muslim*, Oxford University Press in NeyYork.

Michael Dillon (1999), *China's Muslim Hui Community: Migration, Settlement and Sects*, London: Curzon Press.

Murata, Sachiko (2009), *The Sage Learning of Liu Zhi: Islamic Thought in Confucian Terms*, Harward University Asia

Center.

Murata, Sachiko (2009), *Chinese Gleams of Sufi Light: Wang Tai-yu`s Great Learning of the Pure and Real and Liu Chih`s Displaying the Concealment of the Real Realm*, Harvard University Press, Cambridge, MA.

Paladii (1887), *Kitaiskaia Literatura Magaometan*, Sanktpeterburg, tio, ImperatorskoAkademii Nauk.

Philibert Dairy de Thiersant (1878), Le mahometisme en chine et dans me Turkestan oriental, *Ernest Leroux*, Paris, 2 vols., pp.364-532.

Philip Khuri Hitti(1970), *History of the Arabs*, Paperback, Revised, First published,800pp（希提 著 馬堅 訳『阿拉伯通史』（アラブ通史） 商務印書館、一九七九年、六四九頁）

Raphael Israeli (1979), *Muslims in China: A Study in Cultural Confrontation*, London&Malmo: Curzon Press.

Raphael Israeli (1994), *Islam in China: A Critical Bibliography*, London: Greenwood Press.

Sachiko Murata (2013), Why Study the Worldview of the Huiru? (1)（村田幸子 著者 宋悦 訳「为什么要研究回儒世界观？（一）」（なぜ回儒世界観研究するか）（『回族研究』二〇一三年第三期、九～一〇頁。

Samuel Marinus Zwemer (1918), A Chinese moslem primer, *The Moslem World* 8, pp.71-73.

Samuel Marinus Zwemer (1918), Islam in China. *The Moslem World* 8, pp.1-3.

Samuel Marinus Zwemer (1934). The fourth religion of China. *The Moslem World* 24, pp.1-12.

Samuel Marinus Zwemer (1935), A Chinese-Arabic amulet, *The Moslem World* 25, pp.217-222.

Samuel P. Huntington (2011), *The clash of civilizations and the remaking of world order*, Simon & Schuster, 368 pp（亨廷顿 著 周琪等 訳『文明的冲突与世界秩序的重建』新華出版社、二〇一〇年、三四五頁）

William Chittick (2013), Why Study the Worldview of the Huiru? (2)（ウィリアム・C・チッティック著者 白家強 訳「为什么要研究回儒世界观？（二）」『回族研究』二〇一三年第三期、一一—一二頁）

lisabeth Alls (2000), *Musulmans de Chine: Une anthropologie des Hui du Henan*. Paris: EHESS.

アリム・トヘテイ『日本におけるイスラーム研究史——中国篇』春風社、二〇一九年、三一〇頁。

井筒俊彦『イスラーム思想史——神学・神秘主義・哲学』岩波書店、一九七五年、三六二頁（秦恵彬 訳『伊斯兰思想历程——凯拉姆・神秘主义・哲学』、今日中国出版社、一九九二年、二七二頁）
外務省調査部 訳『支那回教史』生活社刊、一九四二年（原文：金吉堂『中国回教史研究』成達師範学校出版部、一九三五年）
松岡正子「四川における一九五〇～六〇年代の民族研究（二）——李紹明が語る『中国少数民族問題五種叢書』と政治民族学」『愛知大学国際問題研究所紀要』二〇一二年第一三九号、一三五～一四三頁。

本書は中国教育部研究課題項目『中国現代宗教学術史』（一四ＪＺＤ〇三四）におけるサブ課題による
研究成果である。

〈著者略歴〉

アリム・トヘテイ（Alim Tohti Uyghur）

東北大学学際科学フロンティア研究所新領域創成研究部人間・社会領域助教。

南京大学大学院哲学系、東北大学大学院文学研究科連合育成博士課程指導認定退学。哲学博士（哲学）。専攻は東洋哲学と宗教。

北京大学哲学系ポスドク研究員、武漢大学哲学院講師、東北大学国際文化研究科・日本学術振興会外国人特別研究員（PD）を経て現職。


【主な著作】

『日本におけるイスラーム研究史――中国篇』（春風社、2019年、310頁）ほか。

現代中国における宗教学術史
――イスラーム篇

2019年8月5日　初版第1刷発行

著　者　アリム・トヘテイ
発行者　大　江　道　雅
発行所　株式会社 明石書店

〒101-0021 東京都千代田区外神田6-9-5
電 話　03（5818）1171
FAX　03（5818）1174
振 替　00100-7-24505
http://www.akashi.co.jp

組版／装丁　明石書店デザイン室
印刷　株式会社文化カラー印刷
製本　本間製本株式会社

（定価はカバーに表示してあります。）　ISBN978-4-7503-4870-4

中国の歴史を知るための60章
エリア・スタディーズ 87 並木頼壽、杉山文彦編著 ◎2000円

中国のムスリムを知るための60章
エリア・スタディーズ 106 中国ムスリム研究会編 ◎2000円

現代中国を知るための52章【第6版】
エリア・スタディーズ 8 藤野彰編著 ◎2000円

北京を知るための52章
エリア・スタディーズ 160 櫻井澄夫、人見豊、森田憲司編著 ◎2000円

内モンゴルを知るための60章
エリア・スタディーズ 135 ボルジギン・ブレンサイン編著 赤坂恒明編集協力 ◎2000円

香港を知るための60章
エリア・スタディーズ 142 吉川雅之、倉田徹編著 ◎2000円

台湾を知るための60章
エリア・スタディーズ 147 赤松美和子、若松大祐編著 ◎2000円

現代モンゴルを知るための50章
エリア・スタディーズ 133 小長谷有紀、前川愛編著 ◎2000円

テュルクを知るための61章
エリア・スタディーズ 148 小松久男編著 ◎2000円

中央アジアを知るための60章【第2版】
エリア・スタディーズ 26 宇山智彦編著 ◎2000円

現代ブータンを知るための60章【第2版】
エリア・スタディーズ 47 平山修一著 ◎2000円

現代韓国を知るための60章【第2版】
エリア・スタディーズ 6 石坂浩一、福島みのり編著 ◎2000円

韓国の暮らしと文化を知るための70章
エリア・スタディーズ 112 舘野晳編著 ◎2000円

北朝鮮を知るための55章【第2版】
エリア・スタディーズ 53 石坂浩一編著 ◎2000円

済州島を知るための55章
エリア・スタディーズ 166 梁聖宗、金良淑、伊地知紀子編著 ◎2000円

ASEANを知るための50章
エリア・スタディーズ 139 黒柳米司、金子芳樹、吉野文雄編著 ◎2000円

〈価格は本体価格です〉